光尘

LUXOPUS

浪漫之魂

让－雅克·卢梭

赵林
著

中信出版集团 | 北京

图书在版编目（CIP）数据

浪漫之魂：让 - 雅克·卢梭 / 赵林著 . -- 北京：
中信出版社，2021.5
ISBN 978-7-5217-3033-3

Ⅰ . ①浪… Ⅱ . ①赵… Ⅲ . ①卢梭 (Rousseau,
Jean Jacques 1712-1778) —评传②卢梭 (Rousseau, Jean
Jacques 1712-1778) —哲学思想—研究 Ⅳ . ① B565.26
② B565.26

中国版本图书馆 CIP 数据核字（2021）第 058297 号

浪漫之魂：让 - 雅克 · 卢梭

著　　者：赵林
出版发行：中信出版集团股份有限公司
（北京市朝阳区惠新东街甲 4 号富盛大厦 2 座　邮编　100029）
承 印 者：天津丰富彩艺印刷有限公司

开　　本：880mm × 1230mm　1/32　　印　　张：8.25　　字　　数：170 千字
版　　次：2021 年 5 月第 1 版　　印　　次：2021 年 5 月第 1 次印刷
书　　号：ISBN 978-7-5217-3033-3
定　　价：59.00 元

目录

第二章

人类社会的苦难历程与美好理想

第三章

灵魂之美与浪漫情怀

导 言

20世纪美国著名哲学家和史学家威尔·杜兰特在其巨著《世界文明史》第10卷《卢梭与大革命》的开篇处这样写道："一位出身寒微，在呱呱坠地之际即失去母亲，不久复遭父亲遗弃，而身染一种痛苦的、不可告人的疾病，在陌生城市和敌对的信仰中，流浪达12年，而为社会和文明所排斥；以反对伏尔泰、狄德罗百科全书派和理性时代为己志，而被视作危险的反叛分子，被看成精神失常，被疑为图谋不轨，为人驱逐，流离失所，而在他一生中的最后几个月里，方能亲眼见到最反对他的人，对他所表示的崇敬——如何在他死后，竟然能远胜伏尔泰，使宗教复活，使教育改变形态，使法国民气提高，从而激发了浪漫主义运动和法国大革命；进而影响到康德、叔本华的哲学，席勒的戏剧，歌德的小说，华兹华斯、拜伦和雪莱的诗歌，马克思的社会主义以及托尔斯泰的伦理学——诸如此类影响，使他在有史以来最具影响力的18世纪作家和思想家中，成为对后代贡献最大的一位。"[①] 这位伟大的时代叛逆者和后世一切具有浪漫情怀的人们心中不朽的精神偶像，就是让－雅克·卢梭。

在这本关于卢梭的人生和思想的小册子里，读者们将会认识到一

① 威尔·杜兰特:《世界文明史》第10卷《卢梭与大革命》上册，东方出版社1999年版，第3页。

位在历史上颇有争议的思想巨擘。他在理性最具有权威性的时代里公然以朴实无华的天然情感来反对矫揉造作的理性，在功利主义甚嚣尘上的社会里大声疾呼一种天国情调的道德良心，在传统宗教遭受灭顶之灾的氛围中义无反顾地承担起拯救信仰的崇高使命。他的一生充满了苦难，他的行为也有着许多不光彩的瑕疵，而且，长期离群索居的孤独生活和颠沛流离的坎坷经历，使他难免在心理情绪上有些谵妄变态，在言谈举止上有些乖戾疯狂，但是他的那种自我批判和社会批判的勇气与真诚却是无人能出其右的。虽然无论是在理论的系统性方面还是在实践的道德性方面，卢梭都无法与后来的康德相比，然而恰恰是那位令后世人们肃然起敬的思想道德圣贤康德，却对卢梭这位在历史上毁誉参半的人物怀着深深的敬仰之心，在他那简朴的寓所里，唯一的一幅装饰品就是卢梭的画像。有一次海德格尔在谈到黑格尔的时候说："我们的时代之所以不理解黑格尔，只是因为黑格尔太深刻，而我们的时代太浅薄。"同样，如果今天的人们不懂得卢梭，问题并不在于卢梭，而在于我们自己。

我们生活的时代是一个物质主义疯狂膨胀的时代，迅猛发展的现代科技在使我们的生活环境变得越来越舒适的同时，也使我们的灵魂变得越来越冷漠和麻木。信息社会不仅杜绝了肉体流浪的可能性，而且也正在日益消除精神叛逆的可能性，人们都像大棚里的蔬菜一样茁壮成长，也像动物园里的狮子一样变得温柔驯服。物质的进步要求精神必须做出某种牺牲，在阳光普照的文明大地上，我们再也不需要卢梭这样躁动不安的精神流浪者了。

然而，当夜深人静的时候，我们那偶尔失眠的心灵难道就不会泛起一丝一毫的惆怅和焦虑吗？

也许只有在这个时候，我们才会想起让-雅克·卢梭……

第一章

“只有我是这样的人”

一、一颗真诚的苦难之心

让-雅克·卢梭是人类思想史上最富有传奇色彩的人物之一，在他那充满坎坷的一生中所表现出来的不可抗拒的心灵力量和激越澎湃的思想热情，不仅成为19世纪西欧社会革命和文化革命的重要源泉，而且也成为现代社会中所有敏感心灵的永恒的精神家园。他的影响深深地渗透到他以后一切时代的精神生活中，以至于在现代人眼里，卢梭已经成为一种以真挚情感和内在道德来超越平庸的世俗生活以及种种丑恶的社会现象的楷模和象征。

18世纪是伏尔泰和卢梭的世纪，而且整个19世纪也是在这两个人的精神力量的感召下度过的。维克多·雨果在《悲惨世界》中把法国大革命和19世纪一切社会动荡的责任都归于伏尔泰和卢梭，他借用流浪儿伽弗洛什的嘴说:“这是伏尔泰的罪过！这是卢梭的罪过！”可以说，从巴黎人民攻占巴士底狱一直到法兰西第三共和国的建立，这一段历史无疑是在伏尔泰和卢梭的思想影响下发展的。

著名的丹麦文学史家勃兰克斯在他的巨著《十九世纪文学主流》的第三分册《法国的反动》中，对伏尔泰和卢梭对于法国大革命的不同影响做了精辟的概括。他写道："毕竟是伏尔泰在整个革命时期构成了破坏性的原则，正像卢梭是使人们聚集在一起、团结在一起的精神力量一样。因为伏尔泰为个人的思想自由辩护，从而破坏了权威原则，而卢梭则以普遍博爱、互相依靠的感情代替了它。这两位伟大人物设想的东西，革命使之实现了；它是他们意志的执行者，个人自由的思想变成了破坏性的行动，互相依靠的感情变成了起团结作用的东西。伏尔泰唤起了革命者的愤怒，卢梭则唤起了他们的热情。"①

然而，卢梭不仅仅属于18世纪和19世纪，他也同样属于20世纪和以后的一切时代。伏尔泰主要是一个批判家，他的影响将随着他所批判的那个时代的终结而逐渐消失；卢梭则不仅是一个旧时代的批判者，而且更是一个新时代的设计者——他在批判旧宗教的蒙昧野蛮的同时树立了真正的信仰原则，在揭露旧道德的虚浮伪善的同时奠定了新道德的基石，在抨击专制制度黑暗腐朽的同时昭示了共和国的曙光。最重要的是，卢梭在对被法国百科全书派和整个欧洲知识界奉若神明的理性原则进行怀疑的同时，确立了情感生活至高无上的地位，从而开创了欧洲近代文化史上最蔚为壮观的浪漫主义运动之先河。

伏尔泰活着的时候是一颗璀璨夺目的明星，百科全书派的思想家们如同众星拱月一般围绕着他，法兰西知识阶层对他趋附奉承，整个欧洲上流社会也对他顶礼膜拜。伏尔泰就像一个骄纵任性的白马王子，尽管他尖刻辛辣地揶揄了社会生活的一切方面，他仍然得到了宫廷贵妇和名公巨卿的宠爱偏袒，这种娇宠使他得以更加肆无忌惮地从

---

① 勃兰兑斯：《十九世纪文学主流》第三分册《法国的反动》，人民文学出版社 1986 年版，第 3—4 页。

事批判活动。伏尔泰始终以一种优雅的贵族方式进行批判和生活，在他的文风和举止中，流露着一种阳春白雪式的高贵格调。这格调既是那样的崇高典雅，同时也难免带有一些矫揉造作的痕迹。

与伏尔泰的幸运恰成鲜明的对照，卢梭在有生之年则历尽艰辛，领略了难言的屈辱、失意和贫穷，特别是他那颗天真质朴的平民之心与他所处的法国上流社会的矫饰浮夸之间的巨大反差，令他备感痛苦。这种心灵的痛楚迫使卢梭长期过着离群索居的生活，并因此招致了普遍的误解和诽谤。晚年的卢梭不仅面对着社会的猛烈攻讦，而且也忍受着他自己敏感心灵的内在撕咬，这种双重的煎熬将他推至疯狂的边缘。朋友们的误解和反目使卢梭陷入了众叛亲离的孤独之中，种种恶意中伤的流言蜚语更使他在法国乃至整个西欧知识社会中成为一个洪水猛兽式的怪物。面对着生活的逆境，他不得不孤身一人向整个社会挑战，并在不断降临的迫害与威逼之下饱受颠沛流离之苦。在这种状态下，他开始变得猜忌和多疑，一种受虐狂的妄想不断地折磨着他那颗伤痕累累的衰竭之心。乖戾的命运和孤傲的性情使卢梭对人类文明及其道德生活采取了一种贬抑态度，对纯洁的大自然和淳朴的初民状态却极尽讴歌赞美之能事。他以他的自然情感作为武器来写作和战斗，以质朴平实的风格与伏尔泰的华美典雅形成鲜明对照。在愤世嫉俗的孤傲中，卢梭逐渐产生出一种超逸卓越和孤芳自赏的圣徒意识，这种超凡脱俗的圣徒意识在他的自传《忏悔录》的开端与结尾处都不加掩饰地流露出来：

不管末日审判的号角什么时候吹响，我都敢拿着这本书走到至高无上的审判者面前，果敢地大声说：“请看！这就是我所做过的，这就是我所想过的，我当时就是那样的人。不论善和恶，我都同样坦率地写了出来。我既没有隐瞒丝毫坏事，也没有增添任何好事……万能的上帝啊！我的内心完全暴露出来了，和你亲自看到的完全一样，请你把那无数的众生叫到我跟前来！让他们听听我的忏悔，让他们为我的种种堕落而叹息！让他们为我的种种恶行而羞愧。然后，让他们每一个人在您的宝座前面，同样真诚地披露自己的心灵，看看有谁敢于对您说：'我比这个人好！'"①

我说的都是真话；如果有人知道有些事情和我刚才所叙述的相反，哪怕那些事情经过了一千次证明，他所知道的也只是谎言和欺骗。如果他不肯在我在世的时候和我一起深究并查明这些事实，他就是不爱正义，不爱真理。我呢，我高声地、无畏地声明：将来任何人，即使没有读过我的作品，但能用他自己的眼睛考查一下我的天性、性格、操守、志趣、爱好、习惯以后，如果还相信我是个坏人，那么他自己就是一个理应掐死的坏人。②

关于卢梭的真诚，人们素来有着截然不同的看法。同样地，关于卢梭的思想和性格，各种说法也莫衷一是。事实上，卢梭其人就是一个痛苦的矛盾体，他把一切最不协调的东西集于一身，这种内在的矛盾和冲突把他推至濒临疯狂的边缘。他在一生中曾经做过许多按照一般的伦理准则来衡量是极不道德的事情，然而他坚持认为自己在做这些事情时怀着一颗善良之心。对于卢梭来说，效果是不重要的，道德的标

① 卢梭：《忏悔录》第一部，人民文学出版社 1980 年版，第 1—2 页。
② 卢梭：《忏悔录》第二部，人民文学出版社 1982 年版，第 809 页。

准在于动机，他因此而成为欧洲近代伦理学中唯动机论的创始人。在政治思想方面，卢梭既是法兰西共和国和近代民主政治的精神先驱，同时又鼓舞了一切用心险恶的政治独裁者和个人野心家。罗素认为，卢梭的《社会契约论》既成为法国大革命中大多数政治领袖的《圣经》，同时也成为黑格尔为普鲁士独裁制度进行辩护的理论根据。从它里面，既产生了罗伯斯庇尔的共和，也产生了法西斯德国的暴政。[①]

这是一个蕴含着巨大矛盾和痛苦的灵魂！这个灵魂一味关注内在感受和真实情感，因此对于它自身可能导致的自我分裂的客观后果丝毫也不予考虑。卢梭注重的只是“道德良心”和“天然情感”，他活着的时候只想做一个真实的人，这一点在他所处的那个普遍虚伪的社会中是极其难能可贵的。正因为如此，他遭到了来自各方面的非难。卢梭从来也没有想到自己死后将会成为一个伟人，更没有料到他的思想会引起他身后的那个时代发生翻天覆地的变化。他以只属于他自己的方式经历了生活并超越了生活，像人类历史中的一切圣徒一样，他只对自己的心灵负责。他的所有弱点、忧郁、疯狂和夸张，恰恰表现了他对于自己灵魂的真诚。正如卢梭的一位朋友特鲁布勒神父所评价的：“他的心是真诚的，至少在现在是真诚的，也许他开始做得并不十全十美，不过，即使他有装模作样和虚伪的地方，但他并无恶意。真正的伪君子是为了表现而表现，而卢梭则是真正想成为什么样的人才做出那种人的样子。”[②]如果说这样一个灵魂也是虚伪的，那么只能证明人类的本性就是虚伪。而卢梭至少可以毫无愧色地宣称，他在面对自己的虚伪（亦即人类本性的虚伪）时是真诚的：

① 罗素：《西方哲学史》下卷，商务印书馆 1976 年版，第 243 页。

② 雷蒙・特鲁松：《卢梭传》，商务印书馆 1998 年版，第 166 页。

我要把一个人的真实面目赤裸裸地揭露在世人面前，这个人就是我。[①]

二、童年时代的温馨梦幻

卢梭于1712年6月28日生于日内瓦的一个新教徒之家。他的父亲伊萨克·卢梭是一个手艺精湛的钟表匠，同时也是一个爱好冒险和流浪的不安分的人；母亲苏萨娜·贝纳尔是一个端庄美丽的贤妻良母，却在分娩卢梭时因难产而过早地谢世。卢梭有一个比他大7岁的哥哥弗朗索瓦，或许是由于怀念去世的妻子的缘故，父亲对卢梭格外溺爱。这种偏爱使得弗朗索瓦在卢梭很小的时候就离家出走，并且再也没有回来。因此卢梭就成为这个家庭中唯一的孩子。

在卢梭幼年的生活中，父亲扮演着双重角色，一方面继续保持着流浪汉和冒险家的躁动不安和漫不经心，另一方面则把对妻子的怀念转变为一种母性的温柔和善感。早逝的母亲在幼小的卢梭和散漫的父亲之间构成了一条无形而有力的纽带，他们常常沉浸在对母亲和妻子的回忆之中。在父亲的爱抚中卢梭能够感受到一种辛酸的遗恨，父亲经常对卢梭说："让－雅克，我们谈谈你妈妈吧！"于是卢梭就回答："好吧，爸爸，我们又要哭一场了。"父子俩就在这种充满柔情的气氛中相依为命，从而使卢梭从小就养成了一种多愁善感的性格。而且在怀念中对母亲形象的理想化渲染以及对未曾领略过的母爱的向往，使卢梭日后在对女性的爱情中掺和着一种复杂的成分，其中既有性爱的色彩，也有对母性的爱抚的渴望。这一点，在后来卢梭与华伦夫人的

① 卢梭:《忏悔录》第一部，人民文学出版社 1980 年版，第 1 页。

暧昧关系中得以充分地体现。

父亲给卢梭留下的另一个深刻印象就是他的那种嗜读如命的癖性。父子俩常常通宵达旦地陶醉在小说之中，以至于当父亲听到晨燕的呢喃时不得不难为情地说：“我们去睡吧；我简直比你还孩子气呢。”在这种氛围中，卢梭幼稚的心灵从小就饱受知识的滋养。他7岁时就已经把自己家中的所有书籍读完了，于是开始向外祖父，一个风雅好学的牧师借书阅读。在这些书籍中，有勒苏厄尔的《教会与帝国历史》、包许埃的《世界通史讲话》、奥维德的《变形记》、封得奈尔的《宇宙万象解说》等等，其中对卢梭影响最深的是普鲁塔克的《希腊罗马名人传》。阿格西拉斯、阿里斯提德、布鲁图斯等希腊罗马时代的英雄带给卢梭幼小的心灵以巨大的震撼，古代英雄们的壮举激发了他对祖国的热爱和对崇高的忠贞行为的赞美。据卢梭回忆，有一次在吃饭的时候，他讲起了西伏拉[①]的壮烈事迹，为了表演西伏拉的英勇行为，小卢梭竟然伸出手来放在燃烧着的火盆上，使家人们受了一番惊吓。

卢梭有一个美丽温柔的姑母，像父亲一样，姑母也异常疼爱卢梭。从小失去母爱的卢梭自然而然地对姑母产生了一种深沉的依恋之情。姑母不仅善良贤淑，而且具有一副清亮的歌喉，她的歌声婉转动人，极富感染力，在卢梭天真的心中留下了深深的印象。卢梭日后对音乐的爱好，据他自己说，在很大程度上要归功于姑母的启蒙。尤其是姑母歌中所表达的那种缠绵悱恻的情感，永久地滋润着卢梭的心田，成为浪漫主义的情感之源。

---

① 西伏拉是公元前6世纪时的罗马英雄，因刺杀入侵者伊特拉斯坎人的国王失败而被俘，在受审时，他一声不吭地把自己的手放在火盆上烧，以显示罗马人抵抗侵略者的决心。

法兰西斯·韦渥在《卢梭》一书中写道："卢梭幼年时从父亲和姑母那里得到的温柔和慈爱，使他养成了一种既十分高傲又非常温柔的个性，这种介于柔弱和刚强之间的矛盾心理，使他能克制骄奢的不良品质。"[①] 这种特殊的教养使卢梭一方面具有女性的柔腻敏锐和丰富情感，另一方面又形成了桀骜不驯和临危不惧的刚烈个性。他的心中充满了似水柔情，毫不悭吝地把温馨的爱洒向大自然和人间；然而当被敌人激怒时，他却像暴烈的狮子一样狂躁和不可驯服。他平时如同绰约处子一般沉静和害羞，怯于言辞，不善交际；但是当他激奋起来的时候，那澎湃的激情和巨大的心灵力量却足以震慑整个世界。

卢梭身上的那种蕴含着巨大魅力的矛盾个性，正是在这种令人魂牵梦萦的童年教育中形成的。他自己回忆道：

> 这就是我踏入人世后的最初的感情；这样，我就开始养成或表现出一种既十分高傲而又非常温柔的心灵，一种优柔怯懦却又不受约束的性格，这种性格永远摇摆于软弱与勇敢、犹疑与坚定之间，最后使我自身充满了矛盾，节制与享受、欢乐与慎重哪一样我都没有得到。[②]

一次偶然的事故结束了这种无忧无虑的童年教育：卢梭的父亲因与一个法国军官发生冲突而遭到诬告，为了捍卫自己的尊严和自由，父亲离开了日内瓦，远走他乡。舅舅不得不把卢梭送到包塞的朗拜尔西埃牧师家中寄宿。在包塞，卢梭"那罗马人的严峻性格"

---

① 法兰西斯·韦渥:《卢梭》，新华出版社 1988 年版，第 4 页。

② 卢梭:《忏悔录》第一部，人民文学出版社 1980 年版，第 11 页。

虽然减弱了一些，却在与大自然的接触中恢复了童年的稚气。如果说日内瓦的生活造就了卢梭对知识的热爱和对崇高的向往，那么包塞的乡村生活则培育了卢梭对大自然的感情和对自由的珍视。美丽的乡间景色使卢梭对大自然产生了一种深深的迷恋之情，这种对质朴的自然风光的迷恋之情此后始终伴随着卢梭，一直到他生命的最后一刻。优美的自然景象和纯真的自然状态一方面开阔了卢梭的心胸，孕育了真挚纯洁的高尚情操；另一方面则与充满虚伪和邪恶的社会现实形成了强烈的对照，成为卢梭心中终生憧憬的圣洁之所。“回归大自然”，这是毕生萦绕着卢梭的敏感心灵的强烈诱惑，也是导致卢梭那种愤世嫉俗的深沉痛苦和矛盾的重要心理根源。每当卢梭在社会生活中遇到磨难和遭遇不平时，大自然就成为抚慰他伤痛的栖息所和避难地。

包塞的田园生活还使卢梭第一次真正感受到了纯洁的友谊，他与他的表兄，一个骨瘦如柴、十分孱弱的男孩在长期的相处中产生了深深的友情，这种友情是那样真挚，以至于他们在五年的共同生活中从来没有发生过一次龃龉。有一次，卢梭因一件小事而受了冤枉——朗拜尔西埃先生和小姐认定卢梭折断了一把梳子的梳齿，在极尽威逼恫吓之能事之后，面对着不肯屈服的卢梭，他们写信叫来了卢梭的舅舅贝纳尔先生，于是卢梭和他的表兄由于这个莫须有的罪名而受到了一次可怕的处罚。这种不白之冤对两颗幼小的心灵造成了难以估量的伤害，并且迫使这两只顺从的羔羊迸发出令人惊骇的反抗暴力和诬陷的不屈精神。尤其是卢梭，这个平日里腼腆温顺的孩子，在蒙受委屈时竟然表现得那样激烈、高傲和不可驯服。在后来的漫长岁月里，卢梭曾不止一次地蒙受种种不白之冤，但是他的反应可能都不及这一次这样激烈。这两个被气愤、失望和肉体上的痛楚折磨得怒不可遏的孩子激动得浑身不住地颤抖，他们紧紧地拥抱在一起，痛哭流涕。等到激愤的情绪稍稍平静下来以后，他们直挺挺地坐在床上，用尽全身力气不停地叫道："刽子手！刽子手！……"

在日后卢梭反对暴政、迫害和不公正的社会现实的斗争中，我们可以不断地看到这种在童年时期就已经充分显露出来的不屈不挠的反抗精神和自由性格。

包塞的生活对卢梭一生影响最深的事情可能要数那种意蕴朦胧的性爱情感的启蒙了。在朗拜尔西埃小姐的严厉背后，卢梭感受到了一种异样的快感。他常常希望能够尝受她那纤纤素手的责打，这种责罚在卢梭的感觉中竟然如同一种温柔的爱抚，它诱发了卢梭早熟的性本能，令他陷入一种心醉神迷的肉欲快感中。童年时代的这种特殊的性爱启蒙永久性地决定了卢梭对待女性的那种柏拉图式的精神爱情和羞怯而炽烈的纯真爱欲。卢梭在《忏悔录》中描写道：

谁能想到这种由一个三十岁的年轻女人的手给予一个八岁儿童身上的体罚，竟能恰恰违反自然常态而决定了我以后一生的趣味、欲望、癖好乃至我这整个的人呢？在我的肉感被激起的同时，我的欲望也发生了变化，它使我只局限于以往的感受，而不想再找其他事物。虽然我的血液里几乎生来就燃烧着肉欲的烈火，但直到最冷静、最迟熟的素质都发达起来的年龄，我始终是守身如玉地保持住纯洁。有一段很长的时间，我不知为什么经常用一双贪婪的眼睛注视着漂亮的女人。我不时在回想她们，但只是为了让她们像我幻想的那样一个个活动起来，叫她们一个个都变成朗拜尔西埃小姐。

甚至在我到了结婚年龄以后，这种奇异的癖好，这种一贯顽强并且快发展到堕落乃至疯狂地步的癖好，也没有使我丧失我的纯洁的习尚，尽管它像是早该失去了。假如说真的有过质朴而纯洁的教育的话，那么我所受过的教育就是这种教育。[①]

这种近乎变态的欲念，再加上卢梭天生的腼腆性格，使得卢梭在异性面前往往陷入一种尴尬的境地。一方面，炽烈的欲火撩拨得他心绪不宁、热血沸腾；另一方面，腼腆的性格和耽于幻想的习惯又使他在异性面前羞怯拘谨、笨拙不堪。他常常在最心爱的女人身边“垂涎三尺而不敢吭声”，只能求助于内心的想象和变态的癖好来平息燃烧的情欲。他那敏捷的想象力越使他热血如焚，他就越像一个羞答答的少年。由于腼腆的性格和奔放的想象力的作用，卢梭那炽烈的情欲没有陷入粗野的淫乱，而是升华为一种汹涌澎湃的浪漫情感。这种高雅而狂热的浪漫情感在卢梭的《新爱洛伊丝》中得到了尽情的宣泄。

1724 年 9 月，卢梭和表兄从包塞回到日内瓦的舅舅家，他的无忧无虑的童年时代结束了。

三、少年流浪汉

1725 年初，13 岁的卢梭被舅舅送到马斯隆先生那里学习当律师书记，性情懒散的卢梭对于这种枯燥乏味的行业感到非常厌烦，以至于马斯隆先生常常斥责他懒惰、蠢笨，认为他除了使用钟表匠的锉刀外别无出息。数月后，不堪屈辱的卢梭果真投靠到一个零件镂刻匠门下

---

① 卢梭:《忏悔录》第一部，人民文学出版社 1980 年版，第 15—16 页。

当了一名学徒。他的师傅杜康曼先生是一个脾气粗暴的年轻人，他那粗俗的作风和低劣的情趣摧残了卢梭童年时代温柔多情、天真活泼的性格和古典式教养，以至于有一段时间卢梭“甚至记不起世界上有过罗马人”。卢梭后来在《忏悔录》中写道，假若当时他遇见的是一位好师傅，他将会成长为一个善良的手艺人，他的一生也将会在一种平稳安定、默默无闻的状态中度过，他将会避免日后所遭遇到的那些艰难坎坷的惨痛境况：“我将会成为善良的基督教徒，善良的公民，善良的家长，善良的朋友，善良的劳动者，在任何方面都是一个老好人。我本来可以热爱我的职业，也许还能为本业争光，并且在度过虽然朴素微贱但是既无风波而又安乐的一生之后，在家人的环绕中安然地瞑目。”[①]然而命运偏偏为他选择了一位坏师傅，迫使他一开始就偏离了他本应该从事的镂刻业（卢梭的父亲也是一位手艺人），成为一位无家可归的精神流浪者和四面楚歌的社会批判者。由于这位坏师傅的示范作用，在四年的学徒期间，卢梭学会了贪婪、隐瞒、撒谎、偷窃和各种卑劣的行径，少年的可塑性使卢梭转瞬之间堕落到不可收拾的地步。卢梭后来回忆说：“就连非常早熟的恺撒，也不曾这样迅速地变成拉里东。”[②]

在这些劣迹中特别值得一提的是偷窃的癖好，卢梭在以后的生活中，曾长期地保持了这种癖好。最初的诱惑并非由于利己之心，而是出于朋友之间的义气。卢梭生平中的头几次偷窃都是为了讨得一位名叫维拉的伙友的欢心——他到邻居家的菜园中偷取一种名贵的龙须菜，然后拿到市场上卖掉，再把所卖的收入交给维拉。然而这种并非

① 卢梭：《忏悔录》第一部，人民文学出版社 1980 年版，第 50 页。

② 拉里东是拉封丹的寓言《教育篇》中的一只狗的名字。

出于私欲的偷窃行为却使卢梭养成了一种喜欢冒险行窃的癖好，越是作为禁忌的东西，对于年轻的卢梭就越具有不可抗拒的魅力。卢梭尤其对那些精美的小玩意和美味珍馐深感兴趣，常常甘冒挨打受罚的风险也要达到目的。在偷窃行为中，令卢梭陶醉的并非是某种物质上的享受，而是一种奇妙的精神上的满足。他从偷窃行为中更多感受到的是一种对所喜爱物品——往往是一些精巧玲珑的小玩意的自由支配感，而不是这些物品的实际用途。因此，卢梭尽管嗜偷成癖，却从来不去偷那些在一般人看来是值钱的东西，他对金钱的感觉不是喜爱，而是恐惧。这种对金钱的恐惧感甚至到了这种地步：即使当卢梭兜里的钱足够买一顿美餐，他也往往由于有熟人在场而不敢买任何东西，不得不带着垂涎欲滴的食欲转回家去。用他自己的话来说：“我怕金钱，甚于我爱美酒。”

卢梭“好食而不贪，好色而不淫”，浪漫的天性培育了他情感丰富的内心世界，但是羞怯的性格却使他只能把丰富的情感长久地压抑在心中，以一种耽于幻想的方式来达到灵魂的满足和安宁。当他的欲望被激发起来的时候，他把一切审慎、畏惧和羞耻都抛诸脑后，整个世界除了他所迷恋的东西之外似乎别无他物，任何危险都不能使他畏葸不前。但是这种胆大包天的狂妄只是一瞬间的事，转眼之间，他又重新回到那种虚无缥缈的疏懒、宁静和怯懦之中。

然而这种从罗马式的英雄主义向卑鄙无耻的市井之徒的堕落过程，终于因为童年时代的良好教养和嗜书如命的习性而被阻止了，卢梭很快又开始陷入读书的狂热之中。在不到一年的时间里，他把女租书商拉·特里布书店中的书籍都读遍了，并且因为读书不止一次地挨了杜康曼师傅的打骂。书籍培养了这颗幼小心灵的怀古幽思和浪漫情操，使他觉得与幻想中的人物打交道要远比与现实中的人打交道更为容易。这种耽于遐想的情结成为浪漫主义思潮的滥觞。

在此期间，卢梭时常到尼翁去探望父亲，在那里他结识了两位风流多情的小姐——德·菲尔松小姐和戈登小姐，并且很快就以一种浪漫可笑的少年方式坠入了情网。在这次爱情的“预习”中，卢梭第一次体验到爱情所激发的种种奇妙感受，如心醉神迷、忧郁烦恼、妒火中烧和离愁别恨。德·菲尔松小姐甚至还与卢梭通了一阵情书，情感之缠绵令花石草木也为之感动，使情窦初开的卢梭陷入了“如醉如痴”的境地，几至殉情自尽。后来卢梭才知道，德·菲尔松小姐只是以卢梭这个小情人为幌子来掩饰她与真正的意中人的风流勾当，而她的那次令卢梭“如醉如痴”的日内瓦之行只是为了置办嫁妆而来。我们可以想象，痴情的卢梭在知道了这个事实真相后是多么的愤怒和伤感。

事业和爱情方面的诸多烦恼，使卢梭终于对日内瓦的平庸生活感到厌倦。1728 年 3 月的一天，卢梭与朋友们出城郊游，大自然的优美风光令他流连忘返，回来时城门已闭。16 岁的卢梭索性告别朋友，只身一人离城出走，开始了他那充满坎坷而又绚丽多彩的流浪生涯。

在流浪途中，一位天主教神父彭维尔先生热情地接待了卢梭。他给卢梭写了一封介绍信，让这个可怜的流浪汉到安纳西去找华伦夫人，并希望他在后者的指导下皈依天主教。无可选择的卢梭怀着忐忑不安的心情来到安纳西，在华伦夫人屋后的花园小径上，他第一次见到了这位对他的一生命运产生了决定性影响的贵妇人。在见到华伦夫人以前，他原以为她是一个面目可憎、老态龙钟的丑老婆子，不料她却是一位楚楚动人、柔情万种的美貌少妇。在花园的小径上，当华伦夫人听到身后的脚步声而扭过头来的那一刹那，卢梭顿觉眼前一片光明：他看到了“一个风韵十足的面庞，一双柔情美丽的大蓝眼睛，光彩闪耀的肤色，动人心魄的胸部的轮廓”，这个可怜的流浪汉一下子就被她那魅人的风姿彻底征服了。局促不安的卢梭用哆哆嗦嗦的手把彭维尔先生的介绍信和他自己所写的一封辞藻华丽的自荐信递过去，华伦夫人看完信后，用温柔得令卢梭战栗的口吻说：“哎，孩子，你这样年轻就到处漂泊，实在太可惜了。”她那亲切妩媚的态度、柔情似水的目光和嫣然一笑的神韵，使卢梭陷入了神情恍惚的状态，并且在那一瞬间就决定了卢梭终生的命运。半个世纪以后，当垂暮之年的卢梭在四面楚歌的受虐妄想中回忆起这一段遭遇时，他的那颗伤痕累累的心仍然充满了无限的柔情。这种甜蜜的追忆成为他那颗衰竭之心的唯一慰藉，卢梭在他生前的最后一篇《漫步遐想录》中这样写道：

> 今天是圣枝主日，同华伦夫人初次见面，至今已经整整五十年了。她和本世纪同龄，那时二十八岁。我还不到十七岁。我当时的性格还没有定型，连我自己也不了解，但它却给她那颗生来就充满生命活力的心带来了新的温暖。如果说，她对一个活泼而温柔朴实的少年怀有好感不足为奇的话，那么，一个富有机智和风度的迷人的女子，使我除了感激之情以外，还产生了我当时还无以名之的最亲切的感情，那就更不足为奇了。然而不同寻常的是，这最初的时刻对我一生起了决定性的作用，同时由于一种不可避免的关联，铸就了我在余年中的命运。[①]

---

① 卢梭：《漫步遐想录》，人民文学出版社 1986 年版，第 133 页。

在以后的风雨晦暝的岁月里，无论命运多么残酷，卢梭都始终以一种脉脉的温情回忆起与华伦夫人初次见面的情景。那条花园小径成为他心中的圣地，日后他曾多少次地用眼泪和热吻来重新抚摸这块圣洁之地。他在《忏悔录》中说："哎！我真想用金栏杆把这块幸福的地方围起来，让全世界的人都来瞻仰它！谁尊重人类得救的纪念物，谁就该跪拜前进到该纪念物的跟前。"[①] 两个世纪以后，卢梭的这个心愿终于成为现实——德·华伦夫人的故居于 1928 年被一道栏杆围了起来，成为供游人瞻仰凭吊的历史遗迹。

然而，卢梭在初次见到华伦夫人之后，很快又离开了她。华伦夫人推荐卢梭到都灵的一个为皈依天主教的人行洗礼的教养院去，卢梭虽然对这个决定不太满意，但是这次长途旅行却非常适合他从父亲身上承袭下来的漫游嗜好。特别是考虑到这次旅行能够踏着古代迦太基大英雄汉尼拔的足迹翻越阿尔卑斯山，更使卢梭产生了一种古典式的豪情。尽管同行的一位胖子令卢梭感到俗不可耐，阿尔卑斯山雄浑壮丽的景色却使他陶醉不已，他的整个身心都沉浸在自然美景和田园风光的悠闲静谧之中。那山间农舍的袅袅青烟，婉转低吟的潺潺清泉，层峦叠嶂的巍峨山峰，蜂蝶飞舞的如茵草场，深深地感动了这颗纯洁无瑕的心，并在上面留下了永久的印记，成为他魂牵梦萦的精神故园。

到达都灵后，身无分文的卢梭进入了那所教养院。在宗教信仰方面，卢梭对改信天主教这件事本身并无坚定的决心，只是因为华伦夫人的缘故才不得不放弃了自己从小接受的加尔文教信仰。在卢梭心

---

① 卢梭:《忏悔录》第一部，人民文学出版社 1980 年版，第 56 页。

中，天主教是一种令人厌恶的偶像崇拜形式，它的情感基础是极端虚假的，天主教的教士们往往都是一些既愚昧固执又阴险可怕的人物（除了盖姆神父和加迪埃神父等少数几个例外）。因此在日后一有机会，他就会轻而易举地重新转向新教。实际上，对于卢梭来说，任何宗教形式和教派都不过是一些表面性的仪文，重要的是作为信仰基础的真实情感和自由心灵。在这一点上，卢梭对宗教的态度颇有些类似于马丁·路德那样的具有纯正信仰和崇高德行的圣徒。正是由于这种对于信仰问题的独特看法（这种看法后来在《爱弥儿》第四卷的“信仰自白”中公开阐发出来），卢梭这个虔诚的有神论者反而比百科全书派的无神论者遭到了来自教会方面（包括法国的天主教会和瑞士的新教团体）更为激烈的攻击。

都灵的教会生活对于卢梭来说无异于一种囚笼式的禁闭，若非考虑到这是出于华伦夫人的善意安排，他那酷爱自由的天性和流浪的癖好早就驱使他逃之夭夭了。两个月枯燥乏味的教会生活终于随着卢梭受洗皈依天主教的仪式而结束，揣着施舍者们捐赠的二十多法郎这笔数目不小的财产，重获自由的卢梭如同冲破牢笼的小鸟一般欣喜若狂。自由散漫的性格使卢梭尽情地在都灵这个大都市逍遥玩乐，当钱袋终于告罄时，卢梭又开始从事各种借以糊口的职业。在此期间，他接触到社会上各式各样的人物，其中既有巴西勒太太这样令人怦然心动的风骚少妇，也有维尔塞里斯夫人这样高尚而坚强的天主教徒，而且卢梭与前者之间还有过一段不成功的浪漫插曲。卢梭与盖姆神父的交往也发生在这段时间中，这位品质高尚的天主教神父与安纳西的加迪埃神父共同成为卢梭《爱弥儿》中那个萨瓦牧师的现实原型。

从 1728 年到 1731 年，卢梭在意大利、瑞士和法国的一些城市之间辗转游荡，这种流浪生活非常适合他的天性，同时也使他初步认识了错综复杂的社会现实。在此期间，他曾一度回到华伦夫人身边，再一次陷入那种甜蜜的忧思之中，但是不久又开始了新的流浪生涯，一直到 1732 年才最终定居于已经迁移到尚贝里的华伦夫人家中，开始了他一生中最美好的一段温馨宁静的生活。

罗曼·罗兰在谈到卢梭的这段颠沛流离的流浪生涯时说："一想到他处在没有指导者监督的情况之下，他在流浪的少年期能保持住难以置信的肉体的清白，这是多么惊人的事。他的道路通过最不洁的，甚至是恶劣的和败坏的地方，但是这只小天鹅连一支羽毛也没弄脏。"[①] 当这个精疲力竭的流浪者终于一事无成地归来时，他带给华伦夫人的不仅是一颗纯洁的心，而且还有一个童贞的肉体。

四、魂牵梦萦的爱情

如果说在卢梭的一生中有一个对他影响最深的人物，那么这个人无疑就是华伦夫人。华伦夫人原名路易丝，出生于瑞士沃州沃韦市的一个贵族之家。她很年轻时就嫁给了洛桑市的贵族德·华伦先生，婚后未生子女，家庭关系也不和谐，一时感情冲动而离家出走，来到瑞士皈依了天主教。华伦夫人不仅天生丽质、风韵动人，而且和卢梭一样敏感多情、富于幻想。贵族的教养使她具有崇高的德行和乐于助人的慷慨之心，家庭生活的不幸又使她深深地迷恋上了幽静的大自然和悠闲的田园情调。此外她对音乐和炼制草药也有一种特殊的癖好，使得上流社会的雅士文人和江湖术士纷至沓来。她的家中经常宾客如云，其中既有卢梭这样走投无路的流浪汉，也有慕名前来的社会名流，其

① 罗曼·罗兰:《卢梭的生平和著作》，生活·读书·新知三联书店 1993 年版，第 7—8 页。

结果竟使不善理财的她陷入了捉襟见肘的窘境。华伦夫人的晚年是在贫困、疾病和各种灾难中度过的，然而尽管如此，“她那爽朗的美丽灵魂仍然使她保持着最幸福时日的愉快，直到死亡”。[①]

卢梭与华伦夫人的关系是一种极难说清的暧昧之情，这种感情中既有性爱的成分，也有母爱的特点。卢梭在第一次见到华伦夫人时，就产生了一种油然的亲昵之情。像他那样一个拘谨、怯懦和害羞的少年，居然在华伦夫人面前从来没有过一丝的窘迫，而是始终像孩子在母亲面前一样充满了信赖、亲密甚至娇溺之感。从第一次接触起，他们之间就建立了一种无比亲密的关系，华伦夫人亲切地称卢梭为“孩子”，卢梭则深情地称华伦夫人为“妈妈”。这种称呼一直保持到两人的关系已经发展为情人时仍未改变。在华伦夫人身上，卢梭一方面寻觅到了渴望已久的母性的温柔，另一方面也激起了他纯真而炽烈的爱欲。这个年轻美貌的“妈妈”曾使卢梭陶醉于那种无以言状的幸福的战栗之中，他那颗赤子之心多少次为她那温柔的抚爱所感动。每当他从外面漫游归来时，他就如同一个受委屈的孩子一样扑倒在她的膝下，狂热地亲吻她的双手，泪流满面地拥抱他亲爱的“妈妈”。他曾无数次地狂吻她用过的物品，她的床、窗帘、家具以及一切经她的纤手抚摸过的东西都使他备感亲切。在与她共同生活的那几年时间里，卢梭深深地陷入了梦幻般的幸福感受之中。这是一种既甜美又略带忧伤的晕眩感，如同四月的晨雾，那样扑朔朦胧，那样令人心醉，只有真正领略过纯洁爱情的人才能体会这种感觉。在这颗充溢着爱情的心里，四周的一切景物都染上了令人心旷神怡的情趣。卢梭深情地回忆道：

① 卢梭:《忏悔录》第一部，人民文学出版社 1980 年版，第 58 页。

> 那一向使我心弦颤动的钟声，那鸟儿的歌唱，那晴朗的天空，宜人的景色，那疏疏落落的田间房舍——其中有一所被我想象成我们的共同住宅，所有这一切都使我产生了强烈而又温柔的、怅惘而又动人的印象，使我恍若置身于美妙的梦境中。[1]

这是一段用任何语言也无法描述的纯净生活。在晨雾溟蒙的草场上，他们手挽着手一同散步，畅谈着人生的意义和自然的奥秘；在暮色苍茫的小河边，他们像孩子一样尽情地嬉戏，一阵阵烂漫的笑声洒满河滩；在宽敞明亮的客厅里，华伦夫人那轻柔动人的歌声不仅升华了卢梭对音乐的兴趣，而且也激发起他无限的遐思。

在安纳西和沙尔麦特（尚贝里城外的一座小村庄）的那段时间里，卢梭被真挚的爱情和优美的田园风光所环绕，那是他一生中最甜美、最幸福的时光。每天早餐后，他就开始阅读各种书籍，他的大部分哲学知识和科学知识都是在这一段时间中获得的。蒙田、拉布吕耶尔、培尔、波须埃、洛克、伏尔泰等人的著作以及几何学、代数等自然科学知识充实了卢梭那颗懒散而又极富天才的心灵。在读书之余，他帮助华伦夫人采集药草和种植花卉，此外就是研习音律和进行一些科学实验。在卢梭的建议下，华伦夫人每月举行一次小型音乐会，从而使他结识了一些优秀的音乐家。那间朴素而雅致的客厅经常被优美悦耳的音乐所萦绕，洋溢着一种高贵而令人愉快的气氛。卢梭对于音乐的爱好和才能正是在这样的环境中熏陶出来的，这种优雅的环境不仅启迪了卢梭的音乐天赋，更造就了他的浪漫情怀。后来卢梭一直坚

---

① 卢梭:《忏悔录》第一部，人民文学出版社 1980 年版，第 129—130 页。

持认为，自己在其他方面都是非常笨拙的，唯有在音乐方面才具有特殊的禀赋。

这种田园牧歌般清纯的生活令卢梭全身心地沉醉其中，完全忘记了外部世界的存在。有一次，在“妈妈”的命名日，他们穿越山岗丛林到旷野中游玩。那一天雨霁初晴，蓝天如洗，空气清新，暖风和煦，晶莹的溪水愉快地奔流着，清风轻拂着绿叶，四周一片宁静，一如他们纯净的心灵。他们尽情地欣赏着大自然的美景，抒发着内心的真挚情感。卢梭感动得泪水涟涟，满怀柔情地拥抱着可爱的女友，热烈地说：“妈妈，妈妈，这个日子是你好久以前就许给我的，除此之外，我什么也不希望了。由于你，我的幸福已达极点，但愿它永不减退！但愿它和我能领会这种幸福的心一样长久！但愿它只能和我自己同时结束。”[①]

五十年后，卢梭在追忆这段清纯如水的岁月时，满怀柔情地写道：

> 我没有哪一天不在愉快地、怀着深情地回忆起这段时期，这是我不受干扰、没有阻碍地充分体现我自己的时期，现在可以理直气壮地说这是我真正生活过的唯一而短暂的时期。从前韦斯帕西安治下有位大法官被贬谪乡间，他说：“我在这世上度过了七十个寒暑，但是我真正生活才七年。”我现在差不多也可以说这样的话。要是没有这段虽然短暂然却宝贵的日子，我也许至今对我自己还缺乏充分的认识……在这短短的几年中，我得到一个

① 卢梭：《忏悔录》第一部，人民文学出版社 1980 年版，第 305 页。

> 无比温柔体贴的女人的爱，做我愿做的事，做我愿做的那样一个人，同时充分利用我的余暇，在她的教导和榜样的帮助下，终于使我这淳朴得如同一张白纸的心灵最好地体现它的本质，而且从此就永远保持下去。对孤寂和沉思的爱好，它跟作为我心养料的易于外露的温柔感情一起，在我的心中滋生了。……正是在那里，在四五年间，我饱享了一个世纪的生活，饱享了纯真而充分的幸福，它以它的魅力遮掩了我命运的可怖。……我别无他愿，只盼这种如此甜蜜的境界能继续下去。①

那段时间里，在卢梭与华伦夫人之间还有一个第三者，这就是克洛德·阿奈。他是一个忠诚、正直和沉着稳重的年轻人。他们三人保持着一种奇特的暧昧关系，然而彼此之间却坦诚相待，充满了相互尊重和信任之情。他们之间的联系竟然如此微妙，三人组成了一个世界上绝无仅有的集体，他们的愿望、关注以及整个心灵都是共通的，以至于只要有一人不在，另外两人就会感到不自在。一切妒忌、恚怨和争风吃醋的念头在华伦夫人所唤起的高尚感情面前都得退避三舍，他们就在这种其乐融融的和睦中共享幸福时光。然而一次意外的打击却使这个和谐的集体遭到破坏——阿奈不幸患了肋膜炎，尽管华伦夫人、卢梭和医生想尽了一切办法，仍然没能挽回他的生命。阿奈之死使华伦夫人和卢梭陷入了巨大的悲痛之中，他的位置后来由一个无聊而愚蠢的青年温赞里德先生所顶替，这个替代者是如此粗俗和令人难以忍受，最终使卢梭不得不含泪离开了尚贝里。

---

① 卢梭:《漫步遐想录》，人民文学出版社 1986 年版，第 134—135 页。引文中提到的韦斯帕西安是公元 69—79 年的罗马皇帝。

当卢梭对华伦夫人的依恋之情发展为肉体上的关系时，他陷入了一种矛盾的心理之中。一方面他由于完全地占有了她而极度兴奋，另一方面这种关系又令他深感不安，他觉得玷污了她那美丽的灵魂。每当他把华伦夫人拥入怀中时，总难免产生一种犯罪的感觉，似乎有一种忧伤毒化了这副美丽胴体的魅力。而华伦夫人则始终以一种温存而平静的爱抚来安慰卢梭的激动不已的心灵，尽可能地减轻他那深沉的负罪感。卢梭终生都在为华伦夫人的崇高德行和他们之间的这种暧昧关系进行辩护，而他的敌人们则对此极尽攻击之能事。在卢梭看来，华伦夫人绝非一个纵欲的女人，她那善良的情感使她把肉体上的关系升华为一种纯洁的道德联系，并且完全是出于慷慨和同情的动机。“即使她做了错事，她的动机也值得赞赏。……她为人正直，真诚，仁慈，无私；她信守诺言，忠于朋友，忠于自己认为应该遵守的责任。她既不会对人进行报复，也不会憎恨别人。……我敢大胆地说，苏格拉底既然能够尊敬阿斯帕西雅，他也一定能够尊敬华伦夫人。”①

1737年秋，卢梭在华伦夫人的建议下到法国南部的蒙彼利埃去治病（在此之前他曾大病一场，病体一直未能痊愈）。在旅行途中，多情的卢梭与邂逅的拉尔纳热夫人产生了一段热烈缠绵的艳情。当他正准备应拉尔纳热夫人的邀请赴圣昂代奥勒镇再次与她相会时，猛醒的良知突然使他想起了一度被抛诸脑后的华伦夫人。怀着一颗沉重的悔罪之心和对“妈妈”的深切怀念，他克制住了对拉尔纳热夫人以及她的那位未曾见过面的妙龄女儿的炽烈情欲，驱车直奔尚贝里。像以往

① 卢梭:《忏悔录》第一部，人民文学出版社 1980 年版，第 246 页。阿斯帕西雅是古希腊雅典城邦著名的交际花和女权主义者，也是雅典杰出政治领袖伯里克利的情人。

每次归来时一样，他急切渴待着见到“妈妈”那风姿绰约的身影。然而，这次等待着他的却是一种被欺骗的屈辱——正如同他背叛了“妈妈”一样，华伦夫人也在他的这次旅行期间背叛了他。新来的温赞里德先生不仅取代了阿奈，而且也取代了卢梭在“妈妈”心中的重要地位。当卢梭发现华伦夫人已经被那位下流而自负的“埃癸斯托斯”[①]深深地迷惑住，并且明显地对自己采取一种冷漠态度时，他那颗充满柔情和梦幻的心彻底破碎了。在其后的几年中，华伦夫人与卢梭的关系日益疏远，随着华伦夫人越来越深地投入到那位风流倜傥的温赞里德先生的怀抱中，她也就越来越难以忍受卢梭对这位花花公子的嫉妒和醋意，因此她不得不一次又一次地打发卢梭离开她身边到里昂等地去谋求差事。卢梭为此曾深深地苦恼过，但是他很快就认识到必须重新开始自己的生活。在他30岁的那年（1742年），他在一封诗体书信《致帕里索先生》中这样写道：

峥嵘头角的时机到来了吗？
我行年即将三十，
无声无臭地过了半生。

怀着一种远大的抱负，惆怅失意的卢梭决定结束这种寄人篱下的生活。他变卖了所有的书籍和一些零七八碎的东西，告别了尚贝里温馨如梦的宁静生活和亲爱的“妈妈”，踏上了崎岖坎坷的独立生活之路。温馨浪漫、如梦如幻的前半世生涯结束了，以后的路要由他自己

① 埃癸斯托斯是希腊神话中的人物，他在迈锡尼国王阿伽门农远征特洛伊期间，引诱了他的妻子，阴谋害死了凯旋的阿伽门农，篡夺了王位。

独立去走了。那位曾经给予他无限的温存和关怀的华伦夫人，从此就要从他的生活中消失，在日后每况愈下的悲惨遭遇中默默无闻地耗尽她的风烛残年。但是她的影响却深深地渗透进了卢梭的骨髓，并将永远伴随他一直到生命的最后时刻：

> 他现在无牵无挂，准备起程了。他说他将来总有一天还要回来，把挣得的钱交给妈妈。这纯粹是一句空话；他心中有数，他不会再回来了，因为他在此地已一无所有了。对于华伦夫人的记忆，他目前尚想象不到它将使他多么沉痛地怀念一生，尚预料不到他临终前几个星期在《漫步遐想录》中最后几页念念不忘地回顾的是她的幽灵。她有她的弱点，她也做过错事和可羞的行为，但她心地善良，为人厚道，而且，曾经爱过他，庇护过他，使他有充足的读书自学的时间。没有她，他将成为什么样的人呢？他将成为一个无赖，像他的哥哥弗朗索瓦那样饿死街头，或者在一个富人家中当听人使唤的卑躬屈节的奴仆。一想到当年圣枝主日春光明媚、百花盛开那一天第一次见到这个笑容满面的金发女人，他这一生无论怎么感激也感激不尽她的恩情。[①]

12年以后，名声大振的卢梭在回日内瓦旧地重游的途中，曾专程去萨瓦看望了贫困潦倒的华伦夫人。在阔别了十多年之后，卢梭无论如何也不敢相信眼前的这位老态龙钟、形容枯槁的老妇人就是当

① 雷蒙・特鲁松：《卢梭传》，商务印书馆1998年版，第89—90页。

年那位风采照人、美貌妩媚的华伦夫人！此时的华伦夫人已经被那位游手好闲的温赞里德先生折腾得一贫如洗，全靠借债和预支年金勉强度日。“一想到从前和她见面时的情景和现在见到她的样子，就令人心酸：从前是一个光艳照人的美人收留一个流浪的少年，如今是一个著名的作家来寻找一个身体衰败、一副老相的贫妇。”[①] 卢梭尽其所能地给了华伦夫人一点钱，而这位善良的“妈妈”却把自己的最后一件首饰，一只小小的戒指从手指上脱下来送给了卢梭的伴侣黛莱丝·勒·瓦瑟。卢梭感到现在是对华伦夫人的恩情进行回报的时候了，他再三敦促华伦夫人与他和瓦瑟一起生活，但是这盛情的邀请却被那位固执的老妇人婉言谢绝了。卢梭后来在《忏悔录》中感叹道：

> 啊！这时正是我偿债的适当时刻啊！我应该抛弃一切跟她走，相依为命，直到她最后一息，同甘共苦，不问她遭遇如何。我却没有这样做。由于我被另一份感情分了心，我感到我对她的感情也淡薄了，不能指望我的感情对她能有点好处。我为她嗟叹，却没有跟她走。在我生平所感到的一切内疚之中，这个内疚是最强烈、最抱恨终身的。为此，我就理该受到从那时起不断降到我头上来的那些严厉的惩罚：愿这些惩罚能把我的忘恩负义之罪全部抵偿掉吧！这种忘恩负义是表现在我的行为上的，但是它却如此深地刺伤了我的心，足见我这颗心从来也不是一个忘恩负义者的心。[②]

---

① 雷蒙·特鲁松：《卢梭传》，商务印书馆 1998 年版，第 168 页。

② 卢梭：《忏悔录》第二部，人民文学出版社 1982 年版，第 483—484 页。文中所说的“另一份感情”是指卢梭对他的生活伴侣瓦瑟的感情。

1762年7月29日晚上10点钟左右，这位曾经用她的善良心灵和温柔情怀抚慰培育了人类历史上最伟大的浪漫主义思想家的“妈妈”——华伦夫人，在贫病交加的悲惨状态中与世长辞，只留下了几件旧衣服和破家具。她去世的时候几乎没有人知道，但是在卢梭的《忏悔录》、《新爱洛伊丝》和《漫步遐想录》中，她却以一个美丽善良的金发女人的形象复活了，并且与卢梭一起长留在后世人们的记忆中。

五、巴黎恩怨

1742年7月，对尚贝里的生活心灰意冷的卢梭带着十五个金路易和一部名叫《纳尔西斯》的喜剧手稿，以及他自己发明的一种用数字代替音符的简易记谱法，只身来到法国和整个欧洲的文化中心——巴黎。在途经里昂时，卢梭结识了马布利、孔狄亚克等人，并由他们介绍在巴黎结识了封得奈尔、开吕斯伯爵、博尔德以及权倾一时的黎塞留公爵（他是路易十三的首相黎塞留主教的侄孙，法国元帅）。这些社会名流都曾给过卢梭一些有益的忠告和必要的帮助，正是通过这些人以及稍晚结识的另外一些显贵人物，卢梭这个涉世未深的外省青年进入了巴黎上流社会的社交生活。

1742年8月22日，经由艺术科学院秘书博茨先生的推荐，卢梭怀着踌躇满志的自信，带着他自己独创的简易记谱法，来到科学院当众宣读了他关于记谱法改革的论文。尽管科学院的院士们对这种新记谱法的简洁大加赞赏，但是他们却认为这种新方法并非卢梭的首创，并且得出如下结论：这种记谱法可用于演唱，但不适合于演奏。为了安慰这个初出茅庐的青年人，他们给卢梭颁发了一张奖状。出师不利的卢梭并没有因此而放弃努力，他把自己的记谱法重新整理了一番后，找到一个愿意接受这部手稿的出版商，以《现代音乐论》为名出版了该书。卢梭原以为此书的出版将会在法国音乐界引起强烈反响，然而结果却令人沮丧，除了少数几个知音外，几乎没有人谈论这本书。正当卢梭陷入悲观失望的心境中时，卡斯太尔先生（一位具有丰富的社会经验的耶稣会神父）建议他改弦更张，到上流社会的太太们那里去试试运气。卡斯太尔神父告诉了卢梭一个成功的诀窍："在巴黎，什么事都要靠女人才做得起来。"

天性羞怯的卢梭在无可奈何的情况下开始去拜访巴黎上流社会的贵妇们。他很快就认识了伯藏瓦尔夫人、布洛勒伊夫人和杜宾夫人，并在她们的推荐下，出任法国驻威尼斯大使的秘书。他的上司是一位极其愚蠢又刚愎自用的法国伯爵，常常以贵族身份自炫，始终把卢梭当作一个卑贱的职员来对待。卢梭为了维护自己的权利和尊严曾多次与这位骄矜无理的蒙太居伯爵争吵。尽管卢梭在威尼斯过着舒适而高雅的生活，与当地的显贵人物来往频繁，并深深地沉醉在意大利的美妙音乐之中，但他还是决定辞掉这个令人羡慕的大使秘书职务。在这次出任公职期间，卢梭清楚地认识到社会的不公正性，看到了它恃强凌弱的本质，并且第一次萌生了对不平等的社会制度的反抗之心。对于他在威尼斯期间所受到的种种不公正的待遇，卢梭后来在《忏悔录》中回忆道：

> 我理由充分而呼吁无门，这就在我的心灵里撒下了愤慨的种子，反对我们这种愚蠢的社会制度，在这种社会制度里，真正的公益和真正的正义总为一种莫名其妙的表面秩序所牺牲，而这种表面秩序实际上是破坏一切秩序的，只不过是对弱者的受压迫和强者的不义的官方权力予以认可而已。[①]

① 卢梭：《忏悔录》第二部，人民文学出版社 1982 年版，第 404 页。

在重返巴黎的途中，卢梭到里昂探望了久别的父亲。回到巴黎后，他遭到了伯藏瓦尔夫人等人的冷遇，因为这些满脑子贵族观念的夫人不能想象一个大使会对不起他的秘书。在消沉失意的窘境中，卢梭受到了一位学识渊博而又品德高尚的西班牙青年阿尔蒂纳先生的热情接待。这位风流俊雅的阿尔蒂纳先生具有最优秀的西班牙人所特有的豪爽和真诚，纯洁无瑕、心胸坦荡、待人宽厚，他的言谈举止之中流露出高贵的精神品位。卢梭与他一见如故，并相约终身为伴。然而这位高尚的阿尔蒂纳先生回国结婚后不久就去世了，卢梭悲伤地叹息道:“看来只有坏人的险恶阴谋能够得逞，好人的善良计划几乎永远不会实现。”①

贫穷潦倒的卢梭不得不搬到僻静的圣康坦旅馆，在那里他认识了一位青年的女佣人黛莱丝·勒·瓦瑟，她是一个破产业主的女儿，缺乏高雅的教养却充满青春的活力，举止粗俗然而性情温存，她身上所透露出来的那种淳朴的风格，以及她那活泼而温柔的眼神，使卢梭产生了一种无与伦比的舒适感。卢梭最初是以保护者的身份出现在瓦瑟面前，不久之后，同情心就逐渐转变为爱情——这两个同样腼腆质朴而又情意相投的天涯沦落人以一种最自然的方式结合了。自从离开华伦夫人以后，卢梭现在终于又找到了一个伴侣，他那颗孤寂之心得到了一些安慰。瓦瑟虽然缺乏知识而且愚不可教，但是她的天真和温柔以及她那毫无矫揉造作痕迹的质朴情感，令卢梭领尝到了家庭生活的温馨，填补了因离开华伦夫人而造成的心灵空虚。而且在日后艰难坎坷的生活中，瓦瑟以她的天然良知和神秘洞见，不止一次地把卢梭从危险中解救出来。她的那些词不达意的语言虽然曾一度成为巴黎社交

① 卢梭:《忏悔录》第二部，人民文学出版社 1982 年版，第 407 页。

圈中的笑料，但是她的真挚情感和纯洁操守却在上流社会中赢得了普遍的钦佩。

与瓦瑟的结合使卢梭得到了一些快乐，并给他的音乐创作带来了灵感。在一段短暂的安定生活中，卢梭终于完成了一部名叫《风流诗神》的歌剧。但是家庭生活也使卢梭陷入了经济拮据的困境之中，以至于他连自己与瓦瑟所生的孩子也抚养不起，不得不把亲生骨肉一个个都送进了育婴堂。

在卢梭与瓦瑟的共同生活中，有两件事曾引起了他的朋友们的不解和敌人们的非议。其一是卢梭这位风流倜傥的才子竟然与瓦瑟这样一个既没有文化也缺乏教养的女仆厮守终身，而且在同居了二十多年以后才正式结婚；其二是卢梭竟然把自己的亲生骨肉一个接一个地（一共五个）都送进了育婴堂，并且坚持认为，就他当时的情形来说，这样一种方式是对孩子最合适的教养方式。

谈到卢梭与瓦瑟的爱情，此事倘若发生在伏尔泰或者任何一位其他的巴黎名流身上，必定会显得极不和谐；但是对于卢梭来说，这种爱情却是再自然不过了。卢梭一生中虽然有过许多艳遇，但是他对瓦瑟的爱却是始终如一的。在这种淳朴的爱情中凝聚着卢梭对巴黎上流社会逢场作戏的爱情游戏的厌恶和反感，以及对纯真的自然情感的崇尚和向往。卢梭一生中曾得到不少贵妇的青睐和关照，但是这些贵妇（除华伦夫人之外）往往满脑子都是虚荣和权贵思想，言谈举止中虽不乏优美文雅，内心里却缺乏天然的真实情感，充满了无病呻吟和附庸风雅的矫情。瓦瑟虽然缺乏知识和上流社会的教养，然而在她那天真质朴的心灵里却充溢着炽烈而真挚的爱情，这爱情不掺杂任何虚假的成分，不需要任何矫饰的形式，完全是发自内心的真实情感。这一点对于已经看透了上流社会名门贵妇的伪善本性的卢梭来说，尤其难能可贵。卢梭毕生崇尚质朴无华的自然情感，反对矫揉造作的虚情假意，这种真诚热烈的处子之情在他后来所写的《新爱洛伊丝》中充分表现出来。而在现实生活中，除了华伦夫人之外，瓦瑟就是唯一以真实情感抚慰了卢梭那颗伤痕累累的心灵的女人。在卢梭看来，感情是比智慧更重要的东西，感情能够充实智慧，正如同它能够充实心灵一样。因此当他与瓦瑟生活在一起时，就如同与世界上默契的知音生活在一起一样惬意。1768 年，当 56 岁的卢梭与瓦瑟在长期同居之后终于结婚时，他在给一位朋友的信中这样写道：

> 想必你已经知道我那位长久的伴侣，终于成为我的妻子了，因为她决定跟随着我，分担我的痛苦，所以我必须做这种安排。二十五年来相聚的岁月，终于使我们结为一体。信心和互爱使我们紧紧地结合在一起，直到我死为止，她将是我最温柔和我所需要的伴侣。①

关于把亲生骨肉送进育婴堂一事，卢梭也一直在为自己的行为进行辩护。卢梭最初采取这种措施可能是出于两个方面的考虑：其一是经济方面——他没有固定的收入来抚养孩子；其二是伦理方面——他与瓦瑟并未正式结婚，所生的孩子只能算作私生子，而在当时的巴黎社会中，遗弃婴儿是屡见不鲜的事情。据雷蒙·特鲁松统计，1745 年巴黎的弃婴为 3 234 人，1760 年上升为 5 032 人，到了 1772 年，在巴黎出生的 18 713 个婴儿中，将有 7 676 个即 41% 被送进育婴堂。从

① 参见法兰西斯·韦渥:《卢梭》，新华出版社 1988 年版，第 166 页。

1740年到1759年，在巴黎被遗弃的婴儿多达99 500个，平均每年5 000个。[①] 卢梭辩解说，当他由于无力抚养孩子而把他们交给国家名下的育婴堂来进行教育时，他是把自己当成了柏拉图共和国中的一分子。虽然晚年的悔恨也使他承认自己从前对国家的期待过高了，但是在权衡全部利弊之后，他仍然坚持认为自己给孩子们选择了最好的前途。在卢梭垂暮之年，达朗贝尔、伏尔泰等人曾在一些文章中含沙射影地攻击卢梭弃婴一事，据此攻击卢梭是一个仇视孩子的丧尽天良的父亲。当时已经处于心力交瘁状态中的卢梭在《漫步遐想录》中再一次为自己遗弃亲生骨肉的行为进行了辩解，他声称自己是世界上最热爱儿童的人，早年之所以要把孩子们送进育婴堂，完全是为了让他们能够接受更合适的教育：

> 我也理解，把我将孩子送进育婴堂这个指责稍加变化，就很容易演化成指责我是不近人情的父亲，指责我仇视孩子。然而不容分辩的是，我之所以采取这一步骤，主要是怕他们不如此就会有一种几乎不可避免的坏上千百倍的命运。我无法亲自教养他们，而如果我对他们的前途不那么关心的话，在我当时的处境，就只好让他们的母亲去教养他们，那她就会把他们宠坏，或是把他们交给他们的舅家人，那他们就会把孩子们培养成为十恶不赦的大坏蛋。想到这里，现在我都不禁不寒而栗。穆罕默德对赛伊德的所作所为与他们可能在我孩子们身上做出的事相比，显然是微不足道的了。他们后来为我设下的种种陷阱充分证实他们当初

① 参见雷蒙·特鲁松:《卢梭传》，商务印书馆1998年版，第121页。

是有这样的打算的。说实话，我当时根本想不到会有这样恶毒的阴谋诡计，但是我知道，育婴堂的教育对他们的危险性最小，因此我把他们送去了。如果今天还出现这种情况，我还要这样处理，而且疑虑会更少些；我清楚地知道，只要我稍微养成那么点习惯来发展我的天性，那么，哪个当父亲的也不会比我对我的孩子们更加慈祥体贴……要说《新爱洛伊丝》和《爱弥儿》出于一个不爱孩子的人之手，那未免是世上最荒唐的事情了。[①]

卢梭举了许多例子来说明自己对孩子们的由衷热爱，字里行间洋溢着感人肺腑的真情：

啊！要是我还能享受发自内心的纯洁的温情的机会，哪怕是来自一个还在襁褓中的婴儿，要是我还能在别人眼中看到和我在一起时愉快和满意的心情，那么我那虽短而甘美的感情的流露将是对我多少苦难和不幸的报偿！啊！那时我就不必到动物身上去寻求人们拒绝向我投来的善意的目光。这样的目光，我很少有机会看到，不过它们在我的记忆中总是弥足珍贵的。这里就是一个例子，这个例子，如果我处在任何其他一种处境中，那就早该忘了，而在这里它在我心中产生的印象却很好地描绘出我景况的可悲。两年以前，我在新法兰西咖啡馆附近散步后，继续往前走，然后向左拐，为了绕过蒙马特尔高地，我就穿过格利尼盎古村。

---

① 卢梭:《漫步遐想录》，人民文学出版社 1986 年版，第 119—120 页。引文中提到的“穆罕默德对赛伊德的所作所为”典故出自伏尔泰的悲剧《穆罕默德》：穆罕默德看上了养子赛伊德的妻子，强迫赛伊德与妻子离婚，将她让予自己。

我心不在焉地直往前走，一面胡思乱想，两眼也不朝左右观望。忽然觉得有人把我的膝盖抱住了，原来是个五六岁的小男孩，他使劲抱着我的膝盖，以如此亲切，如此温柔的眼光看着我，使我的脏腑都为之感动了。我心想，要是我的孩子在我身边的话，他们也会这样待我的。我就把孩子抱了起来，欣喜若狂地吻了几下，然后继续前进。我在路上总感到像是少了点什么东西似的。一种越来越增长的需要促使我折回去。我责备自己不该就这样突然离开这孩子，心想他的行动虽没有什么明显的动机，从中却可看出一种不该等闲视之的灵感。最后我还是屈服于这个诱惑，折了回去。我向孩子跟前跑去，再次跟他亲吻，给他一点钱买几块糕饼（小贩恰好从我们身边走过），然后就逗他聊天。我问他爸爸是谁，他指给我看，原来是个箍桶匠。我正要离开孩子去跟他父亲说话，忽然发现有个面目可憎的人已经抢在我的前面了，看来是别人派来盯我梢的密探。当这家伙跟他附耳说话时，只见那箍桶匠死死地盯着我，那眼神显然毫不友好，这个景象使我为之心寒，我赶紧离开这对父子，步子比刚才跑来时还要快些，心里却不免嘀咕，原来的情绪也被破坏无余了。

然而从此以后，这样的感情却也时常油然而生，我也曾多次从格利尼盎古村经过，一心希望再看到这个孩子；却再也没见到这父子俩了，那次相逢就只留下一个强烈的回忆，它就像所有偶尔还打动我心的感情一样，也是交织着甘美和苦涩的。[①]

---

① 卢梭：《漫步遐想录》，人民文学出版社 1986 年版，第 122—123 页。

在这里，我们可以看到一颗孤寂破碎的心，由于饱尝了人世的辛酸，它对一切人都抱着一种恐惧的戒备心理，唯独对于天真无邪的儿童和纯洁的大自然投以脉脉的温情。这颗心对于自己早年的弃婴行为怀着深沉的忏悔，它不断地向人们表白，这种看起来是不道德的行为之所以发生，只是由于它对世人险恶用心的恐惧比对亲生骨肉的怜爱更为强烈。

在巴黎期间的另一件对卢梭毕生命运产生了重要影响的事情，就是他与伏尔泰、狄德罗等社会名流的交往。当时，伏尔泰已经在法国文坛上声名大噪，而狄德罗、达朗贝尔、格里姆、孔狄亚克等人则与卢梭一样，还只是一些无名之辈。

卢梭最初是作为一名作曲家而非一名文学家或思想家而进入巴黎社交圈的。在音乐方面他虽然没有受过正规的训练，却具有非凡的天赋，而且在与华伦夫人共同生活的那段时间里也曾受到过良好的熏陶。卢梭的歌剧《风流诗神》虽然遭到了在当时巴黎音乐界和贵妇人沙龙中叱咤风云的歌剧大师拉摩的嘲笑，却深得权倾一时的黎塞留公爵的欢心。这位公爵大人在欣赏《风流诗神》的演奏时不断惊呼喝彩，他对卢梭说：“卢梭先生，这是沁人心脾的和声。我从来没听到过比这更美的了。我要把这部作品拿到凡尔赛宫去演出。”但是由于拉·波普利尼埃尔夫人从中作梗，这个计划未能实现。而这位夫人之所以要与卢梭为难，只是因为她是拉摩的公开捧场人；此外她一向对日内瓦人怀有一种刻骨的仇恨，因为从前有一位日内瓦神父曾极力反对拉·波普利尼埃尔先生娶她为妻。

卢梭在少年时代就曾读过伏尔泰的作品，他早年一直对这位启蒙运动的斗士怀着深深的敬意。由于黎塞留公爵的推荐，卢梭有幸承担了为伏尔泰的一部剧本修改词曲的工作。当时身在洛林的伏尔泰给卢梭写了一封客气备至的信，信中赞誉卢梭一身兼具作曲和作词两个方面的才能，并且谦虚地表示，把这样的才能用在他那部仓促写成的剧本上实在是有点大材小用。对于一个音乐方面的初出茅庐者来说，能够为伏尔泰这样名满天下的大文豪的歌剧剧本谱曲，实在是一件令人受宠若惊的事情。卢梭后来在《忏悔录》中回忆称，伏尔泰在这封信中所表现出来的谦恭审慎，与他以后写给卢梭的那些信中所表露的目中无人的傲慢，有着天壤之别。卢梭认为，这种强烈的反差与伏尔泰素来具有的那种“官场的圆滑”有关，因为当时伏尔泰显然是把卢梭当成了黎塞留公爵面前的红人。

如果说当年在巴黎时，卢梭对伏尔泰怀着一颗由衷的敬仰之心，那么他与狄德罗的关系则是一种亲密无间的朋友之情，这两个青年人在巴黎相识之后即成为莫逆之交。经卢梭的介绍，狄德罗又认识了孔狄亚克，他们三人虽然住得很远，但每星期都要在王宫广场聚会一次。不久以后，卢梭又与达朗贝尔相识，并且受狄德罗和达朗贝尔的委托参与了他们主编的《百科全书》，负责撰写音乐部分。1749 年 7 月狄德罗因出版《论盲人书简》而被捕入狱，卢梭为挚友的不幸遭遇焦急万分，四处奔走，竟然不揣冒昧地写信给路易十五宠幸的情妇——炙手可热的蓬巴杜尔夫人，为之说情。当卢梭得知狄德罗被准许在范塞纳监狱中接待亲友的消息后，马上飞奔到这位朋友的面前，一见面，两人就紧紧地拥抱在一起。此后，卢梭经常独自一人或者陪同狄德罗的妻子去探望狄德罗。然而这对曾经患难与共的好友后来却由于种种难以说清的原因而反目成仇，在卢梭退隐乡间和四处流亡时，狄德罗也加入了伏尔泰、格里姆等诽谤攻讦卢梭的人的阵营，并且怂恿埃皮奈夫人在其自传体小说《蒙布里扬夫人传》中将卢梭（取名为勒内）描绘为一个忘恩负义的小人。在卢梭的孤独晚年里，他不仅一直与伏尔泰进行着针锋相对的激烈论战，而且也与霍尔巴赫、格里姆、狄德罗等百科全书派人士处于没完没了的龃龉之中。

六、初露锋芒

1749年夏日的一个炎热的下午，卢梭和往常一样只身前往范塞纳监狱探望狄德罗。沿着一条没有树荫的道路，卢梭边走边翻阅一本随身所带的《法兰西信使》杂志，忽然他发现了第戎商学院的征文公告，题目是：“科学与艺术的进步是否有助于敦风化俗？”这个题目一进入眼帘，卢梭就如同被“一千条光线刺穿了”一样，顿时觉得整个世界都变了。大量丰富的思想如奔涌的泉水般向他的头脑袭来，致使他呼吸急促，兴奋到极点。他倒在路边的一棵大树下，在精神恍惚的状态中度过了许久。当他从这种迷狂状态中清醒过来时，他发现自己的衣襟已经被激动的泪水湿透。“一看到这个题目，”他后来写道，“我顿时就看到了另一个宇宙，自己变成了另一个人。”① 这个题目使37岁的卢梭猛然间发现了自己真正的生存意义，他那长期散漫游移的思绪终于凝聚在一个闪光的焦点上，幽闭已久的思想如同一个威力无穷的精灵般从所罗门的魔瓶中挣脱而出，从这最初的灵感中迸发出汹涌澎湃的思想洪流。他那纯洁无邪的率真本性、震撼人心的精神力量、浪漫主义的巨大热忱以及发聋振聩的批判激情，从此一发不可收拾。这个腼腆羞怯的日内瓦流浪汉一下子就变成了一头狂怒咆哮的雄狮。他脱掉了华美的外套，解下了雅致的佩剑，彻底摆脱了巴黎社交圈中的一切虚饰仪文，向整个不公正的社会发起了猛烈抨击。罗曼·罗兰写道：

① 卢梭：《忏悔录》第二部，人民文学出版社1982年版，第433页。

> 他例外地被放在一个位置上去观察这个时期正在酝酿着的社会不安。他不属于法国人和巴黎人的圈圈，也不信服绝对专制的统治，这是可以靠放松道德和对生活的冷嘲热讽的态度来求得缓和的。最独立的作家，百科全书的编纂者都是些随遇而安的人物，他们从他们所反对的弊端中吸取教训。他的最初三十年是作为一个渺小的瑞士流浪汉在一种快乐而又昏昏然的气氛中度过的，这样的生活使他成为一个爱逃学的儿童，不能忍受社会的束缚和法律的管制。因此他对巴黎的矫揉造作的文学界和宫廷生活的精神上的和肉体上的压抑特别敏感。起初，他感到害怕，感到窒息，他还想把他的痛苦、反抗和厌恶的感情压下去。但是这些感情反而越积越高。现在它们终于爆炸开了。只是一击，他就揭开了社会的弊端——腐败和社会的不公平。对他的第一次呼喊的巨大反响揭出一个他一直没有料想到的任务。[①]

卢梭的这篇处女作获得了极大的成功——次年他荣获第戎商学院的征文奖，并因此而一举成名。这次成功引发了他的创作灵感和欲望，他开始埋头写作，并且系统性地对以前所学过的各种知识进行逻辑梳理和理论提炼。不可遏制的思想洪流将他投入到“一个英雄主义和美德的发酵过程中”，童年时期由他的父亲、祖国和普鲁塔克播下的种子迅速生长起来。与真知灼见同时增长的是蕴藏在他那羞涩的外表之下的批判激情，“我的冥想深思使我对时代的风俗、箴规和成见油然而生鄙视之心，这种鄙视之心又使我对那般具有这些风俗、箴规

---

① 罗曼·罗兰:《卢梭的生平和著作》，生活·读书·新知三联书店 1993 年版，第 12—13 页。

和成见的人对我的嘲笑视若无睹；我用我的惊人警句压倒他们的浅薄妙语，就和我用两个指头捻碎虫豸一般。”①

在这篇使他一举成名的征文中，卢梭指责科学和艺术是点缀在束缚人们的枷锁之上的花冠，它们窒息了人们天生的自由情操，并使人们成为陶醉于自己被奴役状态之中的所谓的文明民族。当人们没有科学和艺术来指导生活时，他们是依凭着自然情感和自由天性来行动的，这种原始而纯真的人性虽然并不完美，但是人们却从彼此了解和相互信任中得到了安全，然而这些优点今天却荡然无存。“我们的灵魂正是随着我们的科学和我们的艺术之臻于完美而越发腐败……随着科学与艺术的光芒在我们的地平线上升起，德行也就消逝了。”② 在列举了埃及、希腊、罗马、中国等古代文明是如何由于科学和艺术的腐蚀而陷入淫逸和毁灭，而早期的波斯人、塞种人、日耳曼人、罗马人和斯巴达人又是如何由于未经科学和艺术的腐蚀而使德行、勇气和忠诚大放异彩等例证之后，卢梭借助于在想象中复活了的公元前 282 年罗马执政官法布里修斯之口大声疾呼：

> 神啊，曾经一度是节制与德行之所在的那些茅屋和村舍变到哪里去了呢？罗马的简朴已经被怎样致命的繁华所代替了啊！这是些什么样的陌生的语言啊！是些什么样的柔靡风尚啊！这些雕像、绘画和建筑是什么意思呢？无聊的人们，你们做了些什么事啊！你们，万邦的主人啊，你们已经把自己转化为被你们所征服的那些轻薄人的奴隶了！统治着你们的全是些修辞学家！你们曾

---

① 卢梭：《忏悔录》第二部，人民文学出版社 1982 年版，第 515 页。

② 卢梭：《论科学与艺术》，商务印书馆 1963 年修订版，第 11 页。

以自己的鲜血灌溉了希腊和亚洲，却只不过是养肥了一群建筑家、画家、雕塑家和优伶罢了！迦太基的战利品竟成了一个弄笛者的脏物！罗马人啊！赶快拆毁这些露天剧场，打碎这些大理石像，烧掉这些绘画，赶走这些征服了你们并以他们那些害人的艺术腐化了你们的奴隶吧。让别人以炫耀虚浮的才华自诩吧；那种唯一与罗马相称的才华，乃是征服全世界并以德行治理全世界的才华。①

自17世纪以来，科学已经引起越来越多的人的兴趣和崇拜，在英国，牛顿事实上已经取代了上帝而成为自然界的主宰。到了18世纪，认为科学将会把人类带入天国一般的幸福乐园的信念在文明开化的欧洲人那里已经深入人心。尖刻辛辣的法国启蒙思想家们对于人世间的一切权威都进行了毫不留情的批判，唯独对科学的权威顶礼膜拜、推崇备至。在当时，对于科学的态度甚至已经成为甄别文明人与野蛮人的试金石。另一方面，艺术也被有教养的欧洲知识分子们看作一种高尚生活的标志，尤其是在深受古典主义影响的法国上流社会中，对于艺术的热爱和附庸风雅几乎达到了登峰造极的程度。长期混迹于巴黎上流社会各种沙龙圈中的启蒙思想家们，对于当时流行的雍容华贵、崇高典雅的古典艺术也是大加赞美的，尤其是那位被尊为启蒙思想之泰山北斗的伏尔泰，更是离开了艺术享乐便不能生活。与那个时代几乎所有的知识精英的主流看法相反，卢梭把科学和艺术视为一些无聊而虚荣的奢侈品，它们产生于闲逸，导致了奢侈、腐化和道

① 卢梭:《论科学与艺术》，商务印书馆1963年修订版，第18页。

德堕落。卢梭认为，由于科学和艺术的影响而形成的文明教养正在潜移默化地腐蚀着人们的精神，麻痹着人们的判断，使人们遗忘了最起码的道德良知和责任感。“你们的孩子们不会说他们自己的语言，然而他们却会说那些在任何地方都用不着的语言；他们会写几乎连他们自己都看不懂的诗；他们虽不会辨别谬误和真理，却有本领用似是而非的诡辩使得别人无从识别：可是他们并不知道高尚、正直、节制、人道、勇敢这些名词究竟是什么；祖国这个可爱的名字永远也不会进入他们的耳朵里去；如果他们也听人讲说上帝，那也并不是由于敬畏上帝，而只是对于上帝怀有恐惧罢了。”①

这篇论文初次表达了卢梭心中长期酝酿的一种思想，即科学、艺术和文明的进步是以道德的普遍沦丧作为代价的，科学和文明制造了欲望，从而给人类天真质朴的心灵套上了沉重的枷锁。就此而言，一切科学的起源都是卑劣的——天文学起源于迷信，雄辩学起源于野心，几何学起源于贪婪和吝啬，物理学起源于好奇心，而伦理学则起源于人们的自傲。古罗马哲学家塞涅卡曾说：“自从学者在我们中间开始出现以后，好人就不见了。”在卢梭看来，世界上最可贵的东西是自由情感和道德良知，至于人们奉若神明的科学和艺术，不过是一些虚妄而无聊的欲望的产物。德行本身就是“纯朴的灵魂的崇高科学”，它的原则就铭刻在每一个人的心中。因此人们只需反求诸己，“在感情宁静的时候谛听自己良知的声音就够了”，而大可不必去嫉妒那些在文坛上永垂不朽的名人的光荣。“让我们努力在他们和我们之间划出人们以往是在两个伟大的民族之间所划的那条光荣的界限吧，

---

① 卢梭：《论科学与艺术》，商务印书馆 1963 年修订版，第 29—30 页。

让他们知道怎样好好地说，让我们知道怎样好好地去做吧。”[①]

这篇产生了惊世骇俗的巨大效应的文章拉开了卢梭那愤世嫉俗和猛烈无情的社会批判的序幕，此后，卢梭很快就从一般性的文明批判转向了对现实社会的批判。事实上，他之所以会产生如此与众不同，甚至被他的朋友们视为大逆不道的观点，正是由于这个朴实无华的日内瓦青年一开始就对巴黎上流社会的奢靡虚骄的生活方式怀着一种天然的反感。[②]这种对虚浮伪善的社会风气的天然敌意和对未经雕琢的自然状态的执着向往，使得卢梭后来始终与法国上流社会的达官贵妇及知识精英们处于格格不入的抵牾之中。他早年之所以曾一度仰承某些贵妇人的鼻息，仅仅是由于他那时尚未真正找到自己最合适的位置，仍处于迷惘困顿的境况中。而当他一旦发现了自己的神圣使命，举起了那支凝聚着千钧之力的笔，他就毫不犹豫地站到了整个主流社会的对立面上，从内心到外表都进行了一次彻底的变革。他改变了过去的生活方式，丢掉了一切象征着虚荣的装饰物（假发、佩剑等），甚至把怀表也卖掉了，他高兴地对自己说：“谢天谢地，从今以后，我再也不需要知道时间了。”当他的歌剧《乡村卜师》公演大获成功后，宫廷大臣通知他第二天去觐见国王，并且告诉他国王路易十五将赐给他一份年金。然而对功名利禄嗤之以鼻的卢梭为了捍卫自由的尊严，竟然拒绝接受国王的召见和这份对于贫穷潦倒的他来说极为重要的年金，毅然离开巴黎。卢梭后来写道：“诚然，那笔可以说是到手

---

① 卢梭:《论科学与艺术》，商务印书馆 1963 年修订版，第 37 页。

② 在这种天然的反感情绪中或许夹杂着某种“酸葡萄”的微妙心理，卢梭对于可望而不可即的法国上流社会的行为方式和生活方式的那种极度鄙夷的傲慢态度，往往与他那敏感而腼腆的内心世界中的自惭形秽的自卑感有着极其复杂的内在联系。正是由于这种隐秘幽深的变态心理的影响，使得卢梭的整个社会批判理论都带有一种既深刻又疯狂的特点。

的年金，我是丢掉了；但是我也就免除了年金会加到我身上的那副枷锁。有了年金，真理完蛋了，自由完蛋了，勇气也完蛋了。从此以后怎么还能谈独立和淡泊呢？一接受这笔年金，我就只得阿谀逢迎，或者噤若寒蝉。”[①] 卢梭这种清高孤傲的态度不仅招来了巴黎上流社会的非议，而且也招致了狄德罗等朋友们的指责。普遍的谴责使得外柔内刚的卢梭更加坚定了自己的信念和不愿同流合污的决心，这种分歧最终导致了他与以往的朋友们分道扬镳，并且彻底地过上了离群索居的生活。

1753 年，第戎商学院再次发布了征文公告，题目为“人类不平等的起源”。这个题目再一次引发了卢梭的极大兴趣：“这个大题目使我产生了强烈的印象，很惊讶这个学院居然敢把这样一个问题提出来。但是，既然它有这样的勇气提，我也就有这样的勇气写，于是我就动手写了。”[②] 为了自由地思考这个问题，他带着瓦瑟和她的两个女友一起到圣日耳曼进行了一次为期七八天的旅行。几位女人很好地照顾着他的生活，而卢梭则一头钻进茂密森林的深处，去寻找原始时代的历史遗迹。他要用他的笔揭示出原始生活的真相，把人们所说的种种谎言全部扫光。他确定了这篇论文的基本宗旨：通过溯寻人的自然本性，把由于时代的“进步”和歪曲自然人性的种种事物的进展而造成的人性扭曲现象赤裸裸地披露在世人面前；通过对人为的人与自然的人的比较，向世人指出，人类一切苦难的真正根源就在于人所谓的进化。这种思想令卢梭激动不已，他的灵魂被那些崇高的沉思默想激扬起来，直至升腾到神明的境界。他以一种先知式的目光扫视着深陷于

---

① 卢梭:《忏悔录》第二部，人民文学出版社 1982 年版，第 469 页。

② 卢梭:《忏悔录》第二部，人民文学出版社 1982 年版，第 479 页。

成见、谬误、不幸和罪恶的泥淖中的芸芸众生，向这些蒙昧者发出了微弱却充满了真理性的呼声：

> 你们这些愚顽者啊，你们总是怪自然不好，要知道，你们的一切痛苦都是来自你们自身的呀！[①]

这篇以《论人类不平等的起源和基础》为名的应征论文，就是在这种基本思路和心境下写成的。当卢梭全身心地投入到写作中时，他已经将获奖一事完全置诸脑后，而且他早已料定这篇论文是不可能得奖的，“因为我深知各学院之设置奖金绝不是为着征求这种货色的”。

这篇论文比起卢梭的第一篇应征论文来，要显得成熟、深刻得多。按照卢梭自己的说法，这篇文章比他的任何其他文章都更受狄德罗的青睐，因为狄德罗素来喜爱标新立异。文中大凡带有“严峻的笔调”和“阴森的风貌”之处，都与狄德罗的影响有关，这样阴森的基调是狄德罗在范塞纳监狱的阴暗城堡中所养成的阴郁气质所致。狄德罗还有一些更为激进和厉害的思想与片段，只是因卢梭的反对，才没有被援入文中。

在这篇论文的序言中，卢梭一上来就发表了一番惊世骇俗的宏论：

> 我觉得人类的各种知识中最有用而又最不完备的，就是关于“人”的知识。我敢说，戴尔菲城神庙里唯一碑铭上的那句箴言的意义，比伦理学家们的一切巨著都更为重要、更为深奥。因

---

① 卢梭:《忏悔录》第二部，人民文学出版社 1982 年版，第 480 页。

此，我把这篇论文的题目，看作是哲学上所能提出的最耐人寻味的问题之一。但是不幸得很，对我们说来，这也是哲学家所能解决的最棘手的问题之一。因为，如果我们不从认识人类本身开始，怎么能够认识人与人之间不平等的起源呢？因时间的推移和事物的递嬗应使人类的原来体质发生了一些变化，我们若不通过这些变化，怎么能够看出最初由自然形成的人究竟是什么样子呢？我们又怎么能把人的本身所固有的一切，和因环境与人的进步使他的原始状态有所添加或有所改变的部分区别开来呢？正如格洛巨斯石像，由于时间、海洋和暴风雨的侵蚀，现在已经变得不像一位天神，而像一只凶残的野兽一样，人类在社会的环境中，由于继续发生的千百种原因；由于获得了无数的知识和谬见；由于身体组织上所发生的变化；由于情欲的不断激荡等等，它的灵魂已经变了质，甚至可以说灵魂的样子，早已改变到几乎不可认识的程度。我们现在再也看不到一个始终依照确定不移的本性而行动的人；再也看不到他的创造者曾经赋予他的那种崇高而庄严的淳朴，而所看到的只是自以为合理的情欲与处于错乱状态中的智慧的畸形对立。

最不幸的是：人类所有的进步，不断地使人类和它的原始状态背道而驰，我们越积累新的知识，便越失掉获得最重要的知识的途径。这样，在某种意义上说，正因为我们努力研究人类，反而变得更不能认识人类了。[①]

① 卢梭：《论人类不平等的起源和基础》，商务印书馆 1962 年版，第 62 页。德尔斐神庙是古希腊人供奉太阳神阿波罗的神庙，庙前的黑色石头上镌刻着一段著名的箴言：“人啊，认识你自己”；文中提到的“格洛巨斯”是希腊神话中的海神。

在卢梭看来，人类的不平等可以分为两种：一种是天生的不平等，这是由自然力造成的，例如身体与智能方面的差别；另一种是后天的不平等，这是由社会方面的原因造成的，它包括政治上和精神上的不平等。在初民社会，人类虽然蒙昧，却处于自由和平等的状态中。随着私有财产的出现，开始产生了社会的不平等。最初是贫富差别，它导致了法律和所有权的确立；继而是强弱差别，它导致了社会阶级的产生和官职的设立；最后是主人与奴隶的分殊，它使人民的合法权利被专制的权力所替代，最终导致了社会动荡不安，生灵涂炭。一切社会不平等和罪恶的根源，归根到底都产生于私有财产：

> 谁第一个把一块土地圈起来并想到说：这是我的，而且找到一些头脑十分简单的人居然相信了他的话，谁就是文明社会的真正奠基者。假如有人拔掉木桩或者填平沟壕，并向他的同类大声疾呼："不要听信这个骗子的话，如果你们忘记土地的果实是大家所有的，土地是不属于任何人的，那你们就要遭殃了！"这个人该会使人类免去多少罪行、战争和杀害，免去多少苦难和恐怖啊！①

社会不平等的产生、发展过程，同时也就是文明的发生、进化过程，因此，文明社会的进步是以自然平等状态的丧失作为代价的。卢梭描绘了大量仍然处于原始状态中的野蛮人的淳朴生活景象，以此来证实这样一个基本观点：原始的自然状态是人类生活的最美好的青春

---

① 卢梭：《论人类不平等的起源和基础》，商务印书馆 1962 年版，第 111 页。

状态，后来的一切进步只是促成了个人的完美化，却将整个人类引向了没落。在这篇文章的结尾处，卢梭得出了如下结论：

> 在自然状态中，不平等几乎是不存在的。由于人类能力的发展和人类智慧的进步，不平等才获得了它的力量并成长起来；由于私有制和法律的建立，不平等终于变得根深蒂固而成为合法的了。此外，我们还可以断言，仅为实在法所认可的精神上的不平等，每当它与生理上的不平等不相称时，便与自然法相抵触。这种不相称充分决定了我们对流行于一切文明民族之中的那种不平等应持什么看法。因为，一个孩子命令着老年人，一个傻子指导着聪明人，一小撮人拥有许多剩余的东西，而大量的饥民则缺乏生活必需品，这显然是违反自然法的，无论人们给不平等下什么样的定义。①

卢梭这篇文章在社会上引起了强烈的反响，这种认为“人天生是善良的，但是种种制度才把人弄坏”的思想，与教会所宣扬的以及整个上流社会所坚信不疑的“人天生是有罪的，通过教会（或文明社会）的引导才能向善”的见解，恰好是针锋相对的。而且即使是在追逐时髦的巴黎沙龙圈里，卢梭的这种“反文明”的观点在一般知识人士看来，也多少具有一些刻意标新立异的嫌疑。格里姆一边在《文学通讯》中赞扬卢梭的优美文笔，另一方面则认为这篇文章有哗众取宠之意，而且逻辑上也不严谨。狄德罗则以揶揄的口吻对摩里耶神父

① 卢梭：《论人类不平等的起源和基础》，商务印书馆 1962 年版，第 149 页。

说："卢梭在继续思考，继续生病，鄙人也在继续思考，身体也不太好……尽管如此，我也不喜欢吃栎实，不喜欢去住洞穴，不喜欢在橡树上掏个窟窿当住房……我用两只后脚行走，走得蛮好。"① 当卢梭怀着仰慕的心情把这篇论文寄给伏尔泰时，那位名满欧洲的大文豪在回信中以惯用的尖酸刻薄的口吻讥讽道：

> 先生，我收到了你抨击人类的新书，为此，我对你表示感谢。人们将欣赏你的直言不讳，可是你不可能使他们改弦易辙。谁也不会用更加强烈的色彩描绘人类社会的劣迹，而我们由于无知和软弱对此是惯于逆来顺受的。
>
> 从来没有人为了把我们说得愚不可及如此用尽心机；读完你的书，我们不禁萌生用四条腿爬行的欲望。可是，很遗憾，由于六十多年前我已经丧失了这种习惯，我是无法返老还童的。因此，我把这种天然的行走方式让给那些比你我更适合的人。②

从此以后，卢梭就与伏尔泰结下了不解之怨。这两位伟大的思想家之间的相互攻讦和争吵，一直延续到他们生命的最后一刻。

七、隐遁乡间

晚年的卢梭在《漫步遐想录》中，对于自己在写最初的两篇论文时内心所发生的巨大变化回忆道：

---

① 雷蒙·特鲁松：《卢梭传》，商务印书馆 1998 年版，第 180 页。

② 李瑜青主编：《伏尔泰哲理美文集》，安徽文艺出版社 1997 年版，第 213 页。

> 我心中出现了一场巨大的革命；另一个精神世界展现在我眼前；我开始感到人们的判断是何等的荒谬，然而我那时还没有预见到自己会成为它的牺牲品；文坛的名声像烟云一样刚在我头上飘浮，我就已经对它感到厌倦，越来越需要有另外一种成就；我想为来日的事业开辟一条比前半生更为可靠的道路——所有这一切都迫使我做一次早就感到有必要进行的彻底的检讨。我这样做了，对为做好这项工作所需的一切因素，只要是操之在我的，都毫无忽略。
>
> 正是在这一时期，我开始彻底脱离上流社会，开始对孤寂生活产生强烈的爱好，至今未衰。我所要写的那部作品[①]，只有在绝对隐遁中才能写出，它要求长期安静的沉思，而这是喧嚣的社交生活所不许可的。这就迫使我在一个时期内采取另外一种生活方式，后来觉得它是如此之好，因此，在迫不得已作为时不久的中断之后，总是一有可能就一心一意地把它恢复，而且毫无困难地做到心无旁骛；等到后来别人迫使我过孤独生活时，我就觉得，他们为了让我痛苦而把我流放，结果给我带来的幸福却比我自己争取的还多。[②]

与伏尔泰和狄德罗不同，卢梭刚刚在社会上获得了声誉，马上就对它感到厌倦了。伏尔泰天生就是一个爱热闹和不甘寂寞的人，他无论走到哪里，必定会带来喧闹、争端和各种时髦的事物。他甚至在日内瓦这个加尔文教的坚固堡垒中，也要策动素来奉行禁欲主义生活态

---

① 《爱弥儿》第四卷中的“信仰自白——一个萨瓦省的牧师述”。

② 卢梭:《漫步遐想录》，人民文学出版社 1986 年版，第 27—28 页。

度的日瓦内清教徒改变以往禁演戏剧的习俗，修建歌剧院。伏尔泰不能忍受没有热闹场面的生活，所到之处他通常都会受到人们的顶礼膜拜。他虽然也曾遭受过天主教会和法国政府的迫害，但是他却与欧洲各国的显要人物乃至王公贵戚都有着亲密的私交，而且是各种高雅沙龙中备受欢迎的座上宾。伏尔泰需要社会的恭维奉承和趋迎附和，需要人们的赞誉和崇拜，正如同他需要空气和水一样。狄德罗也是如此，虽然他没有伏尔泰那样的地位和名望，但是他同样离不开巴黎社交圈的喧嚣与名利。狄德罗尽管对社会进行了猛烈的批判，但是他的批判只有在巴黎沙龙的热闹气氛中才能进行，他须臾也离不开他所激烈抨击的那个社会，因为他只能从这个社会中吸取批判的灵感。狄德罗也热爱大自然，但是他却不能忍受孤独和冷清，他对大自然的感情属于一种叶公好龙式的热情——他是在巴黎社交圈的灯红酒绿的氛围中、在各种沙龙的高谈阔论中热爱大自然的。因此，他对卢梭的隐遁颇有微词，将这种行为看作是一种矫枉过正的病态表现。在《论自然》一书中，他甚至认为："唯有内心阴毒的人才渴望与世隔绝。"

卢梭则相反，他似乎命中注定就是要过隐居生活的。他对巴黎社交圈中虚浮的热闹场面有一种不可遏制的抵触情绪，对大自然却怀着发自肺腑的热爱。他在年轻的时候就下定决心，一过不惑之年就摆脱社交圈，隐退到大自然中去过自食其力的清贫生活。因此，1756年（那年他 44 岁），当他接受埃皮奈夫人的邀请住进蒙莫朗西森林里的"退隐庐"时，他兴奋地说："只是从这一天起，我才开始生活。"卢梭对与世隔绝的隐居生活的热爱并非出于标新立异的虚荣，甚至也不是为了躲避敌人的迫害，而是出于一种莫名其妙的"懒惰"。卢梭在给马尔泽尔布先生的信中解释说，他之所以隐退的真正原因是那种"任何东西都不能将其压倒的自由的精神，在这个精神面前，荣誉、财富和声望都一文不值"。而这种自由的精神与其说是发自于傲慢，不如说是发自于惰性，"这种惰性是难以想象的：它要避开一切事物，普遍生活中的一点点责任也是它难以承受的，对应说的话，应做的拜访，只要一成为'必须'，这些对我说来就都成为极大的痛苦"[①]。当卢梭身陷巴黎社交圈中时，他常常会感觉到一种不可名状的局促和困窘；而当他一来到大自然中，他就如鱼得水，不仅心情愉快，而且灵感如泉涌。卢梭在《忏悔录》中对于自己初入"退隐庐"时的那种欢欣而迫切的心情描写道：

> 我急于要住进退隐庐，等不及明媚的春季来临，住宅一收拾好，就赶紧搬进去了。这就引起了霍尔巴赫一伙的一片嗤笑声，他们公开预言，我守不了三个月的寂寞，就会羞惭满面地回到巴黎，过跟他们一样的生活。而我呢，十五年来都是如鱼失水，现在仿佛又要回到故渊，对他们开的玩笑根本没有理睬。自从我身不由己地投身到社交界以来，我没有一时一刻忘记我那亲爱的沙尔麦特和我在那里度过的甜蜜生活。我感到我生来就是为了退隐和乡居的，不可能在别的地方生活得幸福。在威尼斯，在公务纷忙之中，在外交使节的高位之中，在升官晋爵的骄傲之中；在巴黎，在上流社会的漩涡之中，在晚宴的口腹享受之中，在剧院的夺目光彩之中，在虚荣的幻烟迷雾之中；对丛林、清溪、幽静的散步的回忆经常使我分心，勾起我的愁思，引起我的嗟叹和憧憬。过去，凡是我能强制自己去做的那一切工作，凡是曾使我打

① 何祚康、曹丽隆：《走向澄明之境——卢梭随笔与书信集》，上海三联书店 1990 年版，第 202 页。

起一阵阵精神来的那一切野心勃勃的计划，都没有别的目的，只是为了有一天能过这种幸福无穷的乡间逍遥生活，而这种生活，我此刻正深自庆幸即将到手了。[①]

1756 年 4 月 9 日，卢梭告别了巴黎喧嚣繁华的社交生活，带着瓦瑟和她的母亲，来到慷慨的埃皮奈夫人专门为他准备的“退隐庐”定居。当卢梭一家三口乘坐埃皮奈夫人的马车来到蒙莫朗西森林附近的“退隐庐”时，残雪尚未化尽，紫罗兰和迎春花已经绽开，刚刚苏醒的春色流溢于含苞待放的蓓蕾之间。卢梭被美丽的乡野景象和那所小巧玲珑的住宅深深地感动。当天夜里，一阵悦耳的夜莺啼啾声把卢梭从睡梦中惊醒，他在狂喜中感叹道：“我全部的心愿终于实现了！”他顾不得整理房间，信步来到“退隐庐”四周观赏风景，那清幽的环境和静谧的气氛令他心旷神怡，恍若遁迹天涯。一种游子归来的亲切感使卢梭确信，这幽静迷人的世外桃源正是上天专门为他而设计建造的。以往的一切喧哗、虚浮和苦闷犹疑，都如同过眼烟云一般消失殆尽，他终于找到自己命中注定的归宿地。虽然在一年以后卢梭因与埃皮奈夫人失和而离开了“退隐庐”，但是他一直保持着清贫闲散的乡居生活，除了短暂的逗留和路过之外，他几乎再也没有在城市中居住过。

这是自从离开尚贝里之后，卢梭第一次真正地体验到生活情趣。对于他那颗追求宁静和向往自然的心来说，巴黎社交圈中故弄玄虚的隽语、无病呻吟的撒娇、低劣乏味的传闻和铺张奢侈的晚宴，都显得如此苍白无聊；而散发着清新气息的小荆棘、绿草如茵的原野和抒发

① 卢梭：《忏悔录》第二部，人民文学出版社 1982 年版，第 496 页。

着乡土风情的牧童之歌，却令他心旌荡漾，思绪奔涌。在大自然中，他一改以往羞涩腼腆的拘谨，而显露出一种潇洒豪放的自信。他在最迷人的季节里进行着温馨美妙的遐想，记忆中的那些清纯少女和风韵美人都环绕在他身边，他成为一群幻想中的天仙的“奢侈的牧羊人”。在这种痴醉狂畅的爱情美梦中，他开始构思他的不朽之作——《新爱洛伊丝》。对现实生活的厌恶和失望使得卢梭全心全意地沉溺于幻想的世界，他创造出两个温柔多情、妩媚动人的佳丽——金发的朱莉和棕发的克莱尔，并且深深地爱上了她们。他也没有忘记把自己的形象以理想化的形式写入这部小说中，这就是出身于平民却始终保持着不可亵渎的尊严和孤傲的、风流倜傥而又品德高尚的圣普乐，卢梭的这个化身在两个美丽纯洁的女人之间扮演着情人和朋友的双重角色。卢梭为他的文学主人公们选择了湖光山色相映成趣的瑞士湖畔作为居住地（那是以华伦夫人的故乡沃韦作为原型的），让他们在一种与世隔绝的环境中生活。他与他们一起体验着爱情的忧伤和喜悦，一同品味着人类的高尚情操，毫无虚饰地陶醉在一尘不染的大自然和心心相印的爱情之中。那是一种多么美妙的情景啊！它使已过不惑之年的卢梭再一次领略到令人焦灼不安而又缱绻缠绵的爱情之甜蜜，虽然这一切都是在幻想和虚构中发生的：

> 我不能求得实在的人物，便把自己投进了虚幻之乡；我既看不出一点现存的东西值得作我的狂热的对象，我就跑进一个理想世界里去培养我的狂热，而我那富于创造力的想象不久就把这理想世界配上了恰如我意的人物。这种办法从来也没有来得这么及时，这么富有活力。在我的不间断的冥思默想之中，我畅饮着人心所从未有的那种最甜美的情感激流。我完全忘掉了人类，我创

> 造出了一群既美若天仙、品德又超凡入圣的完美无缺的人物，都是些在尘世永远也找不着的可靠、多情而忠实的朋友。我就喜欢这样翱翔于九霄之上，置身于旁边的那许多可爱的对象之中，在那种境界里流连忘返，不计时日。[1]

如同希腊神话中那位爱上了自己所雕塑的女神像的皮格马利翁一样，卢梭也陷入了对他的两个女主人公的一片痴情中。他常常把新写好的片段念给身边仅有的两个人听，瓦瑟感动得与他一样泪流满面，她的母亲却无动于衷，偶尔为了敷衍场面才说上一声：“先生，真美呀！”

乌德托夫人的忽然来访使卢梭从幻想的爱情迷梦中一下子沉入了现实的热恋体验中，从而也为他的《新爱洛伊丝》增添了新的灵感和激情。据卢梭自己的说法，他与乌德托夫人的爱情才是他一生中的“真正的爱”。由于这场突如其来的爱情插曲与正在撰写的小说中的主人公的爱情故事纠缠在一起，所以显得格外动人。而且此时的卢梭已年逾四旬，那迟发的爱情更具有一种深沉而迷人的内蕴力，如同御风飘舞的梨花，说不尽的缠绵悱恻。

乌德托夫人是埃皮奈夫人的小姑子，年近三十，虽然说不上漂亮，却有着一股魅人的风韵。她那自然流露的温柔禀性和率真活泼的青春热情，很快就使卢梭陷入了不可自拔的爱情旋涡。当时，卢梭正陶醉于幻想中的爱情却又苦于没有现实中的对象，所以这对象就自然而然地具体化为闯入他的平静生活之中的乌德托夫人。卢梭

---

① 卢梭:《忏悔录》第二部，人民文学出版社 1982 年版，第 528—529 页。

从乌德托夫人身上看到了他笔下的朱莉，并且把朱莉所具有的一切美德都投射到乌德托夫人身上。然而，当卢梭如痴如醉地爱着乌德托夫人时，这位夫人却同样如痴如醉地爱着她的情人——圣朗拜尔先生。她对她的情人炽烈的爱更加激发起卢梭对她的爱，而且她对卢梭的这种单相思的爱又时常报以温柔的宽容。这是卢梭生命中最圣洁的一次爱情，正如同圣普乐与朱莉的爱情一样圣洁。在长达数月的朝夕相处中，他们在精神上深深地陷入了崇高而炽热的柏拉图式的爱情，在肉体上却始终保持着白璧无瑕的纯洁。对于卢梭来说，这种爱已经达到了这样的程度，以至于任何想占有她的念头都成为对于爱情的一种亵渎。这是一种令人心醉神迷的精神晕眩，焕发出超凡脱俗的天国情调：

> 从退隐庐到奥博纳[①]，将近一法里[②]；在我频繁前往的旅行中，我有时也在那里住宿。有一天晚上，两人面对面地用过晚餐之后，我们就到花园里，在美丽的月色下散步。这花园的深处有个相当大的剪修过的树林，我们穿过树林去找一个幽美的树丛，树丛里还造了一挂瀑布点缀着，这是我给她出的主意。永世难忘的无邪与享受的回忆啊！就是在这树丛里，我和她坐在一片细草地上，头上是一棵花儿盛开的槐树，为着表达我心头的感情，我找到了真正无愧于这种感情的语言。这是我平生第一次，也是唯一的一次达到崇高的境地——如果人们可以把最缠绵、最热烈的爱情所能输进男人心灵的那种亲切而又富有魅力的东

---

① 奥博纳是乌德托夫人的居所。

② 1法里约为4千米。——编者注

西称为崇高的话。我在她的膝上流下了多少令人心醉的眼泪啊！我又使她情不自禁地流了多少这样的眼泪啊！最后在一阵不由自主的激动之中，她叫道："不，从来没有像你这样可爱的人，从来没有一个情人像你这样爱过！可是，你的朋友圣朗拜尔在叫着我们，我的心是不能爱两次的。"我一声长叹，就不说话了；我拥抱她——这是一次怎样的拥抱啊！但是，仅此而已。她独自一人生活着，也就是说，远离她的情人和丈夫，已经有六个月了；我差不多天天都去看她，而且爱神始终伴随着我们也已经有三个月了。我们时常先面对面地用过晚餐，然后两人到树丛深处，在那月光之下，经过两小时最热烈、最缠绵的私语之后，她又在半夜里离开树丛和朋友的怀抱，身和心都和来时一样无瑕、一样纯洁。①

卢梭与乌德托夫人之间的这段浪漫爱情很快就招来了各种非议，它尤其刺痛了埃皮奈夫人的心。乌德托夫人在舆论的压力下与卢梭分手了，惆怅失意的卢梭再一次陷入了愤世嫉俗的偏激之中。不久以后，格里姆、霍尔巴赫甚至狄德罗等人的推波助澜，终于导致了卢梭与埃皮奈夫人友谊的彻底破裂。1757 年 12 月 17 日，卢梭给埃皮奈夫人写了一封措辞激烈的信，表示自己错交了一个朋友是多么的不幸。而在此前两天，在冰雪严寒的恶劣气候下，卢梭将几件简陋的家什装在一辆马车上，与瓦瑟一起搬出了"退隐庐"，结束了一年多来恬静悠闲的田园生活。

① 卢梭:《忏悔录》第二部，人民文学出版社 1982 年版，第 550—551 页。

八、颠沛流离的亡命生涯

搬出“退隐庐”以后，整个1758年卢梭都是在疾病的折磨和愤世的忧郁中度过的。他深深地陷入一种难以摆脱的生命终结感之中，没有友谊，没有可靠的生活来源，没有任何人生的乐趣，只有痛苦和灾难包围着他。多亏孔代亲王的财务总管马达斯先生为他在蒙莫朗西的路易山上提供了一处简陋的住所，他才得以暂时栖身。众叛亲离的卢梭开始被一种越来越强烈的受虐妄想所萦绕，以往的朋友们与他的任何联系、通信以及对他的关怀，在他那屡遭伤害而变得多疑的心里，都变成了一种居心叵测的伎俩——他坚信周围的人们正在共同编织一张阴谋之网，欲将他置于死地。在他看来，格里姆、霍尔巴赫和狄德罗三人串通一气，笼络了巴黎社交圈中的权臣贵妇和文豪才子，正在策划一场使他名声扫地的大阴谋；而伏尔泰更是与他们遥相呼应，朋比为奸。总之，卢梭固执地认为他那个时代的所有权贵、哲学家和文学家都出于嫉妒而攻击他。尽管朱莉的浪漫爱情也曾赢得了巴黎沙龙圈中那些多愁善感的贵妇人的同情的眼泪，但是那个阴谋集团的诽谤攻讦却把这些廉价的眼泪一扫而光。

由于他的这种惊弓之鸟的猜疑性格和一意孤行的乖僻举止，他的敌人越树越多，从路易十五的宠姬蓬巴杜尔夫人、权倾朝野的首相舒瓦瑟尔先生，一直到巴黎沙龙中的贵妇文人，都成为他公开的或潜在的对手。这种四面楚歌的尴尬局面反过来又加深了他的猜疑心和受虐妄想。在《忏悔录》第二部中，我们可以看到可怜的卢梭已经被自己的幻觉和妄想折磨到什么地步，乃至于他常常从最平淡无奇的交往和通信中臆想出别人骇人听闻的阴谋诡计。他坚定不移地相信，巴黎的那些思想家和小姐太太结成了一个反对他的阴谋集团（他把这个想象中的阴谋集团称为“霍尔巴赫小集团”），格里姆肆无忌惮地散布着关于他的种种谣言，伏尔泰大声咆哮着揭露他的隐私，狄德罗则一面假惺惺地表示同情和谅解，一面却在暗中损毁他的名誉。这个巨大的阴谋团体对他的迫害，更由于他的《社会契约论》和《爱弥儿》的问世而变本加厉，特别是《爱弥儿》的第四卷"信仰自白"，在信奉天主教的法国引起了普遍而强烈的愤慨。一时间，所有的社会力量都把矛头指向了茕茕孑立的卢梭，百科全书派和教会双方停止了相互攻击，"无神论者的狂热"与"迷信盲从者的狂热"结成了临时的联盟，在法国境内掀起了一场声讨卢梭的浪潮。

卢梭早年一直对伏尔泰怀着深深的敬意，伏尔泰那些对天主教会和君主专制极尽讽刺挖苦之能事的启蒙著作曾对年轻的卢梭产生过重要的影响。但是，自从《论人类不平等的起源和基础》一书发表之后，由于伏尔泰的那封充满了揶揄口吻的回信，这两位思想巨擘之间开始埋下了仇隙的种子。随着卢梭乖戾的思想行为越来越多地招致法国上流社会和知识阶层的攻讦，伏尔泰对"世界上教育程度最差的这个人"（伏尔泰指称卢梭语）的态度也日益由轻蔑转向了敌视。另一方面，对于以平民身份自居的卢梭来说，伏尔泰的那种高高在上的、有教养的傲慢态度也变得越来越不可容忍。尤其是在 1755 年葡萄牙里斯本大地震之后，针对伏尔泰就此事借题发挥的宗教怀疑主义态度，卢梭在致伏尔泰的信中对其论调进行了言辞激烈的抨击。①此后，两人在许多问题上都采取针锋相对的敌视姿态，彼此的关系也越来越紧张。这种越积越深的矛盾终于导致了二者之间的彻底决裂，1760 年 6 月 17 日，当卢梭得知自己几年前写给伏尔泰的一封信未经他本人的

---

① 这个问题可以详见本书第三章中关于卢梭宗教思想的部分。

许可就被人在柏林公开发表时（卢梭怀疑这封信是伏尔泰授意他人发表的），他对伏尔泰背信弃义的行为感到义愤填膺，于是他给居住在日内瓦的伏尔泰写了一封语气极其强硬的绝交书：

> 我一点也不爱你，先生；我是你的门徒，又是你的热烈拥护者，而你却给我造成了许多使我最痛心的苦难。作为你在日内瓦受到收容的报答，你断送了日内瓦；作为我在我的同胞面前为你极力捧场的报答，你把我的同胞跟我离间开了；是你，使得我在我的本国住不下去；是你，使得我要葬身异乡，既失掉奄奄待毙之人应得的一切安慰，又博得被抛弃到垃圾堆里这样的尊荣，而你却把一个人所能期待的一切尊荣都要在我的祖国享受尽了。总之，我恨你，因为你要我恨你；但是我恨你却还显得我是更配爱你的人——如果你要我爱你的话。在过去充满我的心灵的那一切对你的好感之中，所剩下的只有对你那美妙的天才所不能拒绝的赞美和对你那些作品的爱好了。如果我在你身上只能崇敬你的才能，其过错并不在我。我将永远不失掉对你的才能所应有的敬意以及这种敬意所要求的礼数。别了，先生。[①]

卢梭与狄德罗之间的公开决裂发生在1758年，在此之前很长一段时间，疑心重重的卢梭就一直怀疑这位昔日的至交在暗中损毁他的名誉。1755年《论人类不平等的起源和基础》发表之后，由于观点方面的某些分歧，再加上生活习惯方面的一些差异，卢梭与狄德罗之间

---

① 卢梭:《忏悔录》第二部，人民文学出版社 1982 年版，第 668 页。

的关系越来越疏远。卢梭住进“退隐庐”以后，百科全书派的思想家们更是对卢梭这种离群索居的乖僻行为感到不可思议，他们越来越倾向于把卢梭看作是一个内心阴森、行为反常的怪物。另一方面，卢梭也对狄德罗等百科全书派思想家们的高谈阔论表现出越来越明显的反感，指责他们自私自利，对别人漠不关心，是一些高高在上、傲气凌人的“哲学家”。卢梭不仅在1758年初写信给狄德罗表示不再参加《百科全书》的编撰工作，而且在《致达朗贝尔信》的序言中公然指责狄德罗出卖朋友，并且由此得出结论，他认为一个不信宗教的人是不可能做到道德高尚的。面对这种突如其来的指责，狄德罗被弄得晕头转向，这位素来以冷静和理性而著称的哲学家终于被卢梭的妄想彻底激怒了，他怒不可遏地列举了“卢梭公民的七大恶行”，抨击卢梭是一个忘恩负义的小人，“这个人极其虚伪，像撒旦那样自以为了不起，而且无情无义，心肠狠毒，是一个伪君子和坏人”；“他从天主教改信基督教，又由基督教改信天主教，改来改去，他骨子里哪个教也不信……实际上，这个人是一个魔鬼。”[①] 从此之后，这两位早年的挚友就成为分道扬镳的陌路人。

《社会契约论》和《爱弥儿》几乎是同时开始写作的，这两部不朽之作都是卢梭在蒙莫朗西隐居期间所写，于1761年夏天相继脱稿。书稿交付出版后，《社会契约论》印得相当顺利，《爱弥儿》的印刷出版工作却蹇滞困顿。在这部为了促进人类的幸福而写的教育学著作中，卢梭倾注了天真无邪的赤子之情和天才独具的哲思灵感。然而《爱弥儿》出版后，却给作者带来了无尽的迫害和苦难。该书第四章“信仰

---

① 雷蒙·特鲁松：《卢梭传》，商务印书馆1998年版，第217页。

自白——一个萨瓦省的牧师述”中所表达的那种带有叛逆色彩和自由精神的自然宗教思想，极大地触犯了基督教徒（无论是天主教徒还是新教徒）的正统宗教信仰。因此，该书不仅被天主教会和法国当局列为禁书，而且在卢梭一向引以为豪的祖国日内瓦共和国也遭到了谴责，卢梭本人也由于这本书的问世而开始了四处漂泊的流亡生涯。

《爱弥儿》尚未出版时，出版商就曾奉劝卢梭不要署真名发表。在当时，伏尔泰和法国的许多激进思想家通常都是匿名发表他们的那些具有浓烈火药味的批判性作品。但是卢梭却坚持认为，他的《爱弥儿》中充满了对人类的善意的爱，这样的作品是用不着匿名发表的。当《爱弥儿》刚刚问世时，一些朋友（如达朗贝尔、布弗莱夫人等）虽然在来信中私下对该书进行了赞美，但是当他们这样做时却始终保持着一种“最离奇的谨慎态度”，或者在信末不署名，或者客气地请卢梭在读完之后将原信退回，尽可能地做得不留痕迹。这种过分的谨慎起初并没有引起卢梭的注意，甚至当整个巴黎都已经被暴风雨来临前的隐隐雷声所笼罩时，卢梭仍然在距巴黎仅有数里之遥的蒙莫朗西过着悠闲自在的乡居生活，丝毫没有感觉到灾难的预兆。即使当他听到了一些风声后，他依旧采取一种漫不经心的态度，总觉得事情不会闹得太大，并且相信孔代亲王和卢森堡元帅等有权势的人会从中关照他。卢梭的这种漫不经心的态度进一步激怒了他的敌人，谣言愈演愈烈。巴黎议院也沸腾起来了，愤怒的议员们宣称，不仅要焚毁该书，而且要对作者处以极刑。1762 年 6 月 11 日，《爱弥儿》在荷兰出版还不到 20 天，这部书就在巴黎正义宫大楼前被公开烧毁。紧接着，法国政府下达了逮捕卢梭的通缉令。面对着这种从天而降的打击，卢梭不得不仓皇出逃，离开法国来到瑞士避难。当卢梭一进入伯尔尼境内，他就从马车上跳下来，充满热情地趴下身来亲吻大地，并激动地叫道："天啊！你就是道德的保护者，我赞美你，我踏上自由的土地了！"然而，卢梭的满腔希望很快就破灭了——在巴黎焚毁《爱弥儿》的第 9 天，这部书在日内瓦也遭遇了同样的命运，掌权的日内瓦小议会还发出了对卢梭的通缉令。7 月 8 日，伯尔尼法院也做出决定：卢梭最多只能在伯尔尼滞留两个星期。巴黎、日内瓦和伯尔尼当局都在通缉或驱逐卢梭，法国的天主教徒和瑞士的新教徒共同声讨这个宣扬自然宗教的异端分子。与此同时，那些一向与教会作对的"哲学家"也从另一个方面对卢梭发起了进攻——伏尔泰一面声称愿意为走投无路的卢梭提供避难所，另一面却说："此人既不适合共和国，也不适合君主国，更不适合上流社会。"对于《爱弥儿》，伏尔泰挖苦道："这个家伙居然侈谈教育！他，自己的孩子一个也没有养过，都送到育婴院去了！"狄德罗则幸灾乐祸地说："我看卢梭这家伙现在在修道院的周围打转，说不定哪天他就要钻进去的。他好走极端，不过现在他未拿定主意，是当个无神论者还是去接受洗礼，他还没有最后决定。"[①]在四面楚歌的困境中，面对着伯尔尼当局限期出境的驱逐令，如同丧家之犬的卢梭再度辗转到普鲁士辖境的纳沙泰尔，在特拉维尔山谷中的莫蒂埃村暂时栖身。在《忏悔录》中，卢梭对这段可怕的经历回忆道：

> 这两个通缉令就是信号，全欧洲都起来咒骂我了，其愤激之情，真是史无前例。所有杂志，所有报纸，所有小册子，都敲起了最可怕的警钟。特别是法国人，这个民族本来是那么温和、有

① 雷蒙·特鲁松：《卢梭传》，商务印书馆 1998 年版，第 294 页。

> 礼貌、豪迈，平时又那么自负，能对不幸者顾大体、全大义，现在竟突然忘掉了他们最宠爱的那些美德，都争着来打击我，以辱骂的频繁和猛烈来显得高人一等。我成了一个反教分子、一个无神论者了，一个狂人、一个疯子了，一头猛兽、一只豺狼了。……在巴黎，一个人随便以什么为题发表一篇文章，如果不插进几句话来骂我，就怕以违警论罪。我对这种全体一致的愤恨百思不得其解，所以我几乎认为所有的人都疯了。[①]

卢梭在纳沙泰尔得到了总督乔治·凯特的同情和理解，暂时可以过一段与世隔绝的平静日子了。他与当地那些善良而纯朴的农民为伍，每日以编织腰带来消磨时光，并把编好的腰带无偿地赠送给那些答应亲自哺育婴儿的年轻妇女们。[②] 当普鲁士国王弗里德里希二世出于仰慕要向这位栖居在他的国土上的著名思想家提供一百埃居的资助时，卢梭立即又摆出了一副“罗马人的傲慢样子”，表示自己“宁愿啃树根，也不愿接受国王的一块面包”。

这个手无寸铁而又身患重病（自1757年以来严重的尿闭症一直折磨着卢梭）的亡命者在腹背受敌的绝境中，难免不时丧失清醒的理智。他那与日俱增的被迫害妄想使得他越来越远离现实生活，性情也变得越来越乖戾、孤僻。他对幻想中的人类越是热爱，他对现实社会中的人就越是恐惧和失望。那时的卢梭已经是一个名满欧洲的人物，然而与伏尔泰不同，卢梭是在人们的一片讨伐声中声名大噪的。无论

---

① 卢梭:《忏悔录》第二部，人民文学出版社1982年版，第728页。

② 在当时的上流社会中，有身份的妇女一般都不亲自哺育自己的孩子，而是把孩子交由乳母哺育。卢梭在《爱弥儿》中提倡母亲亲自哺育孩子，认为这样做将对孩子的教育起到十分重要的作用。

他走到哪里，伴随着他的都是恶意的诽谤和愤怒的攻击。议会对他发出通缉令，教堂拒绝他领圣餐，格里姆、霍尔巴赫等文化精英在巴黎诅咒他，伏尔泰在日内瓦声讨他，专制国家（法兰西）和共和国（日内瓦）携起手来共同对付他，狂热的民众则以粗野的方式威胁着他的人身安全。整个世界都疯了！所有的人似乎都要把恶毒的仇恨倾泻到这个孤独而善良的逃亡者身上。

下面是卢梭自己记述下来的一段真实对话，它表明伏尔泰是如何挖空心思地搜寻一切可以用来诽谤卢梭的证据。这段对话发生在伏尔泰与一名纳沙泰尔的工人之间：

> 伏尔泰："你真的是从纳沙泰尔城来的吗？"
>
> 工人："是的，先生。"
>
> "你是住在纳沙泰尔市里吗？"
>
> "不，先生，我住在莫蒂埃乡间的布特镇。"
>
> "布特镇离纳沙泰尔有多远？"
>
> "很近。"
>
> "你在那里是否见过一个诡计多端的人？"
>
> "那是谁呀，先生？"
>
> "一个叫作卢梭的人，你认识他吗？"
>
> "是的，先生，我在布特镇见过他，他当时坐在一辆马车里。"
>
> "啊，这种人也配坐马车，他在那里一定过得很不错。"
>
> "啊，先生，他时常下车步行，爬到前面的小山上。"
>
> "总有一天他会爬上绞刑架的，如果不是他逃得快，那他早已在巴黎被处以绞刑了。"

“被吊死？先生，他看起来像是一位好先生，他做错了什么事？”

“他写了一本偏激邪恶的书，他是个无神论者。”

“那就怪了！他每个星期日都上教堂做礼拜呢。”

“伪善者！村里的人认为他怎么样？是否有人希望见见他？”

“每个人都想见他，先生。他们都很注意他，而且听说米罗先生待他很好。”

“那是因为米罗不了解他，你也一样，只要等上两三个月，你就会了解他的为人了，他是个毫无信念、荣誉和宗教观念的人。”

“毫无宗教观念？可是，先生，他们说你自己也没有多少宗教信仰呀！”

“谁说的？说我？啊，老天，有谁可能会说出这种话呢？”

“每个人都这样说呀！先生。”

“这是天大的毁谤呀！我每天研读《圣经》，我比所有的神学家都更了解上帝呀。”伏尔泰最后说。[①]

当伏尔泰在日内瓦一心怂恿加尔文教徒废除禁演戏剧的禁令时，卢梭就曾旗帜鲜明地站在清教徒的立场上论证：道德淳朴的原始人从来就不演戏剧；柏拉图一向反对戏剧；天主教拒绝给戏子行婚配礼和终傅礼；波须哀曾把戏剧称作“淫欲修炼所”，等等。卢梭把伏尔泰说成是“鼓吹不敬神的喇叭手”，在他那“华丽的天才”下面掩饰着

① 法兰西斯・韦渥:《卢梭》，新华出版社 1988 年版，第 145—147 页。

“低级的灵魂”。卢梭认为：“伏尔泰表面上信仰上帝，而实际上从来只信仰魔鬼，因为他所谓的上帝，按他的说法，不过是一个以害人为唯一乐趣的恶魔罢了。”[①] 然而现在，恰恰是这个一向对宗教信仰采取阳奉阴违的实用主义态度的机敏法国佬，竟然把卢梭这样具有虔诚宗教信念的人称为“无神论者”！这真是一种令人啼笑皆非的讽刺。与百科全书派的那些“战斗的无神论者”不同，卢梭始终明确地表示自己是信奉上帝的，虽然他有时不得已而改变自己的教派立场，但是在信仰上帝这一点上他从来也没有动摇过。相形之下，伏尔泰的宗教态度则经典地表现了法国人的机敏狡猾的特点，他既不像狄德罗等人那样公开地宣扬无神论思想，也不像卢梭那样具有深沉的宗教情感，而是采取了一种机智的折中立场，打着信仰上帝的大旗来从事挖宗教墙脚的勾当。在伏尔泰的那些辛辣的讥讽和猛烈的批判中，掩饰着真正的无神论的信仰自由原则；然而在大庭广众面前，他却始终以一个虔诚的有神论者的面貌出现。

1763 年 5 月 12 日，卢梭出于对日内瓦当局的失望，主动放弃了日内瓦的永久公民权，成为一个丧失了祖国的人，虽然他心中始终不渝地保持着对祖国的热爱。在暂居纳沙泰尔期间，卢梭发表了《致毕蒙教皇书》和《山中书简》两书。在前一本书中，卢梭为《爱弥儿》进行了辩护，再次表述了深沉的宗教情感和宗教宽容思想；在后一本书中，卢梭针对日内瓦检察长特龙香在其《乡间书简》一书中为日内瓦小议会的否决权大唱赞歌的论调，重申了《社会契约论》中的民主原

① 卢梭:《忏悔录》第二部，人民文学出版社 1982 年版，第 530 页。

则和平等思想。[①]

这两本书在纳沙泰尔、日内瓦和整个欧洲再一次引起轩然大波，尤其是《山中书简》，几乎在日内瓦引起了一场政治革命的风波。正当支持大议会的日内瓦公民和有产者为卢梭的《山中书简》而欢欣鼓舞时，站在小议会一边的伏尔泰却匿名发表了一篇名为《公民们的看法》的小册子，对卢梭的人格、道德观以及私生活进行了无情的抨击，特别是对卢梭遗弃子女一事大肆渲染。这位德高望重的大文豪将卢梭描绘成一个曾经在歌剧院中遭人痛揍的小丑、一个黄色小说家、一个想把人们都赶进森林中去吃野果的疯子，“他乃是至今还在干下流无耻之事的人，他打扮成一个江湖艺人的样子，带着他那个可怜的老婆从这个村走到那个村，从这个山爬到那个山，一路乞讨过日子，他把这个女人的母亲气死了不算，还把她生的孩子都扔在弃婴院的门口。”在文章的结尾处，伏尔泰用心险恶地写道：“如果说人们对一个亵渎宗教的小说家惩罚尚轻的话，那么对一个卑鄙的煽动暴乱的人必将严惩不贷。”在进行了一番辛辣刻薄的辱骂之后，这位养尊处优的大文豪一面搜集《山中书简》中有攻击当局和侮辱神明之嫌的段落，以向小议会提供卢梭“挑动暴乱和亵渎宗教”的罪状；另一面却在写给卢森堡夫人的信中假惺惺地说：“每当我谈到卢梭的时候，我总是

① 以卢梭及其《爱弥儿》在日内瓦的遭遇为导火索，日内瓦拥有立法权的大议会和拥有行政权的小议会之间埋藏已久的矛盾终于公开化了。从 1763 年 6 月开始，代表公民和有产者利益的大议会曾几次派出代表团向握有实权的小议会提交意见书，抗议小议会在对待卢梭的问题上践踏法律程序，但是都被小议会任意行使否决权而未予受理。日内瓦检察长特龙香在此期间发表了《乡间书简》，为小议会的立场和否决权作辩护。与特龙香的论调针锋相对，卢梭于 1764 年发表《山中书简》，严厉谴责日内瓦小议会践踏法律程序和滥用否决权，并指出近两个世纪以来作为行政机构的小议会已经渐渐地篡夺了立法权力，背离了共和国的基本原则。

对他深表同情……我受到他的侮辱，但我从来没有侮辱过他。”①

伏尔泰匿名发表的这本小册子很快就引起了普遍的反响，在日内瓦、纳沙泰尔和巴黎等地的卢梭的敌人们纷纷发表文章推波助澜、落井下石，几乎每个星期都有谩骂、攻击卢梭的书籍和文章出现。1765年1月21日，《山中书简》在海牙被当众焚毁，23日在伯尔尼被宣布为禁书，3月19日在巴黎也被付之一炬。关于卢梭的种种不道德和不虔诚的劣迹的传闻在莫蒂埃的群众中引起了极大的愤慨，不明真相的当地居民把卢梭看作一个丧尽天良的怪物，疯狂的民众在一天夜里袭击了卢梭的住所，冰雹般的石头砸碎了门窗。对卢梭的攻讦已经由“君子动口不动手”的文明辱骂发展为直接威胁其生命安全的谋害企图。卢梭不能再在莫蒂埃居住下去了，在征得了伯尔尼人的同意之后，他与瓦瑟迁往比埃纳湖中的圣皮埃尔岛。

在这个小岛上为时两个月的幽静生活给惊魂未定的卢梭带来了暂时的安宁，大自然的优美景色使他再度陶醉于怡然忘我的幽境之中。那委婉动听的莺啼鸟啭，激流飞溅的湖光瀑影，都激起孤独漫步者的无限遐思。卢梭多么希望，这个与世隔绝的小岛能够成为他的终生放逐地，成为他那风烛残年的生命的永恒墓茔。他希望这恬美幽静的自然景色能把他心中的一切梦魇驱除殆尽，使自己忘掉世界，也让世界忘掉他的存在。在暮年所写的《漫步遐想录》中，卢梭以无限的柔情回忆起他在这个小岛上所度过的两个月的生活，这是他一生中最美好的时光。他常常独自一人泛舟游于平静的湖面之上，仰卧船中，凝视长空，任凭轻舟随风荡漾，整个身心都“沉浸在没有明确固定目标的

① 雷蒙·特鲁松:《卢梭传》，商务印书馆1998年版，第321—323页。

杂乱而甘美的遐想之中”。当湖面波涛汹涌无法行船之时，他就漫游小岛，或采集植物标本，或欣赏岸边美妙迷人的风光，听任奔放的思绪融化于蔚蓝如洗的天穹和广袤无垠的原野。这是一种何等令人痴迷的意境啊！他的心完全被大自然的秀丽景象所征服，以至于流连忘返，乐不思归：

> 暮色苍茫时分，我从岛的高处下来，高高兴兴地坐到湖边滩上隐蔽的地方；波涛声和水面的涟漪使我耳目一新，驱走了我心中任何其他的激荡，使我的心浸沉在甘美的遐想之中，就这样，夜幕时常就在不知不觉中垂降了。湖水动荡不定，涛声不已，有时轰的一声，不断震撼我的双耳和两眼，跟我的遐想在努力平息的澎湃心潮相互应答，使我无比欢欣地感到自我的存在，而无须费神去多加思索。我不时念及世间万事的变化无常，水面正提供着这样一种形象，但这样的思想不但模糊淡薄，而且倏忽即逝；而轻轻抚慰着我的平稳宁静的思绪马上就使这些微弱的印象化为乌有，无须我心中有何活动，就足以使我流连忘返，以至回归时还不得不做一番努力，才依依不舍地踏上归途。
>
> 假如有这样一种境界，心灵无须瞻前顾后，就能找到它可以寄托，可以凝聚它全部力量的牢固的基础；时间对它来说已不起作用，现在这一时刻可以永远持续下去，既不显示出它的绵延，又不留下任何更替的痕迹；心中既无匮乏之感也无享受之感，既不觉苦也不觉乐，既无所求也无所惧，而只感到自己的存在，同时单凭这个感觉就足以充实我们的心灵：只要这种境界持续下去，处于这种境界的人就可以自称为幸福，而这不是一种人们从生活乐趣中获得的不完全的、可怜的、相对的幸福，而是一种在

心灵中不会留下空虚之感的充分的、完全的、圆满的幸福。这就是我在圣皮埃尔岛上，或是躺在随波漂流的船上，或是坐在波涛汹涌的比埃纳湖畔，或者站在流水潺潺的溪流边独自遐想时所常处的境界。[①]

然而好景不长，这段无忧无虑的宁静生活仅仅持续了两个月，伯尔尼当局又发布了对卢梭的驱逐令，于是这个无家可归的孤独者再一次面临着新的流亡生涯。走投无路的卢梭在写给当地一位大法官的信中恳求伯尔尼当局将他投入监狱，让他在那里安安静静地度过余生。正当卢梭一筹莫展的时候，在英国驻法国大使馆担任秘书的英国哲学家大卫·休谟怀着对卢梭的同情和仰慕之心，邀请卢梭到英国居住。这位著名的英国怀疑主义者与卢梭在巴黎的那些宿敌（百科全书派的哲学家们）过从甚密，当这些哲学家们听说休谟要邀请卢梭到英国去的消息时，他们纷纷劝告休谟要对卢梭多加提防。他们把卢梭说成是一个伪君子和忘恩负义之人，霍尔巴赫甚至说："先生，你把一条毒蛇抱在怀里使它得到温暖；我提醒你，你早晚会被它咬一口的。"然而，善良的休谟仍然对卢梭仰慕备至，置这些巴黎朋友们的劝告于不顾。1766 年 1 月，卢梭在休谟的陪同下渡海来到英国，先在伦敦小住，后又定居于德比郡的武通。在这里，卢梭完成了他的《忏悔录》[②]第一部的大部分内容。

---

① 卢梭：《漫步遐想录》，人民文学出版社 1986 年版，第 66、68 页。

② 自从伏尔泰匿名发表的《公民们的看法》在社会上引起了轩然大波之后，卢梭就下定决心写一部忏悔形式的回忆录，旨在把自己的内心世界真实地向上帝和世人披露出来，以澄清社会上流传的种种关于他的私生活和道德品质的流言蜚语。到英国后，他开始实施这一计划，完成了《忏悔录》的前几章。

英国人对待卢梭的态度远比法国人和瑞士人热情，卢梭不仅受到了休谟、柏克等思想家的盛情款待，而且还得到了乔治三世赐予的一份年金。但是，此时的卢梭已经被接踵而至的迫害弄得神情恍惚、草木皆兵，以至于有时竟把善良的休谟当作了霍尔巴赫阴谋集团在英国的代理人。虽然他常常在头脑清醒时拥抱着休谟高声叫道："不，不！休谟绝不是出卖朋友的人！"但是他那不可抑制的受虐妄想最终还是使他与休谟分道扬镳。因为一些鸡毛蒜皮的小事，卢梭越来越怀疑休谟请他到英国来是一个巨大的阴谋，其目的是为了败坏他的名誉。他不断地暗示自己："伏尔泰、达朗贝尔和休谟这三个头头确实勾结在一起"，他在给休谟的信中这样写道："你的朋友们想搞什么阴谋，你自己想搞什么阴谋，我不在乎，由你们去搞。我这一生的名誉，随你们怎么糟蹋，也没多大关系，因为我相信总有一天人们会对我们两人做出公正的裁判。至于你假惺惺地说什么为我争取点物质上的好处[①]，我谢谢你了，这件事情，就此结束，别再提了。我已决心不再和你打什么交道，今后，无论什么事情，只要有你插手其间，即使事情对我有利，我也不会去做的。"面对着这种突如其来的指责，休谟时常被弄得晕头转向。最后，这位素来以冷静审慎而著称的经验论哲学家终于被卢梭的谵言妄语激怒了，他意识到霍尔巴赫等人的提醒是有道理的，他在给伏尔泰的信中写道："让－雅克是一头凶猛的野兽，只能隔着铁笼看他，用棍子打他。"在给另一些朋友的信中，休谟这样评价卢梭："这个家伙显然是世界上最阴险、最凶恶的人，我很惭愧，过去还写文章赞美他""卢梭乃

① "争取点物质上的好处"指休谟为卢梭争取国王年金一事。

一反复无常、矫揉造作和心肠恶毒之人，而且有些疯癫。除此之外，他还集忘恩负义、性情暴躁、好说谎话及善于狡辩和捏造事实这些坏品质之大成。”①

休谟与卢梭的公开决裂在巴黎和整个欧洲的上流社会及知识界中引起了强烈的反响，几乎所有的人，包括曾经多次帮助和同情过卢梭的人（如布弗莱夫人、乔治·凯特等）都认为此事的责任在于卢梭。特龙香在日内瓦幸灾乐祸地说，卢梭走到哪里，就会把灾难带到哪里。伏尔泰大声呼吁所有被卢梭欺骗过的人们联合起来，将这个“世界上最可恶的疯子”和“忘恩负义的毒蛇”彻底打翻在地。他在一首名为《日内瓦的内战》的打油诗中把卢梭描写成一个好色之徒、叛教者、搬弄是非的小人和在狗窝里与邋遢的婊子鬼混的梅毒病人。巴黎的哲学家们也纷纷摩拳擦掌，准备发动一场全面围剿卢梭的歼灭战。卢梭陷入了一片谴责和辱骂声中，这声音从欧洲大陆一直传播到英国，使得卢梭那本来就已经濒临崩溃的神经陷入了错乱之中。他感觉到整个英国就是一个巨大的陷阱，他正在越来越深地陷进去，很快就会被以休谟为首的阴谋者们碾为齑粉。英国不能再待下去了，他必须立即逃走。卢梭现在已经成为惊弓之鸟，身边的任何一点风吹草动都会使他陷入极度的紧张之中。1767 年 5 月 1 日，他与黛莱丝·勒·瓦瑟不辞而别，逃离了武通的住所，出走时甚至连行李也没有带。经过半个月的奔波，他们终于到达了海边的多佛尔。雷蒙·特鲁松对卢梭逃离英国前的狼狈状况描写道：

---

① 雷蒙·特鲁松:《卢梭传》，商务印书馆 1998 年版，第 350—354、363 页。

终于看到大海了！但是由于天气恶劣，没有一条船出海。连老天也与他作对。晚上，一位显要人物请他吃饭。他依然惊魂不定，因而焦急不安，一次又一次地起身跑到窗前，看着一阵阵海浪冲打着防波堤，不断地叹息。忽然，他再也控制不住自己，奔出房子，向港口跑去。他爬上一条停在沙滩上的船，把自己关在舱里。黛莱丝去找他，求他出来，她费尽口舌，都无济于事，最后，她大发脾气，吵吵嚷嚷地把他骂了一顿，这个可怜的人才走出船来，浑身颤抖，回到房子里去。他暂时平静下来。可是第二天，他又一次草木皆兵，连黛莱丝也不信任了。他跑到港口，像一个被魔鬼附身的人似的发表了一篇演讲，他讲的是法语，水手们一句也听不懂，被搞得莫名其妙。他身无分文，只好以银制餐具付旅店的房钱。他已到了发疯的边缘，认为如果再不逃出英国，英国就会成为他的监狱，他就会葬身在这个岛上。

他已分不清现实和幻觉，他胆战心惊，在他想象的监狱里东撞西碰；他仿佛看到身披伪装的敌人用手指指着他，硬说他有罪，全世界的人都在指控他是罪人。直到海面风平浪静，他的梦魇才消失。5 月 21 日晚，他们乘坐的船起锚开航，向加来驶去。[①]

卢梭逃出英国之后，逐渐恢复了冷静的休谟在回忆这段噩梦似的往事时，对卢梭的那种疯狂的受虐妄想评价道：“他在整个一生中只是有所感觉，在这方面他的敏感性达到我从未见过任何先例的高度；

---

① 雷蒙·特鲁松：《卢梭传》，商务印书馆 1998 年版，第 361—362 页。

然而这种敏感性给予他的，还是一种痛苦甚于快乐的尖锐的感觉。他好像这样一个人，这人不仅被剥掉了衣服，而且被剥掉了皮肤，在这种情况下被赶出去和猛烈的狂风暴雨进行搏斗。”[①]

这或许是对流亡时期的卢梭的最中肯准确的评价。

九、孤独漫步者的遐想

卢梭在《忏悔录》的最后一章中写道：“好几年来，我被各式各样的狂风暴雨震撼着、冲击着，横遭迫害，到处奔波，弄得我疲惫不堪，我痛切地感到休息的必要，可是我那些野蛮的仇敌却偏以使我不得休息为乐事；我比任何时候都更渴望我一向就极端羡慕的那种可爱的清闲、那种身心的恬静，自从我从爱情与友谊的幻象中醒悟过来之后，我的心就一直把这种清闲恬静看作唯一的无上幸福。”[②]

1767年5月，当卢梭从英国返回欧洲大陆时，法国当局对他的通缉令尚未解除。为了隐蔽身份，他不得不改名为雷诺，并且长期辗转于各地避难。贫困拮据和动荡不安的生活使卢梭的受虐妄想变得越来越严重，他感觉到“黑暗势力就像一道坚固的城墙，把我包围在里面”。四周到处都是阴谋，那些妄图迫害他的人像空气一样围绕着他，他不断地与以往的朋友反目成仇，他像唐·吉诃德一样与想象中的敌人搏斗，被自己的受虐妄想折磨得疲惫不堪。那些想象中的敌人都隐藏在暗处，他却暴露在明处，不知道该如何提防那些躲在阴暗角落里的敌人射出来的毒箭。他在写给戏剧家杜·贝鲁瓦的信中说：“在亮处，我什么都不怕，而在暗处，我就觉得草木皆兵，什么都怕。在

---

① 罗素：《西方哲学史》下卷，商务印书馆1976年版，第232页。

② 卢梭：《忏悔录》第二部，人民文学出版社1982年版，第801页。

黑暗中，一切都是阴森可怕的。”这种恐怖感折磨得卢梭昼夜不得安宁，他如同丧家之犬一样四处奔逃。他想逃到美国去，逃到爱琴海的岛屿上去，或者逃到世界上的任何一个被人遗忘的角落里去，他甚至希望逃到土耳其人的国度中，以免遭受“仁慈的基督教徒的残酷迫害”。在这种受虐妄想的巅峰时期，他在每封信的结尾处都要向世人呼喊：“我是无罪的！”这个可怜的受害者常常被自己的幻觉所包围，乃至于他认为全世界的人都在监视着他，所有的笑脸背后都掩藏着居心叵测的阴谋。

1768 年 8 月 29 日，卢梭与始终不渝地追随着他的黛莱丝·勒·瓦瑟在布戈市举行了婚礼。在市长的主持下，在庄严优美的音乐声中，卢梭把结婚戒指戴在了他的这位终身伴侣的手指上，并发誓与她白头偕老，至死不渝。在这个隆重而典雅的结婚晚宴上，卢梭显得格外兴奋，他盛情地款待了所有前来祝贺的朋友，并且特意演唱了几首他为这次婚礼而谱写的小曲。

在此之前，卢梭曾专程到尚贝里去为华伦夫人扫墓，这位善良高尚的“妈妈”已经于几年前在贫困和疾病的折磨下离开了人世。卢梭久久地伫立在长满杂草的华伦夫人墓前，怀着无比悲痛和忧伤的心情，回忆起这位慈祥的“妈妈”和温柔的情人曾经给予他的温暖关怀。几十年前的景象历历在目，恍若昨日。卢梭忆起了与华伦夫人初次见面时的情景，她那娇美娉婷的迷人风韵仿佛就在眼前。还有那一幕幕令人魂牵梦萦的缠绵往事，沙尔麦特清纯幽静的田园风光，交织着忧郁和甜蜜的泪水的爱情……然而眼下却已物是人非，蒿草萋萋，一片悲凉景象，怎不叫人柔肠寸断。面对荒冢，卢梭唯有祈愿“妈妈”的亡灵早升天国，在那里享受善良人所应得到的极乐：“使我更伤心、更觉得无法补偿的损失，就是那位最善良的女人、最慈爱的母亲的死亡，她已经不胜衰老、不胜残疾与贫穷之苦，终于离开了这人间苦海到那善人的天国去了。在那里，凡是尘世间所做的善事都有温馨的回忆作为永恒的善报的。温厚而慈悲的灵魂啊……你去享受你的慈善的果实吧，并为你的被养育者准备下他希望能有一天在你身边占到的那个位置吧！”①

1770 年 6 月，漂泊无定的卢梭和瓦瑟终于重返巴黎，定居于古老的布拉屈斯镇。卢梭每日除了抄写乐谱和作曲之外②，就是到郊外去采集植物标本。虽然身处繁华的都市，卢梭却感到“在巴黎比鲁宾孙在他的岛上还要孤独”。巴黎的文人贵妇们，尤其是格里姆、埃皮奈夫人等人，极力诋毁卢梭的《忏悔录》，要求警察出面干涉卢梭在公开场合朗诵该书。卢梭索性与世隔绝，他每天上午誊抄乐谱，下午外出散步，在巴黎的闹市中过着隐士的生活。从 1762 年开始，他陆续撰写《卢梭与让 - 雅克的对话录》(以下简称《对话录》)，以自我对话的形式向世人披露自己丰富的内心世界，希望能够唤起人们的理解和同情。在这部《对话录》中，卢梭的那种风声鹤唳、疑神疑鬼的敏感心态达到了登峰造极的程度，他觉得自己已经陷入了一个巨大的陷阱之中，无法脱身。一种噩梦似的景象不断地浮现在他的眼前，并通过笔记录在《对话录》中：“他的周围全是人，他们戴着严严实实的面具，全身武装到了牙齿。他们从背后突然袭击他，剥他的衣服，把他的身子、胳膊、手和脚都用绳子捆绑起来，使他一点也不能动弹，并在他的嘴里塞上东西，蒙上他的眼睛，把他扔在地上，然后摆出一副

---

① 卢梭：《忏悔录》第二部，人民文学出版社 1982 年版，第 763—764 页。

② 晚年时期的卢梭仅靠每年 1 400 法郎的年金不足以维持他与瓦瑟的基本生活费用，因此他必须不断地为人抄写乐谱，赚钱补足生活开支。抄写 1 页乐谱可以赚取 10 个苏，在卢梭生命的最后 7 年里，他一共抄写了 11 000 多页乐谱。

胜利者的样子，慢慢折磨他，让他活受罪；因为，如果他伤势过重一下子就死了的话，他就会少受许多痛苦，反倒便宜他了。”[①]

《对话录》完成后，疑心重重的卢梭预感到此书出版无望，他忽然产生了一个念头，想将此书寄放到巴黎圣母院的祭坛上，以避免湮没于世或遭人篡改的厄运。他用纸将《对话录》包好，在封皮上写道：“托付全能的上帝保管”，并且写了这篇祷词：

> 公理与正义之神，受害者的保护者，请你接受我的献品，我将这手稿置于你的祭坛前，寄托给上帝保管。我是个不幸的陌生人，孤独而得不到别人的帮助，而且还被人嘲笑、讥讽、贬损。在以往的十五年中，我遭受了比死还难受的屈辱，他人贬损我的尊严，而且所受的这一切迫害，我无法了解其原因。
>
> 我没有辩解的机会，我与外界联系的权利也遭剥夺。我对于人类不存有希望，因为他们充满了欺骗、诽谤和谎言。
>
> 我将我的作品托付给你保管，让它传到一个较好的下一代手中，他们将从我的作品中发现一个既无怨恨，也不欺骗别人的人遭受了怎样的命运。如果我的作品落入怨恨我的人的手中，而将它毁灭或删改，我也不会在意的，因为我遵从我主的公义，遵循我主的意志。[②]

然而当卢梭怀着虔敬的心情，带着这部手稿来到巴黎圣母院时，他却发现祭坛被栅栏围起来了，栅栏的门在他面前紧紧地关闭着。这

---

① 雷蒙·特鲁松:《卢梭传》，商务印书馆 1998 年版，第 398 页。

② 法兰西斯·韦渥:《卢梭》，新华出版社 1988 年版，第 170 页。

次打击对于卢梭来说是如此沉重，上帝似乎也加入了反对他的行列。沮丧失措的卢梭转而采取了偏激的行动，他印发了许多份名为《致所有热爱正义和真理的法国人》的呼吁书，走上街头去向路人们散发。在这份呼吁书中，卢梭激愤地写道：

> 法国人啊！这个曾是温和与爱好和平的国家，你们竟变成现在的地步，你们怎么会变得如此不幸和孤独？你们为何要剥夺我的权利？为何要使我的残余岁月陷入苦恼、忧愁和羞耻之中，而又不让我知道其原因？不让我辩解我的理由、我的怨言，甚至不准许我有发言的机会？我将一颗无辜的心和一双无邪的手交予上帝，请求他赐给我一个你们对我的屈辱无法进入的庇护所。①

这份充满了疯狂的妄想的呼吁书只能招来路人的嘲笑和轻蔑，冷漠无情的巴黎人对于这位呼唤着爱情和公义的疯狂者的呐喊完全不予理睬。卢梭的心灵太敏感了，感情太细腻了，他是属于另外一个世界的人。在世俗的法国人看来，这份呼吁书以及卢梭晚年的一系列作品只不过是一个多愁善感的疯子的谵妄呓语而已。

卢梭彻底失望了。这种摧心撼腑的失望使卢梭不再对世人的理解和同情抱有任何幻想，他的那颗充满了不平和怨愤的心开始逐渐平静下来，他转向了与世无争的生活态度。在晚年的最后一部作品《漫步遐想录》中，卢梭写道："我曾长期拼命挣扎，但是无济于事。我这

---

① 法兰西斯·韦渥：《卢梭》，新华出版社 1988 年版，第 171 页。

个人既无智谋，又乏心计，既无城府，又欠谨慎，坦白直爽，焦躁易怒，挣扎的结果是越陷越深，不断地向我的敌人提供可乘之机，而他们是绝不会不利用的。我终于感到我的一切努力全归无效，徒然自苦而一无所得，于是决心采取唯一可取的办法，那就是一切听天由命，不再跟这必然对抗。通过这种顺从，我得到了内心的平静。”[①] 在生命的最后两年中，卢梭完全回归大自然，愤世嫉俗的偏激和不甘示弱的性格渐渐让位于一种悠然自得的安宁——他由一个愤怒的疯子变成了一个平静的贤哲。如芒在背的受虐妄想仍然折磨着他，却采取了一种温柔而忧郁的形式，他已经不再指望能在有生之年得到人们的公正待遇了。卢梭既然已经看破了世人的全部阴谋，也就让长期残存于心中的那一线希望彻底熄灭了。他越来越深切地感到，生活在孤寂中要比生活在世人中幸福百倍。这世间的一切事情对于他那颗衰老的心来说都已经结束了，他对这世界既不再有所期待，也不再有所畏惧。这个命途多舛的孤独漫步者只想永远“安安静静地待在深渊底里”，同时心中却保持着“跟上帝一样的泰然自若”。

与《忏悔录》和《对话录》不同，《漫步遐想录》完全是写给自己看的。在前两本书中，卢梭还对世人的公正抱有一丝希望，总想通过对事实真相的披露来唤醒人们的良知。但是现在他已经对此不再存有任何奢望，他写《漫步遐想录》只是为了体验沉思默想的乐趣，这种甘美的乐趣是任何人也夺不走的。罗曼·罗兰写道：“这部最后的《漫步遐想录》很像一只老而忧郁的夜莺在森林的寂静中唱出的美丽的歌曲。他在想着一生中不多的幸福岁月：这就是他被自然吞没进

① 卢梭：《漫步遐想录》，人民文学出版社 1986 年版，第 2 页。

去，与宇宙融为一体的那些日子。他比任何西方人更理解东方观念中的完全忘我的境界，'那种剥光了任何其他感情的感情'，是集中在上帝的深渊里，'他自己也被缠绕在其中'。"[①] 在这部《漫步遐想录》中，卢梭不再回首伤心的往事，而是追忆那些为数不多的幸福时光，这种心情平静的回忆给孤独而衰老的卢梭带来了无穷的快乐。那些阴谋家尽可以为他们使卢梭蒙受屈辱而兴高采烈，然而卢梭在进行遐想时为自己的清白无辜，以及为自己能够排除他们的干扰安享余年而感到的欢欣鼓舞，却是他们无论如何也破坏不了的。

一个意外事件的发生进一步加强了卢梭的这种听天由命的态度。1776年10月24日黄昏，卢梭像往常一样在路边散步，突然，一条高大的丹麦犬迎面疾奔而来，尚未等到年老体迈的卢梭反应过来，他就已经被撞倒在地，失去了知觉。当卢梭从昏迷中清醒过来时，他发现自己正躺在几个年轻人的怀抱中。就在刚刚醒来的一刹那，他感受到了一种奇妙无比的宁静，恍惚置身于另一个世界。对于肉体的一切感觉都消失了，只有神秘的意识还在活动：

> 天越来越黑了。我看到了天空、几颗星星以及一小片花草。这第一个感觉的一刹那真是甜蜜。我只是通过这一感觉才感到自己的存在。我就是在这一刹那间复活过来的，我仿佛觉得我所见到的一切都使我感到我那微弱生命的存在。在那一瞬间我全神贯注，别的什么都记不起来了；对自己的健康状况也没有什么清楚的意识，对刚发生的事也毫无概念；我不知道我是谁，又是在什

① 罗曼·罗兰:《卢梭的生平和著作》，生活·读书·新知三联书店1993年版，第27页。

么地方；我既感觉不到痛苦，也没有什么害怕和不安。我看着我的血流出来，就跟我看小溪流水一样，丝毫也没想到这血是从我身上流出来的。在我心底有着一种奇妙的宁静的感觉，现在每当我回顾此事时，在我所体会过的一切乐趣中我找不出任何可与之相比的东西。[①]

这件对于卢梭来说非但不是不幸，甚至还可以说是一种甜蜜感受的意外事故，很快就在巴黎被传得沸沸扬扬，而且被歪曲篡改得面目全非。许多捕风捉影的荒唐情节被编造出来，整个过程都被传述得离奇诡谲、神秘莫测。一时间谣言四起，都说卢梭已经摔死了。《阿维尼翁邮报》在公布卢梭的死讯的同时，甚至还以向卢梭致悼词的形式预言人们供奉到卢梭祭坛前的祭品将是辱骂与痛恨。

经历了这个插曲之后，卢梭更清楚地认识到世人幸灾乐祸的心理和欲将他置于死地的歹毒动机，同时也更加坚定了他淡泊恬静的旨趣和彻底弃世的决心。他像奥古斯丁一样平静地接受上帝为他安排的残酷命运，不再怀有任何怨尤之心。他写道：“上帝是公正的；他要我受苦受难，然而他知道我是清白的。我的信心正是由此而产生；我的心和我的理智向我高呼，告诉我，我的信心决不我欺。因此，让人们和命运去做这做那吧，我要学会无怨无艾地忍受；一切都将恢复正常秩序，轮到我的那一天也迟早要来临的。”[②]

1778 年初，阔别巴黎 28 年之久的伏尔泰衣锦还乡，受到巴黎人民的热烈欢迎。据当时居住在巴黎的冯维辛描述：“伏尔泰到达巴黎，

---

① 卢梭:《漫步遐想录》，人民文学出版社 1986 年版，第 15 页。

② 卢梭:《漫步遐想录》，人民文学出版社 1986 年版，第 21 页。

在当地人民中发生了这样的影响，好像某个神仙降临大地一样。”[①] 3月30日，巴黎大剧院上演了伏尔泰的最后一部悲剧《伊兰纳》，并将伏尔泰的大理石半身像搬上了舞台，赢得了全场观众雷鸣般的掌声。法兰西学院的全体院士列队向伏尔泰致敬，成千上万的群众紧跟着他的马车欢呼雀跃，这位重返故里的大文豪在巴黎受到了凯旋将军一般隆重的欢迎。然而就在此时，让 – 雅克 · 卢梭正在巴黎过着与世隔绝的生活，每天在陋室里安静地抄写着乐谱，或者在树林中悠闲地采集植物标本，在贫穷、病痛和孤苦伶仃中淡泊而平静地度过了生命的最后时刻。

1778年5月，卢梭应吉拉丁侯爵的邀请迁居巴黎附近的埃默农维尔山庄，这时他听到了伏尔泰去世的消息。这位宿敌的死讯并没有使卢梭感到兴奋，相反，他陷入了良久的忧思之中。他心情沉重地对吉拉丁侯爵说："我与他的存在是相互连在一起的，他如今已死，我也将不久于人世！" 一个多月以后，这句预言成为现实——1778年7月2日早晨，卢梭感到胸口一阵剧烈的疼痛，他让瓦瑟扶他来到窗口。面对着初升的太阳，卢梭充满深情地感叹道："全能的主啊！天气如此晴朗，没有一片云，上帝在等着我了。"[②] 说完这句话，他就失去了知觉，不久就溘然长逝了。

卢梭的敌人们散布谣言说他死于自杀。爱洛苏医生在对卢梭的病情进行了深入细致的分析之后，在其所写的《卢梭的病情》中得出结论：卢梭死于"因严重的尿毒症而引起的中风"。

轮到卢梭的那一天很快就来临了。在这个伟人逝世后不久，整个

---

① C. 阿尔塔莫诺夫：《伏尔泰传》，商务印书馆 1987 年版，第 38 页。

② 法兰西斯 · 韦渥：《卢梭》，新华出版社 1988 年版，第 173—174 页。

法国都被他那纯真的性情、深邃的思想以及火山岩浆般炽烈的激情所振奋。络绎不绝的朝拜者涌向埋葬卢梭尸骸的埃默农维尔湖中的杨树岛，对这位生前受到种种不公正待遇的伟大思想家表示崇敬仰慕之情。《忏悔录》和《漫步遐想录》在卢梭死后的几年里相继问世，而在《社会契约论》和他的其他著作中所蕴藏着的那种激进的民主、平等思想，则成为波澜壮阔的法国大革命的巨大精神动力。1789年8月26日由法国制宪会议通过的著名的《人权宣言》(《人和公民的权利宣言》)，充分体现了卢梭提出的“天赋人权”“主权在民”“自由”和“平等”的思想。法国大革命的领袖们，无论是温和的吉伦特派，还是激进的雅各宾派都对卢梭推崇备至。罗兰夫人把卢梭称为“人类之友”和全国人民的“恩人”；马拉赞颂卢梭是“真理和自由的倡导者”“人民神圣权利的复兴者”；罗伯斯庇尔则尊敬地把卢梭称为“人类的导师”和“法国革命的先驱”，并向卢梭的塑像献上了栎树叶制成的王冠，将它与富兰克林和华盛顿的塑像并列在国民议会的走廊上。

1794年，卢梭的遗骸被法国国民公会迁葬于巴黎先贤祠。雷蒙·特鲁松在《卢梭传》的开篇处描写了巴黎人民迎接卢梭灵柩的盛况：

> 罗伯斯庇尔已经倒台几个星期了。共和历三年葡月二十日(即旧历公元1794年10月11日)旬日休假这一天，气候温和，天空晴朗，秋日忧郁的气氛笼罩着巴黎。人们在等待着前天上午从埃默农维尔出发的一列陪送灵柩的队伍。一辆巨大的四轮板车上载着一口棺木，在尘埃滚滚的路上颠颠簸簸地经过蒙莫朗西和圣德尼来到巴黎，棺木上覆盖着树枝、鲜花和花圈；后面跟着一

大群人——跟随的人群走一路增加一路，人数越来越多，一路之上都有音乐家向棺木中的人演奏音乐，学校的老师带着学生向他致敬，妇女们抱着怀中的婴儿向他致哀，身穿白色紧身衣、腰系三色带的少女呼喊着他的名字，一个头发已完全脱落的老人匍匐街头向他膜拜，许多妇女在哭泣。10月10日傍晚时分，国民公会的代表们在杜伊勒里宫迎接棺木，把它安放在一个花坛上，搭盖了一个古代庙宇式的棚子，并在周围种了一排杨树。

第二天，大约9点钟，一大群人拥拥挤挤地争着看显要的人和各界代表把灵柩护送到供奉“不朽的人的殿堂”[①]，每一群人的手里都举着上面写有大字的牌子，在巴黎人的队伍的牌子上写着“人权”二字，下面还有一行字说：“第一个提出人权是不受时效约束的人，是他。”艺术家们的牌子上写道：“他使有益于人的艺术重现光彩。”妇女们的挂着黑纱的牌子上写着：“他使母亲们认识到了她们的责任，并使儿童们得到了幸福”。来自日内瓦的代表们举的横幅标语上写着既颂扬死者又表示日内瓦人赎罪之心的话：“贵族统治的日内瓦驱逐他，新生的日内瓦为他恢复了名声。”在国民公会议员们前导的牌子上写着：“《社会契约论》是立法者的指路明灯”。棺木随着车轮的行进轻轻摇晃，灵车慢慢穿过守候的人群，在悠扬的琴声中进入了邦德翁。冈巴塞雷向这位“自由和平等的使者”宣读了悼词，接着，在戈塞克的乐曲声中朗诵了玛丽·约瑟夫·塞尼埃作的颂诗，国民公会的议长用庄严的姿态把鲜花撒在灵柩上。革命的法国人向他们的精神导师之

① “不朽的人的殿堂”指后文中的“邦德翁”，即巴黎先贤祠。

一致敬，在一个钟表匠的儿子的遗骸前默哀。[①]

十、忧郁的寻梦者

卢梭的影响不仅仅限于政治范围，他在人类生活的各个领域中都掀起了一场惊心动魄的暴风骤雨，正如他不仅仅属于18世纪，而且也始终像幽灵一般笼罩着现代人的心灵一样。然而在谈论卢梭对人类文化的深远影响之前，我们首先要认识到这一点，即卢梭是一个真正的人，一个体验着巨大的内心痛苦同时又能真诚地直面这种痛苦的人。这个人在一个普遍虚伪的时代中始终坚持勇敢而坦率地剖析自己的内心世界，对于心灵深处的一切高尚的思想和卑劣的动机，他都能够毫不掩饰地披露出来。他活着的时候只对自己的良心负责，他毕生所从事的一项需要极大勇气的艰巨工作，就是要把自己的真实面目暴露在世人面前。罗曼·罗兰认为，卢梭的天才和病态的全部源泉，就在于他的那种永远只谈论自己、剖析自己的“自我主义”。罗曼·罗兰写道：

> 不顾社会的或时髦文学的惯例，他只谈他自己。他发现了真正的“我”。正如他所说，他在“黑房”里工作，除了“追踪他所看见的明显划出的界线”之外，没有其他的技巧。他永远不厌其烦地观察他自己。直到他那个时代，还没有一个人能做到同样的高度，只有蒙田是例外：卢梭甚至指责他在公众面前装腔

---

① 雷蒙·特鲁松:《卢梭传》，商务印书馆1998年版，第1—2页。文中提到的冈巴塞雷（1753—1824）是法国法学家和政治家，国民公会代表，1824年颁布的《法国民法》的起草人之一；戈塞克（1734—1829）是法国作曲家；玛丽·约瑟夫·塞尼埃（1764—1811）是法国剧作家和歌词作者，国民公会代表。

作势。

现在在这么大胆地表现自己时，他把自己剥得精光并把他那时代成千上万人所被迫忍受的一切都暴露了出来。他解放了时代的灵魂，他教它打碎它的枷锁，教它认识和表达自己的思想。[①]

就此而论，卢梭是人类历史上的一个绝无仅有的人，他的自我批判的真诚达到了这样的程度，以至于触怒了法国和欧洲有教养的上流社会中一切讳言自己灵魂的阴暗面的人们。正因为如此，他活着的时候招致了那个社会的普遍愤怒和痛恨，死后却赢得了许多心灵相通者的热情的眼泪。所有曾经与他相识的人几乎没有一个不是他的敌人，而所有通过他的著作和传记认识他的人，又几乎没有一个不对他怀有无限的敬仰之情。正如同人类历史上的一切伟大的思想圣徒或先知一样，卢梭在生前历尽磨难，忍受了难言的屈辱，死后却得到了他本人在世时并未刻意追求的巨大荣耀。庸碌的芸芸众生仅仅为了自己有限的生物性需求而生活，他们只属于他们活着的时代；卢梭这样的人却是为了整个人类的无限的灵魂净化过程而活，他属于他身后的世界。对于他自己的时代来说，卢梭是一个战败者，一个“来得太早太早的人”。他之所以是一个战败者，只是因为他始终不渝地呼唤着潜藏在人性深处的、自然的、真诚的和神圣的东西，这种坚持不懈的呼唤极大地触犯了那个时代体面的精英阶层虚伪的尊严和麻木不仁的良知。卢梭的整个生活历程可以看作是一场惊心动魄的挣扎、一场从粗鄙的兽性向纯洁的神性的痛苦升华。全能的造物主只为每个时代创造一个

① 罗曼·罗兰:《卢梭的生平和著作》，生活·读书·新知三联书店 1993 年版，第 31 页。

这样的灵魂领航员，他必须忍受着世人的普遍误解和訾怨艰难前行，指引他的只有他心中闪耀着的那道理想之光：

> 我深知自己的内心，也了解别人。我生来便和我所见到的任何人都不同；甚至我敢确信全世界也找不到一个生来像我这样的人。虽然我不比别人好，至少和他们不一样。大自然塑造了我，然后把模子打碎了。[1]

卢梭是近代社会中的苏格拉底。与这位古代的思想圣徒一样，卢梭终生不渝地追求着一种至高无上的道德理想。苏格拉底曾把雅典社会比作一匹“肥大而懒惰迟钝的良种马”，把自己比作一只“马虻”，他的神圣使命就是不断地去叮咬刺激那匹良种马，对陶醉在奢靡放荡之中的雅典人进行“唤醒、劝告、责备”，以使他们摆脱“昏昏沉沉的生活”。苏格拉底曾用一句流芳百世的名言表述了自己的这种使命感：“雅典人啊！我尊敬你们，爱你们，但是我将服从神而不服从你们，我一息尚存而力所能及，总不会放弃爱智之学，我总是劝告你们，向所接触到的你们之中的人，以习惯的口吻说：‘人中最高贵者，雅典人，最雄伟、最强大、最以智慧著称之城邦的公民，你们专注于尽量积聚钱财，猎取荣誉，而不在意、不想到智慧、真理和性灵的最高修养，你们不觉惭愧吗？’”[2]然而，堕落沉沦的雅典人已经听不进苏格拉底的劝告，他们把这位道德圣徒和思想先知送上了审判席。卢梭面对着同样堕落沉沦的法国人，表现出苏格拉底式的殉道精神和对

---

① 卢梭：《忏悔录》第一部，人民文学出版社 1980 年版，第 1 页。

② 柏拉图：《游叙弗伦·苏格拉底的申辩·克力同》，商务印书馆 1983 年版，第 17 节。

真理的满腔热忱，为了他心中的道德理想，他不惜忍受比死亡更可怕的精神折磨。面临着来自社会的种种迫害和屈辱，他大声疾呼：

> 神圣的、白璧无瑕的真理，我为你献出整整一生，不，任何时候我的偏私都不会凌辱我对你的忘我的热爱，不论是钱财，不论是恐怖都不能改变我对你的热烈的崇拜，我的笔任何时候都不会拒绝你的任何要求……个人的动机任何时候也没有玷污我的造福人类的愿望，这愿望使我拿起笔来，我写的东西经常总是违反自己利益的。Vitam impendere vero（“为真理牺牲性命”——古罗马诗人玉外纳的诗句），这就是我选择的座右铭。[①]

然而，就是这个毕其一生以追求真理的人，却被轻浮虚饰的法国精英社会斥为疯子，并且在饱受了嫉妒的诽谤、恶毒的中伤和阴险的迫害之后，于悒郁的孤独中离开了人世。

卢梭的思想魅力只有在他的肉体死亡之后才能充分地显示出来，只有当他那衰老而疲惫不堪的身躯在孤寂的地平线上消失之后，法国人、欧洲人乃至全世界的人们，才能被他那光芒四溢的精神“日出”所震慑。历史永远都是在对圣徒和先知进行了一番酷烈残忍的折磨之后，才会赋予他们应有的光荣。这是一种凡夫俗子们所难以理解的公平，因为凡夫俗子的耳朵是不能聆听天上的圣乐的。当一个圣徒被自己心中不可抑制的“神旨的感召”所驱策时，他就注定了要忍受各种非人的待遇，为了心中燃烧的真理之光而牺牲个人的

① 卢梭：《论戏剧：致达朗贝尔信》，生活 · 读书 · 新知三联书店 1991 年版，第 175 页。

各种利益和享受，甚至生命本身。人世间所有的屈辱，卢梭都领尝过了，他那绚丽的精神之花正是在人类邪恶习俗的毒汁的浸泡中傲然盛开的。出淤泥而不染，在普遍堕落的恶臭土壤中傲然卓立、始终保持着一颗天真的赤子之心和一片清纯的处子之情，这正是卢梭其人的魅力所在。迫害和流言可以摧残卢梭羸弱的躯体，却夺不去他的纯真和他的追求。他的肉体被辗压在最污秽肮脏的泥淖之中，他的精神却高高凌越于整个堕落的现实生活之上，成为普遍绝望的世界之中的希望。

卢梭并非完人，他也有许多卑劣的弱点，然而他在面对自己弱点时所表现出来的那一片真诚，却足以压倒整个世界的虚情假意。

卢梭是崇高与卑劣、美德与邪恶之间的一条纽带，他一生都在这两个极端之间流浪，从一个端点向另一个端点跳跃。他落脚于污秽的深渊，却始终仰望着头顶上那片澄碧纯净的蓝天。他时而如飞流直下的瀑布，挟带着天国的纯洁扑向浑浑噩噩的大地；时而又如冲天而起的巨浪，凝结着世间的希望飞向一尘不染的苍穹。他的一生都在流浪，不仅仅是身体的流浪，而且也是精神的流浪，正如同浮士德的咏叹：

> 我是流浪汉，无家可归地漂游，
> 是漫无目标又不稍停息的怪兽，
> 像巨大的飞瀑，直冲下岩石峡谷，
> 跳跃，狂怒，坠入深渊的底部！[①]

---

① 歌德:《浮士德》，转引自卡西尔:《卢梭·康德·歌德》，生活·读书·新知三联书店 1992 年版，第 4—5 页。

对大自然的热爱和对古典英雄主义理想的向往，这是两个自始至终萦绕在卢梭心头的主旋律。这主旋律以一种汹涌澎湃的激情形式表现出来，从而奏响了浪漫主义的时代强音。卢梭生活在一个散发着腐臭气息的堕落社会中，却终生不渝地憧憬着一种幽婉清纯的天国理想。卢梭首先是一个音乐家（至少他自己是这样认为），他对韵律的热爱更甚于对观念的辨析。他的思想或许不太符合逻辑，但是这些思想却是从最深沉的内在情感中迸发出来的。对于他来说，美和善永远都是比真更重要的东西。他的真理就是美的情感，他的理想就是纯洁的大自然和质朴的道德，他的永恒的灵魂栖息所就是奥尔弗斯（古希腊神话中的竖琴手）的音乐所展示的梦幻境界。这种神秘美妙的境界是如此的晶莹剔透、空灵幽邃，令人痴迷沉醉，以至于现实生活中的一切粗俗浑浊的东西都不能将它玷污：

宛若处子，她飘逸而出，神采飞扬，
伴着歌声和七弦琴的无限欢欣。
她的芳容透过春日的面纱焕发荣光，
在我耳畔她将被褥轻轻铺平，
于我的躯体之中酣然入睡，
她的睡梦中有万般景象：
有我赞叹不已的树木；
有来自远方令人销魂的符咒；
有幽深的草场，
还有那降临我身上的各种魔幻奇象。
在她身上，沉睡着一个世界。
啊！你歌咏的神明，

何以使她这般完美，以致她不愿翩然苏醒？
她的玉体起了床，
可芳魂还在流连梦乡。
她的死神究竟在何方？[①]

这委婉动人的天国音乐只有那些不眠的寻梦者才能聆听，他们心中的浪漫理想是引导他们进入这梦境的幽径。卢梭的书是任何受过教育的人都能读懂的，然而卢梭那精微幽邃的心灵世界则只有那些把梦幻看得比现实生活更重要的人才能领悟。每个人都只能以自己的方式来解读卢梭，因此有多少个解读者就有多少个卢梭。然而，只有那些与卢梭气质相同的人才能真正走进卢梭的情感心扉，就此而言，卢梭只属于那些心中洋溢着浪漫情怀的人们。

卢梭的典型气质就是忧郁，这忧郁具有一种深沉的感染力，它滥觞于卢梭内心顽强的“自我主义”的道德理想与残酷的社会现实之间的巨大反差。这种彻心透骨的忧郁使得卢梭愤世嫉俗、特立独行，并且最终与现实社会分袂睽离。对于这种难以言说的忧郁，历史上只有很少几人能够真正领悟，康德就是其中的一个。康德在《对于美和崇高的感情的观察》一文中对忧郁气质的分析，在很大程度上是以卢梭为模型的。康德精辟地指出：“具有忧郁气质的人很少关心他人的判断，对他们所谓善和真的意见不加理睬；他仅仅相信自己的主见。由于他的内驱力设定了根本原理的性质，他便不能欣然接受别人的思想；他的锲而不舍能不时地转化为刚愎固执。对于时尚的变迁，他漠

① 莱纳·马利亚·里尔克：《致奥尔弗斯的十四行诗》，转引自马尔库塞：《爱欲与文明》，农村读物出版社 1987 年版，第 122—123 页。

然不顾，而对于招摇和炫耀，他充满轻蔑……对于人性的尊严，他具有一种崇高的感情。他自尊自重，并把人看作一种值得尊敬的生物。他不堪忍受卑下的奴性，呼吸着自由的高尚气息。他痛恨一切桎梏，不管它是法庭上发光的镣铐，还是囚徒们沉重的铁锁。他对自己和别人都同样执法严明，而且经常对自己和世界同样深恶痛绝。"[①] 这样的人由于一味沉醉在自己内心的温馨梦幻中，沉醉在被自己奉若神明的纯粹理想中，所以他对外界的一切误解和迫害都能够置之度外，从而在内心中保持一种极高的道德境界。

卢梭是一个永远长不大的孩子，一个忧郁的寻梦者。他所编织的那个忧郁而恬美的梦直到今天还萦回在心灵相通者的心头，而且将成为未来世界中一切精神失眠者心中的永不陨落的太阳。这个太阳所发出的炽烈光芒，虽然令人焦灼不安，甚至令人疯狂，但是它却构成了人类一切宏伟业绩的根本动力——正是这种永不衰竭的忧郁情感和浪漫冲动，成为推动人类走出蛮荒丛林和蒙昧状态的巨大精神驱策力。康德说：

> 我把阿里斯蒂底斯归入高利贷者之列，把艾皮科蒂塔归入谄媚者之列，而把让 - 雅克·卢梭归入巴黎大学的博士之列。我想，我听得见那震天价响的嘲笑声，人们七嘴八舌地叫嚷道："多会空想的梦幻家呀！"作为一位不善思索的理想主义者，他沉湎于种种本身便是善良的道德情感之中，而其暧昧不清的表现便是狂热，设若没有它，世上任何既成的伟大事业都实现不了。[②]

---

① 卡西尔：《卢梭 · 康德 · 歌德》，生活 · 读书 · 新知三联书店 1992 年版，第 14—15 页。

② 参见卡西尔：《卢梭 · 康德 · 歌德》，生活 · 读书 · 新知三联书店 1992 年版，第 20 页。阿里斯蒂底斯是古代雅典政治家，艾皮科蒂塔是希腊斯多噶派哲学家。

第二章

人类社会的苦难历程与美好理想

一、圣徒理想与时代变迁

人类是在对一个又一个的文化理想的追逐过程中走出蛮荒丛林、迈入文明社会的，人类的历史说到底就是一部在神圣理想的启示和乌托邦的感召下的英雄业绩史。这种遥远的福音和呼唤最初是由一些思想上的先知或圣徒来传播的，然后在一段漫长的历史时期里由一批实践中的英雄来推行。所有的人都生活在现实之中，但是并非所有的人都属于历史。对于那些自在地存在于现实之中的人来说，历史完全是一种外在的、不可捉摸的和与己无关的东西，他所关注的只是眼前的琐碎事务，只是感官方面的需求，他仅仅具有一种狭隘的自我意识。唯有那些自觉地存在于现实之中的人，才真正地具有历史意识，历史对于他来说是生命中的一个不可分割的部分。这些自觉地进入历史并且具有强烈的历史意识的人，就是历史中的圣徒和英雄，而那些有时被圣徒和英雄们带入历史，有时则迟钝地停留在历史过程之外被动地听凭历史决定论摆弄的人，就是所谓的芸芸众生。圣徒、英雄和芸芸众生在历史过程中各自具有不同的作用——圣徒勾勒出历史图卷的轮廓性线条，英雄对这些扑朔迷离的线条进行可操作性的修正和着色，他们所使用的颜料就是芸芸众生。换言之，芸芸众生如同一艘在陌生的狭窄河道中缓缓而行的大船，英雄是驾驶轮船的船长，圣徒则是屹立在湍急的河流中指引航向的航标灯。

历史中的圣徒通常都是一些心灵极其敏感的思想家，在历史文献的记载中，他们常常表现为具有强烈的批判意识和殉道精神的先知人物，如犹太民族的摩西、希腊城邦社会的苏格拉底、中国春秋时代的孔子、基督教文明的耶稣、伊斯兰教文明的穆罕默德、近代西方社会的洛克与卢梭，以及共产主义世界的马克思等等。他们在日常生活中往往是困顿潦倒、时运不济，他们对于个人多舛的命运也漠不关心、无动于衷，但是他们在逆境中所开创的文化理想却具有极强的超越性，昭示了某种超凡脱俗的天国情调，并且通过坚持不懈的社会批判将其转化为新时代的福音和宣言。历史中的圣徒往往出现在脱节的时代的交错点上，他们在汪达尔主义者的毁灭和怀疑主义者的哀鸣后面听到了一种深沉的神圣呼唤。于是他们怀着真诚的信念和执着的情感把这种微弱的呼唤提升为一种带有浓郁理想色彩的社会批判理论，在渺无希望的生活瘠土上百折不挠地弘扬理想的福音，甚至不惜舍身殉道，以唤起绝望者心灵中的希望的种子。然而，由于其思想的超越性和天国情调，圣徒在他们生活的时代往往成为不合时宜的人，成为一些“来得太早太早”的战败者。在他们死后的数十年甚至数百年，他们埋下的圣徒理想的种子在经历了艰难的发芽、抽枝、出叶、开花过程之后，终于结出了丰硕之果——圣徒理想由一种令人难以接受的异端邪说变成了一种被全社会普遍信仰的新宗教、新思想，变成了一种昭示着即将出现的新文明形态的时代精神。这时候，骑在马背上的英雄就应运而生了，他们通过强有力的实践活动把死而不僵的旧社会形态收尸入殓，从混乱的社会现实中开创出一个崭新的时代。历史中的英雄以符合自己个性的方式有保留地把虚无缥缈的圣徒理想付诸实施，把飘浮在半空中的圣徒理想拉回到结结实实的大地上来。在这个从虚幻的宗教蜃景到切实可行的社会蓝图的转化过程中，英雄们往往不得不消除掉圣徒理想中的一些乌托邦气，尽可能地把空中楼阁式的圣徒福音变成轰轰烈烈的英雄业绩。他们一方面受着圣徒理想的精神牵引，另一方面也把他们的自由意志烙在历史的庞大身躯之上。

圣徒们飘逸虚幻的宗教理想必须通过英雄们的横刀立马的实践活动，才能最终转化为社会现实。然而，如果失去了不断更迭嬗变的圣徒理想的指引，英雄们充其量不过是在历史舞台上跑龙套的配角，历史也不过是一只咬着自己尾巴转圈的猫而已。就此而言，真正推动历史发展的人物，并非那些手执利剑、站在历史的阳光大道上叱咤风云的英雄，而是辗转在旧时代的泥淖中以思想来影响英雄，并通过英雄来重塑历史的圣徒。

卢梭无疑就是这样一位历史圣徒，他以他的思想和著作开创了一个崭新的时代。他坎坷曲折的人生经历，塑造了他那嶙峋诡谲的文体和惊世骇俗的思想。与他那个时代的所有启蒙思想家不同，卢梭不仅对理性这个被当时的知识精英们推崇备至的新上帝采取了一种怀疑主义的态度，而且对时人坚信不疑的社会进步思想也持有与众不同的看法。卢梭的那些独具一格的观点在他所生活的文化圈子里显得如此不合时宜，以至于被同时代的思想家们视为洪水猛兽。当伏尔泰、狄德罗和整个百科全书派都狂热地对科学理性、国家主义和社会进化思想顶礼膜拜时，只有卢梭一个人孤零零地站在整个社会的对立面上，缅怀着已经失却了自然状态的伊甸园，批判着由于社会进步而导致的道德沦丧现象。

卢梭的思想就是他的人生经历的缩影和升华，在他身上，理论与实践是完全一致的。卢梭一生中所展现出来的那种激动人心的人格魅力，正是通过他的著作而发挥作用的。这些著作如同一只神奇的手臂，搅动了他身后的现实生活，引发了法国大革命和近代社会中各种激进的政治、文化主张，并且造就了一大批惊天地、泣鬼神的时代英雄。海涅曾经形象地比喻："马克西米利安·罗伯斯庇尔不过是卢梭的手而已，一只从时代的母胎中取出一个躯体的血手，但这个躯体的灵魂却是卢梭创造的。"[①] 不仅是罗伯斯庇尔、马拉、丹东、拿破仑等政治英雄，而且还包括康德、歌德、席勒、夏多布里昂、拜伦、托尔斯泰等文化英雄，都是从卢梭那里汲取最初的精神动力和灵感源泉的，都是卢梭这同一个"灵魂"借以杀死专制制度的国王和形式主义的上帝的一只只"血手"。这个在莱芒湖畔和巴黎郊外进行漫步的忧郁的幽灵，这个羞怯、沉静、与世隔绝的孤寂隐遁者，他身上却蕴涵着如此可怕的思想冲击波。他那平静的遐思一旦经过革命的加速器的震荡和放大，立即就成为令整个世界都为之战栗的恐怖主义的愤怒呐喊。卢梭的不散阴魂正是通过《论人类不平等的起源和基础》、《社会契约论》、《爱弥儿》和《新爱洛伊丝》这些作品而成为抚慰旧时代伤痛的不朽的安魂曲，并且通过罗伯斯庇尔等一只只"血手"而转化为振奋新时代激情的浑雄壮丽的交响乐。

这个羞怯沉静而与世隔绝的人，他的身后怎么会引起一场波澜壮阔的社会革命大潮？他的那些不合时宜的怪诞思想又何以会一再地成为一切时代中的文化批判者和所谓"后现代主义者"高擎的精神大旗？这的确是一个耐人寻味的问题。解决这个问题的钥匙，只能从卢

---

① 亨利希·海涅：《论德国宗教和哲学的历史》，商务印书馆 1974 年版，第 100 页。

梭本人的思想和著作中去寻求。近现代西方社会中的各种具有恐怖色彩的平民激进主义和暴力政治，以及那种撩拨了无数敏感心灵的忧郁的浪漫主义文艺，都可以从卢梭的思想和著作中溯寻到最初的起源。《论人类不平等的起源和基础》和《爱弥儿》等一系列著作，为我们窥视卢梭那复杂而深刻的内心世界提供了一面面绝好的镜子。因此，只有当我们对卢梭的著作和思想有了全面的、深入的了解之后，我们才能真正地认识卢梭这个人。

二、文明进步与道德堕落

我们首先来看看卢梭的社会历史观。卢梭思想的一个显著特点就是文明与道德的矛盾或悖论。从卢梭的思想倾向来看，他是站在道德主义立场上来反对洛克的功利主义观点的，但是卢梭的道德主义不同于孟德斯鸠的道德主义，这种差异主要表现为二者的价值取向不同。孟德斯鸠是一位法国男爵，他理所当然地站在贵族的立场上来说话，把贵族的出身和荣誉放在与私有财产同等重要（甚至更为重要）的位置上。孟德斯鸠对平民始终怀有一种天然的戒备心理，他多次强调“人民的本性就是感情用事”“人民的行动永远不是过分就是不及。人民有时候千手齐下，搞得天翻地覆；有时候千足并举，走得反如虫爬。”[①] 而对于贵族的温文尔雅的教养和有节制的妥协态度，孟德斯鸠一向怀着深深的敬意。他素来反对极端的平等思想（这正是卢梭所主张的），认为真正的平等不是没有主人，而是以与自己平等的人为主人，因此他主张在立宪的君主政体（这是他所赞

① 《十八世纪法国哲学》，商务印书馆 1963 年版，第 26、27 页。

美的政体形式）中，一定要保留名位爵禄、门第等级和世袭贵族的合法地位。在孟德斯鸠看来，一个良好的政府应该是一个在贵族和平民之间保持和谐的主仆关系的政府，当作为统治者的贵族和作为被统治者的平民各安其分时，这个社会就是一个有道德的社会。然而在卢梭看来，这种道德恰恰是一种不道德的表现。对于卢梭来说，真正的道德生活的基础只能是绝对的平等，而这种绝对的平等状态已经随着文明的进步而一去不复返了。自从原始的自然状态被私有制社会取代之后，不平等、奴役和种种不道德的现象就成为社会发展赖以维系的前提和基础。因此，道德对于文明社会来说只能是一种永远失却了的伊甸园。

在《论人类不平等的起源和基础》一书中，卢梭把自然状态说成人类的黄金时代，在那里既没有私有财产，也没有善恶意识和衡量善恶的道德规范，人们只受自然赋予的单纯的本能支配。理性和知识尚未产生，即使产生了也没有什么权威的地位，人与人之间只有压抑自私欲念的怜悯之情和恻隐之心。这是一种其乐融融的蒙昧状态，虽然缺少衣服、房屋等生活用品，但是这种匮乏并没有给原始人带来太大的不幸，更没有构成妨害他们生存的障碍。"漂泊于森林中的野蛮人，没有农工业、没有语言、没有住所、没有战争，彼此间也没有任何联系，他对于同类既无所需求，也无加害意图，甚至也许从来不能辨认他同类中的任何人。这样的野蛮人不会有多少情欲，只过着无求于人的孤独生活，所以他仅有适合于这种状态的感情和知识。他所感觉到的只限于自己的真正需要，所注意的只限于他认为迫切需要注意的东西，而且他的智慧并不比他的幻想有更多的发展。"[①] 野蛮人之间的唯

① 卢梭:《论人类不平等的起源和基础》，商务印书馆 1962 年版，第 106 页。

一的心理纽带就是那种天然的怜悯心或同情心，这种同情心使他们不假思索地帮助自己受苦的同伴，它那温柔的声音感召着所有蒙昧质朴的心灵，弥补了文明社会中法律和道德的不足。卢梭对这种原始的自然状态赞美道：

> 实际上，再没有比原始状态中的人那么温和的了，在那个时候，人被自然安排得距离野兽的愚钝和文明人的不幸的智慧都一样远，他为本能也同样为理性所限，只知道防备所面临的祸害的威胁，他为自然的怜悯心所制约，不会主动地加害于人，即使受到别人的侵害也不会那样去做。因为按照贤明的洛克的格言，在没有私有制的地方是不会有不公正的。①

人类社会中，几乎所有的不幸最终都应该归咎于人类自身，都是由不平等的生活方式造成的。有些人过度闲逸，有些人则过度劳累；前者由于消化不良而烦恼，后者则由于饥肠辘辘而痛苦。如果人类始终保持自然给他们安排的简朴、单纯、孤独的生活方式，他们本来是可以完全免除这些不幸的。自然状态造就了健康的人，文明社会却使人类变得虚弱。因此，文明的历史就是一部人类的疾病史。它不仅使人类的体质状态由于食欲和性欲的紊乱无度而每况愈下，而且也使人类的精神状态由于无穷无尽的诱惑和烦恼而不得安宁。

野蛮人不是恶的，因为他们不知道什么是善。阻碍他们作恶的原因不是智慧的发展和法律的约束，而是情感的平静和对邪恶的无知。对于一个不知罪为何物的人，罪本身也是不存在的。诚如《圣

---

① 卢梭：《论人类不平等的起源和基础》，商务印书馆 1962 年版，第 119 页。

经》所言："非因律法，我就不知何为罪。非律法说'不可起贪心'，我就不知何为贪心。"[1] 野蛮人对于财产的观念是非常淡漠的，他们仅仅享受他们能够得到的东西，而且从来不会产生过分的奢望。由于不存在私有财产，也就不存在因私有制而导致的社会不平等和奴役现象。对于野蛮人来说，奴役他人是一件得不偿失的事情，卢梭诙谐地写道：

> 一些人使用暴力来统治另一些人，后者呻吟于前者为所欲为的奴役之下，这正是在我们之间我所观察到的情形；但是我不理解如何能据此推断野蛮人也是这样，因为甚至使他们了解什么是奴役和统治都颇有困难。一个人很可能夺取别人摘到的果实，打死的禽兽，或者侵占别人用作躲避风雨的洞穴；但他怎样能够做到强使别人服从他呢？在一无所有的人们之间从属关系的锁链究竟是怎样形成的呢？如果有人要从一棵树上把我赶走，我可以离开这棵树到另一棵树上去；如果在某一个地方有人搅扰我，谁会阻挡我到别处去呢？有没有这样一个人，他不但力量比我大，而且还相当腐化、懒惰、凶恶，竟至强迫我替他觅取食物，而他自己却无所事事呢？那么，这个人就必须下定决心时时刻刻注意着我，在他要睡觉的时候，还得十分小心地把我捆绑起来，免得我会逃掉，或者把他杀死，也就是说，他必须甘愿给自己增加一种负担，而这种负担远比他自己想避免的和他所加给我的还要大得多。除此之外，他的戒备会不会稍微松懈一下呢？一个意外的声

① 《新约·罗马书》，第 7 章第 7 节。

音会不会使他回一下头呢？我走进树林二十步远，我的束缚就解除了，他一生再也不会看见我了。[①]

人类天生是善良的，可是文明的进步和知识的发展，尤其是私有制所导致的自私心理，却使人变坏。妒忌心和仇恨心随着利害关系的错综复杂而日益增长，在人与人的表面亲热和彼此帮助背后，实际上却潜藏着无所不在的相互残害。每个人都渴望在别人的不幸中获得利益——贪婪的继承人暗中祈愿他那有钱的父亲早日死去；恶毒的债务人期待着他的债权人的商号发生火灾，所有的账据焚烧殆尽；每个民族都盼望着它的邻族发生战乱，以便趁火打劫，坐收渔人之利。每一次公共灾难都使一些人得到好处，这些人对于瘟疫、战争、死亡和饥荒欢欣鼓舞，对丰收和安宁反而悲伤落泪。一个人的幸福往往是建立在另一个人的不幸之上，在每张笑脸后面，都可能掩藏着歹毒无比的险恶用心。“人们不得不相互爱抚而又相互伤害；由于义务，人们生来就是仇敌；由于利益，人们必须相互欺骗。”[②]私有财产使得人们的贪欲无限膨胀，从而衍生出谋杀、毒害、抢劫、欺诈、虚伪等种种不道德的行为。关于违背自然的文明社会给人类所带来的巨大危害，卢梭激愤地写道：

文明人除了他的邪恶、他的需要和他的灾难以外，他又如何给痛苦和死亡敞开新的大门。如果你观察到使我们憔悴的精神痛苦、使我们疲惫而忧伤的狂烈的情欲、压在穷人身上的过于劳累

① 卢梭：《论人类不平等的起源和基础》，商务印书馆 1962 年版，第 108 页。

② 卢梭：《论人类不平等的起源和基础》，商务印书馆 1962 年版，第 160 页。

> 的工作、富人沉溺于其中的更加危险的安乐生活，以及使一些人因缺乏它而死亡、另一些人却因享用过度而死亡的种种东西；如果你想到各种食物的奇异的混合、有害健康的调味法、腐坏的食物、掺假的药品、售卖假药的商人的诈骗、医生处方的谬误，以及配制药剂所用的各种有毒的器皿；如果你注意到在大量聚集的人群中因污浊空气而引起的流行疫疠；由于我们过分考究的生活方式、由于室内室外温度的悬殊、由于增减衣服得太不小心以及由于我们所追求的一切肉体享受（这种享受日久竟成为必要的习惯，嗣后由于疏忽或不能满足那些习惯的要求，往往会使我们丧失健康或生命）等等而引起的疾病；如果你计算了毁灭过多少整个都市、造成过成千上万居民死亡的火灾和地震；总之，如果你把由于所有这些原因而继续不断地集中在我们身上的一切危险都合计起来，便会感到自然因为我们轻视它的教训，而使我们付出的代价是多么大。[①]

文明社会不仅腐化了人类的健康体质，而且也腐化了人类的真挚情感。婚姻不再是基于纯洁的爱情，而是出于利益方面的考虑。多少幸福美满的婚姻由于男女双方地位的悬殊而被拆散，多少炽热的爱情被湮没在冷冰冰的功利之中。金钱可以使纯洁的少女失去贞操，也可以使邪恶的淫贼恣肆放纵。“有多少因利害关系而结成却被理性与真正爱情所否定的离奇婚姻！甚至有多少忠实而有品德的夫妇，只因错配了姻缘而双方都感到痛苦！有多少因为父母的贪婪而受害的不幸的

---

① 卢梭:《论人类不平等的起源和基础》，商务印书馆 1962 年版，第 161—162 页。

青年，耽溺于放荡的生活，或者在流泪中过着悲惨的日子，呻吟在他们内心所拒绝却被金钱所促成的、不能离异的结合之中！”[①] 这种不道德的婚姻状况不仅扼杀了人类的真实感情，而且还以秘密堕胎和溺婴作为偷情的副产物，许多无辜的婴儿成为父亲的贫穷和母亲的残忍的羞耻心的牺牲品。文明人为了那种可耻的虚伪名誉，竟然可以遗弃甚至杀死自己天使一般纯洁的孩子。这一切堕落的现象，对于野蛮人来说都是陌生的和不可思议的，它们是直接违背自然法则的，因而也是违背人性的。

在 18 世纪的知识界中，有一种观点认为，富庶及其所导致的奢侈有助于社会的发展和文明的开化，正是富人的奢侈养活了穷人。针对这种观点，卢梭指出：奢侈如同一副腐蚀剂，它虽然促使国家富庶、工业发达和文艺繁荣，却使大量的农民背井离乡、流离失所，并最终沦为盗贼而走上刑架，从而在国家强盛的表面光环下掩藏着人口锐减的危机，在富庶的背后潜伏着真正的衰微。“奢侈好像南方的热风，使草原和绿色的田野盖满了贪食的蝗虫，把有益动物的食料完全吃光，凡是这种热风所刮到的地方，无不发生饥馑和死亡。”[②]

与文明所导致的普遍堕落形成鲜明对照，卢梭用理想化的笔调展现了一幅自然状态的道德美景。自然人在本能的驱策下过着天真无邪的生活，他们相互之间保持着一种独立、自由和平等的关系，在未经污染的大自然中自由自在地生活。除了因年龄、健康和体质等自然条件所造成的差异之外，没有任何财产、地位和政治上的不平等。他们没有“你的”和“我的”观念，没有奴隶和主人，更没有损害别人来

① 卢梭：《论人类不平等的起源和基础》，商务印书馆 1962 年版，第 163 页。

② 卢梭：《论人类不平等的起源和基础》，商务印书馆 1962 年版，第 165 页。

为自己谋取私利的念头。自然人的本性是淳朴的，他们只具有两种感情，即自爱心和怜悯心，这两种感情在自然状态中发挥着法律、道德和风俗的作用。自爱心使每个人自我保护，怜悯心则使人们相互帮助，前者构成了人的自保因素，后者构成了人类的保种因素。正是这两种感情的结合保证了人类自身的持存和发展。在自然状态中，每一个人的自我保存与其他人的自我保存处于一种最和谐、最能保持和平的互利状态中，因此这种自保与保种的相互默契对于作为整体的人类来说也是最为适宜的。人们在简陋而又物产丰富的自然环境中采集食物，席地而眠，除了满足生理的需要之外更无其他的非分之想，这种朴素的生活状况恰好成为培养纯朴道德的良好土壤，同时也成为自由和平等的有力保证。卢梭对文明人和野蛮人的生活习性对比道："文明人毫无怨声地带着他的枷锁，野蛮人则决不肯向枷锁低头，而且，他宁愿在风暴中享自由，不愿在安宁中受奴役；正如一匹被驯服了的马，耐心地忍受着鞭策和踢马刺，而一匹未驯服的马则一接近马缰辔就竖起鬣毛，用蹄击地，激烈地抗拒。"① 正是由于这种差别，许多野蛮人尽管在欧洲人的暴力征服和文明熏陶之下被迫接受了基督教信仰和文明的生活方式，但是只要一有机会，他们很快就会重新恢复他们在自然状态中所习惯的那种无拘无束的生活，而把文明的一切影响抛诸九霄云外。相反，倒是有许多文明的欧洲人，往往自愿地遁居于野蛮民族之中，在质朴的自然状态下度过自己的一生，至死也不愿重返文明社会。卢梭以下面这个例子来说明野蛮人对于文明的生活方式是如何的反感和轻蔑：

① 卢梭：《论人类不平等的起源和基础》，商务印书馆 1962 年版，第 133 页。

> 人们曾有许多次把一些野蛮人带到巴黎、伦敦和其他城市。人们急于向他们夸示我们的豪华、我们的财富和一切最有用而最出色的艺术：这一切对于他们只引起一种愚蠢的惊叹，可是他们丝毫没有羡慕的心情。我还想起大约三十年前被人领到英国皇宫里的某个北美洲酋长的故事。为了送给这位酋长一件最能使他喜爱的礼品，人们把千百种东西摆在他面前，结果并没有发现一件东西引起他的注意。我们的武器在他看来可能是笨重而不方便的；我们的靴鞋使他的脚感觉疼痛；我们的衣服使他身体觉得很不舒服，他拒绝了一切。最后，人们看见他拿起一条毛毯，他好像很想用它把肩膀裹起来似的。人们立刻向他说："你至少承认这件东西的用处吧？"他回答道："是的，我觉得它差不多和一块兽皮同样合适。"如果他用这条毛毯去遮雨的话，也许他连这样的话都不会说呢。[①]

自然状态被卢梭美化为一种自由、平等和幸福的"黄金时代"，从而与充满奴役、邪恶和不幸的文明社会形成了鲜明对照。卢梭关于文明社会的一个基本观点是：文明社会由于它的私有制、贪婪和不平等而破坏了自然状态的纯朴道德和幸福，因此文明人是普遍不幸的。"自然曾使人幸福而善良；但社会却使人堕落而悲苦"，卢梭对野蛮人和文明人的生活态度对比道：

---

① 卢梭：《论人类不平等的起源和基础》，商务印书馆 1962 年版，第 185—186 页。

野蛮人和文明人的内心和意向的深处是如此的不同，以致造成文明人至高幸福的东西反而会使野蛮人陷于绝望。野蛮人只喜爱安宁和自由；他只愿自由自在地过着闲散的生活，即使斯多噶派的恬静也比不上他对身外一切事物的那样淡漠。相反，社会中的公民则终日勤劳，而且他们往往为了寻求更加勤劳的工作而不断地流汗、奔波和焦虑。他们一直劳苦到死，甚至有时宁愿去冒死亡的危险，来维持自己的生存，或者舍弃生命以求永生。他们逢迎自己所憎恶的显贵人物和自己所鄙视的富人，不遗余力地去博得为那些人服务的荣幸；他们骄傲地夸耀自己的卑贱，夸耀那些人对他们的保护；他们以充当奴隶为荣，言谈之间，反而轻视那些未能分享这种荣幸的人们。[①]

面对文明社会的普遍堕落状况，卢梭喊出了"回到自然去"的口号。对于这个口号，我们不能简单地理解为卢梭要求人类倒退回原始社会去（如伏尔泰所挖苦的那样）。当卢梭提出这个口号时，他只是以淳朴的自然状态作为一种理想的参照物来批判邪恶的文明社会，因此这个口号不仅表达了卢梭对虚构中的自然状态的眷念，而且更多地表达了卢梭对憧憬中的理想社会的向往。在这里我们可以看到浪漫主义的一般特征，即以一种交织着往昔的温馨与未来的梦幻的理想状态来否定现实生活。对于一个浪漫主义者来说，回忆中的月光朦胧的魔夜与企盼中的云蒸霞蔚的蜃景都同样令人痴迷，唯有冷冰冰的现实社会是令人憎恶的。当卢梭赞美自然状态时，他心中所向往的只是那种

① 卢梭：《论人类不平等的起源和基础》，商务印书馆 1962 年版，第 147 页。

由于在现实生活中缺乏而被投置到自然状态之中的自由、平等理想，自然状态不过是形式，自由、平等才是真正的内容。因此，对于卢梭来说，一个天真无邪的自然状态与一个返璞归真的未来社会在实质上是同一个社会，它们都具有同样的精神原则和道德内容，都与邪恶的现实社会处于格格不入的对立之中。

三、历史发展的辩证法

与17、18世纪的许多政治思想家一样，卢梭也是社会契约论的主张者。但是他既反对霍布斯的性恶论，也反对洛克的性善论，而是以一种辩证的历史观点来对待人性的善恶问题。卢梭把自然状态说成是人类的“黄金时代”，在那里既没有善恶，也无所谓作为善恶标准的道德本身，人们只受自然禀赋的单纯的本能所支配，缺乏理性和知识。这种不知善恶的懵懂状态被卢梭说成是一种原始的善良，犹如一个人童年时代的那种天真无邪的善良一样。自然状态被卢梭描绘为一幅恬静安谧的田园景象，俨然如亚当、夏娃堕落前的伊甸园一般。但是随着理性的萌发和知识的积累，人们在体质上和智力上的差别日益明显。同时，随着人与人之间交往范围的扩大和孤独状态的消失，每个人对他人的关注以及希望被他人所关注的愿望也逐渐增强。人与人之间的交往最初仅仅表现为娱乐的形式，人们在劳作之余常常聚集在屋前树下唱歌跳舞。在这种娱乐活动中，有些人因为比另一些人具有更优越的天赋——他们或者更擅长歌舞和演说，或者更具有力气和智慧，从而成为受人尊重的人。尊重的观念一旦形成，被尊重的权利就成为社会的第一种精神性特权，由此导致了虚荣、轻蔑、羞愧、羡慕等感情的产生。这些新出现的感情因素所引起的心理紊乱，最终破坏了天真幸福的自然状态。当人们已经产生了尊严感和虚荣心时，人为的道德观念也就开始渗透于社会生活之中。自然状态的那种天真无邪的善良已经不再适应新的社会生活，人们为了自己的尊严和虚荣而相互争斗，随着彼此侵害的机会日益增多，对侵害者施行报复的行为也日益残酷。为了遏制这种普遍弥漫的相互报复的恐怖气氛，人们之间以一种妥协的方式制定了社会契约，这就是法律的开端。在社会契约的监督和保证之下，文明社会日益进步，人类从自然状态的童年时代迈入了社会状态的青春期。但是，文明进步的历史同时也就是人类堕落的历史。在卢梭看来，后来的一切社会进步只是在个人完美化方向上的一种表面性的进步，而实际上它们却使人类整体状况日益走向衰败——个人变得文明起来，人类却没落下去。

另一方面，生产上的协作也促成了自然状态的消失和社会不平等现象的产生。当人们满足于自己简陋的小屋，局限于使用粗笨的工具来制作生活用品和娱乐用品的时候，"当他们仅从事于一个人能单独操作的工作和不需要许多人协助的手艺的时候，他们都还过着本性所许可的自由、健康、善良而幸福的生活，并且在他们之间继续享受着无拘无束自由交往的快乐。但是，自从一个人需要另一个人的帮助的时候起；自从人们觉察到一个人据有两个人食粮的好处的时候起；平等就消失了、私有制就出现了、劳动就成为必要的了、广大的森林就变成了需用人的血汗来灌溉的欣欣向荣的田野；不久便看到奴役和贫困伴随着农作物在田野中萌芽和滋长。"[①] 私有制的萌芽由于冶金术和农业这两种技术的发明而迅速地成长，这两种技术一方面促进了生产

① 卢梭:《论人类不平等的起源和基础》，商务印书馆 1962 年版，第 120—121 页。

力的发展，引起了社会制度的巨大变革，并最终使人文明化；另一方面则加深了人类的奴役和贫困状态，扩大了社会的不平等，给人类带来了深重的灾难。“使人文明起来，而使人类没落下去的东西，在诗人看来是金和银，而在哲学家看来是铁和谷物。”①

土地的耕种必然导致土地的分配和私人占有，而土地的私有权则成为社会不平等的重要根源。体质和智力方面的差异使得一部分人夺取了大量土地而成为富人，另一些人则由于失去了土地而成为穷人。穷人不得不屈从于富人，从富人那里获取生活必需品，从而导致了奴役关系的产生。卢梭深刻地认识到，人与人之间的奴役关系是以人们在生产活动中的相互依赖和相互需要作为前提的，要想奴役一个人，首先必须使这个人陷于一种不能脱离他人而独立生活的状态中。随着土地私有制的出现，“公民社会”就产生了，与此同时，文明社会的种种不道德的行为也就应运而生。奸诈、倾轧、贪欲和阴谋纷纷从潘多拉的盒子里飞出来，造成了人类普遍的不睦与堕落。当一个人成为他的同类的主人的时候，他也就同时成为他的同类的奴隶：

> 富有，他就需要他们的服侍；贫穷，他就需要他们的援助；不穷不富也决不能不需要他们。于是他必须不断地设法使他们关心他的命运，并使他们在实际上或在表面上感到为他的利益服务，便可以获得他们自己的利益。这就使得他对一部分人变得奸诈和虚伪；对另一部分人变得专横和冷酷，并且，当他不能使一些人畏惧自己，或者当他认为服侍另一些人对他没有什么好处的

① 卢梭:《论人类不平等的起源和基础》，商务印书馆 1962 年版，第 121 页。

时候，他便不得不欺骗他所需要的一切人。最后，永无止境的野心，与其说是出于真正需要，毋宁说是为了使自己高人一等的聚积财富的热狂，使所有的人都产生一种损害他人的阴险意图和一种隐蔽的嫉妒心。这种嫉妒心是特别阴险的，因为它为了便于达到目的，往往戴着伪善的面具。总而言之，一方面是竞争和倾轧，另一方面是利害冲突，人人都时时隐藏着损人利己之心。这一切灾祸，都是私有财产的第一个后果，同时也是新产生的不平等的必然产物。①

在说明从自然状态向社会状态转化的原因时，卢梭表现了一种天才的辩证思想。卢梭认为，人类从自然状态向社会状态的过渡，乃是人类自身所具有的“自我完善化能力”发展的必然结果。所谓“自我完善化能力”就是指人类天生具有维持自身生存、满足自我需要并不断发展和完善自身的能力。这种能力使得人类不可能永远停留在自然状态中，而必然要向社会状态过渡。但是这种过渡绝非自发地发生，它需要某些外部的“偶然事件”的促成。这些偶然事件使人们摆脱彼此孤立的自然状态，而越来越紧密地联结成一个有机的社会统一体。这些“偶然事件”大多都属于自然环境方面的因素，如洪水泛滥、火山爆发、地震山崩等。卢梭写道：“人们的结合大部分是由自然变故造成的：罕见的洪水，海水的泛滥，火山的爆发，剧烈的地震，由雷电引起的毁灭了森林的火灾，一切足以惊吓居住在一个地方的野蛮人而使他们离散的变故，都会使他们嗣后又

① 卢梭:《论人类不平等的起源和基础》，商务印书馆 1962 年版，第 125 页。

聚集起来，共同弥补大家所遭受的损失。在古代时常流传的关于地面上发生的不幸事故的传说，说明上帝使用何等手段强使人类相互接近。”[①] 这些“偶然事件”一方面使人类走出了蛮荒的莽林，实现了从自然状态向社会状态的转化；另一方面却使整个人类在理性日益完善的同时，在道德上无可挽回地败坏和堕落下去。当人由于“偶然事件”的中介作用而终于从自然人转变为社会人时，他也就相应地变成了一种邪恶的生物。因此，文明社会的任何一次进步同时也是人类在道德方面的一次退化。这种进步与退化是同一个历史过程的两个不可分割的方面，文明与道德、个人与人类在历史发展中呈现为一种深刻的二律背反。由于历史的发展是不可避免的，所以这种深刻而悲惨的二律背反也同样是不可克服的。正是这种辩证的历史观决定了卢梭对文明发展前景的悲观主义态度。

然而，这种历史的辩证法在卢梭那里仅仅是以一种不自觉的方式来表述的，并且具有一种否定的意义。在卢梭关于文明社会起源的说明中，事实判断与价值判断始终处于格格不入的对立状态中。一方面，他不得不承认人类从自然状态向社会状态的转化是历史发展的必然，具有历史的合理性；另一方面，他又始终对这种不可避免的历史必然性怀着一种深恶痛绝的反感，对已经逝去的自然状态却怀着一种深切的眷念之情。当他谈到历史发展的必然性时，他无疑是一位思想敏锐的哲学家，但是当他对这种发展进行价值评判时，他又变成了一位愤世嫉俗、怀古思乡的诗人。尽管如此，“历史是在恶中发展的”这一天才思想，却是在卢梭那里第一次得到了明确的表述。文明必然

---

① 卢梭：《论人类不平等的起源和基础》，商务印书馆 1962 年版，第 109 页注释②。

伴随着堕落，进步必然伴随着不平等，就如同新生命的诞生必然伴随着分娩的痛苦一样。对于历史来说是进步的东西，对于道德来说恰恰是一种退化。这种丰富的历史辩证法思想后来在黑格尔那里得到了进一步的发展，黑格尔把卢梭关于历史与道德相对立的二律背反改造为一种历史发展自身的辩证合理性，把对自然状态失落的悲切哀叹转变为对历史自否定原则的热情讴歌。在黑格尔看来，没有自我意识的自然状态乃是一种禽兽的状态，这种浑浑噩噩的天真状态或原始善良并不适宜于人类。就人类的精神必须超出这原始的单纯而进入分裂和恶之意识（最突出地表现为自我意识和私有观念）而言，它本身就是恶的。然而这恶恰恰是重返真正的善的必要条件，因为只有在产生了分裂之后才会出现和解的要求。因此这种自然状态的堕落、这种分裂、这种恶，同时也是善，或者说是人类走向真正的善的必由之路。在《历史哲学》中，黑格尔从精神发展史的角度阐释了人类“堕落”的真正含义：

罪恶生于意识，这是一个深刻的真谛：要知道禽兽是无所谓善或恶的；单纯的自然人也很无所谓善或恶。意识却使那任性任意、具有无限自由的“自我”，离开了“意志”的纯粹本质——换言之，离开了“善”。“认识”，唯其取消了单纯“自然”的统一，便是“堕落”，这“堕落”并非随随便便的概念，而是永恒的“精神”历史。因为那种天真的状态，乐园的生活，乃是禽兽的生活状态，“天堂”是唯有禽兽，而非人类，所能勾留的园囿。禽兽仅仅隐然（而非有意识地）与“上帝”为一。唯有“人类精神”才取得一种自我认识的生存。这种自己为自己的生存，这种意识，同时又脱离了那个“普遍的与神圣的精神”。假如我守着

> 我的抽象的“自由”，我便违背了“善”，而选择了“恶”。所以这“堕落”乃永恒的“人类神话”——事实上人类即从这种过渡而成为人类。①

虽然黑格尔在对待自然状态和人类“堕落”问题的态度上与卢梭的悲观主义基调形成了鲜明对照，但是他这种深刻的历史辩证法无疑深受卢梭思想的启发。

四、社会不平等的演化

在卢梭所说到的各种“偶然事件”中，对于文明社会的产生最具有决定性意义的，就是他在《论人类不平等的起源和基础》第二部分的开篇处所指出的那个事件：“谁第一个把一块土地圈起来并想到说这是我的，而且找到一些头脑简单的人居然相信了他，谁就是文明社会的真正奠基者。”② 这个事件成为私有制的滥觞，而一切社会不平等和邪恶现象，都是私有制的副产品。私有制首先导致了贫富的分化和对立。富人们为了保护自己的财产不受侵犯，用欺骗的方法与穷人订立了社会契约，从而创立了法律，并在法律的基础上建立了国家政权。因此，社会契约尽管在表面上看来是双方自愿订立的，但是实际上是一方欺骗另一方的结果，另一方则是受骗的结果（这种观点使卢梭与其他的社会契约论者区别开来）。社会契约使财产的不平等现象合法化，它以法律的名义给穷人套上了新的枷锁，并使富人获得了新的力量。

---

① 黑格尔：《历史哲学》，商务印书馆 1936 年，第 510 页。

② 卢梭：《论人类不平等的起源和基础》，商务印书馆 1962 年版，第 111 页。

社会契约学说在卢梭那里只是一个假说，这个假说是建立在不道德的欺骗之上的。欺骗的完成必须以当事者双方中的一方作为自觉的存在，另一方作为自在的存在为前提。自觉的一方认识到随着财产差别的扩大，危险因素也与之俱增，因此维护前一个因素（财产差别）和遏制后一个因素（社会不满）的动机就成为富人订立契约的根本原因。富人精明地觉察到，当土地所有权还没有取得合法的形式之前，它完全有可能被穷人用暴力的手段来重新剥夺，正如当初他们自己所做的那样。于是，为了维护财产不平等的既成事实，富人决定采取冠冕堂皇的欺骗手段来代替赤裸裸的暴力方式，他们制定了一种前人从未想到过的"最深谋远虑的计划"，这就是通过订立社会契约，把自己原来的敌人变成自己的保卫者，利用他们的力量来为自己服务。在新的制度中，富人的利益将得到社会和法律的保障，从而消除了自然状态下的种种不安全因素。为了实现这个"最深谋远虑的计划"，富人就对他的邻人们说："如果所有的人都处于一种彼此反对的状态下，那么无论是富人还是穷人都得不到安宁。"富人们信誓旦旦地宣称："咱们联合起来吧，好保障弱者不受压迫，约束有野心的人，保证每个人都能占有属于他自己的东西。我们要创立一种不偏袒任何人的、人人都须遵守的维护公正与和平的规则。这种规则使强者和弱者同样尽相互间的义务，以便在某种程度上，补偿命运的不齐。总之，不要用我们的力量来和我们自己作对，而要把我们的力量集结成一个至高无上的权力，这个权力根据明智的法律来治理我们，以保卫所有这一团体中的成员，防御共同的敌人，使我们生活在永久的和睦之中。"①

① 卢梭：《论人类不平等的起源和基础》，商务印书馆 1962 年版，第 128 页。

这种由于富人保护自己的私利而倡导的社会契约，就成为法律和国家的起源。

但是对于契约的另一方即穷人来说，社会契约给他们带来了什么呢？仅仅是一条无形的锁链。当穷人与富人订立社会契约时，他们以为契约将给他们带来与富人同等的权利；当穷人在为自己锻造这条锁链时，他们以为这条锁链能够保障他们的自由。他们丝毫没有意识到财产不平等的合法化将会给自己带来新的不平等。因此穷人就在富人的甜言蜜语中生活下去，满足于貌似平等的社会契约，甚至几千年过去了，他们仍然和当初一样幼稚。他们天真地以为，社会契约使得无论是大腹便便的富人还是瘦骨嶙峋的穷人，都处于平等的社会地位中。人人都把自己的权力交给了公共的社会权力机构，每个人在社会的天平上都具有同等的分量，尽管有的人成天喝香槟，有的人却连一天一磅黑面包的生活都难以维持。穷人们以承认财产的不平等为代价，企图通过订立社会契约来保证其他方面的平等，然而，社会契约的结果使他们陷入了更加深重的奴役状态中。社会和法律“给弱者以新的桎梏，给富者以新的力量；它们永远消灭了天赋的自由，使自由再也不能恢复；它们把保障私有财产和承认不平等的法律永远确定下来，把巧取豪夺变成不可取消的权利；从此以后，便为少数野心家的利益，驱使整个人类忍受劳苦、奴役和贫困。”①

如果说私有财产导致了富人与穷人之间的差别与对立，那么社会契约的订立则导致了强者与弱者、统治者与被统治者之间的差别与对

① 卢梭：《论人类不平等的起源和基础》，商务印书馆 1962 年版，第 128—129 页。

立。由于契约和法律是强制性的，它们必须由一个强有力的社会机构来执行和监督，所以就导致了国家政权和管理者（政府官吏）的产生。从理论上来说，社会机构和国家政权是应该为所有人谋取利益的，然而实际情况恰恰相反——最初被人民选举出来执行契约的官吏们很快就把人民的权力滥用来为自己的利益服务，并且把国家政权当作暴力机器来压制人民，使人民的权力转化为反对人民的力量。这样就在富贫差别之外又造成了强弱差别，在经济权利的不平等之外又产生了政治权利的不平等，在富人与穷人的对立之外又导致了统治者与被统治者的对立，在不道德的欺骗行为之外又增加了不道德的暴力行为。

法律和国家的实践违背了人们在订立社会契约时的初衷，从而导致了政治上的不平等，即统治者与被统治者之间的对立状态。这种强弱不平等的进一步扩大，终于导致了专制政治的出现，并且产生了第三种不平等，即主人与奴隶之间的对立。专制暴政的出现是政府权力腐化的结果，统治者作为人民意志的代表完全违背了自己的天职而变为人民的敌人。他们把人民赋予的权力变为世袭的私有财产，把自己看成国家的主人和与神齐平的万王之王，而把人民看作自己的奴隶，把他们像牲口一样列入自己所拥有的财物中。这些野心家任意地践踏法律、剥夺臣民的正当权益，并且把这种践踏和剥夺视为理所当然的事。“暴君剥夺臣民，算是公正；暴君让臣民活着，算是施恩。”① 正如一个人可以随心所欲地处置自己的牛羊一样，如果他没有杀死这些牛羊，而是让它们活着，反倒成为一种恩典了。

① 卢梭：《论人类不平等的起源和基础》，商务印书馆 1962 年版，第 135 页。

与专制暴政相伴随的是普遍的社会腐败。每个人都与其他人处于敌对状态中，都在专制的压迫和恐怖之下失去了良知，从而使整个社会陷入了骚乱和灾难之中。一切正常的社会秩序既然已经被专制暴君破坏，人民就不再有国家，也不再有法律，而只有一个暴君。“从这个时候起，无所谓品行和美德的问题了。因为凡是属于专制政治所统治的地方，谁也不能希望从忠贞中得到什么。专制政治是不容许有任何其他主人的，只要它一发令，便没有考虑道义和职责的余地。最盲目的服从乃是奴隶们所仅存的唯一美德。”诚如《吕干诗集》中所言：

> 如果你命令我把利剑刺入我父亲的胸膛，
> 刺入我的怀孕的妻子的脏腑，
> 我终于要完成你的命令，尽管我的臂膀在反抗。①

如果说私有财产权的合法化是社会不平等的第一个阶段，国家的产生和官职的设置是社会不平等的第二个阶段，那么合法权利变成专制权力，则是社会不平等的第三个阶段。第一阶段的不平等造成了富人与穷人之间的对立，第二阶段的不平等造成了强者与弱者之间的对立，第三阶段的不平等则造成了主人与奴隶之间的对立。卢梭认为，这种主奴之间的不平等，尽管令人难以忍受，并把社会不平等状态推向了极端，它却是社会不平等的最后一个阶段，也是一切社会不平等的终点，在它里面已经潜在地孕育着崭新的平等社会的萌芽。专制政

① 卢梭：《论人类不平等的起源和基础》，商务印书馆 1962 年版，第 144—145 页。

治既然已经破坏了一切规则和法律，那么它实际上就已经退回到一种缺乏社会契约的自然状态中。在这种新的自然状态中，每个人都可以用暴力来任意地处置他人，暴力原则再一次取代了契约原则成为社会行动的根据。在《论人类不平等的起源和基础》中，卢梭表达了历史发展的否定之否定原则：人类历史的演进轨迹是从平等到不平等，然后再在更高的基础上复归平等。社会在经历了各种不平等之后，最终达到了一种简单的对立——这种对立的一端是一个唯一的人（专制君主），另一端则是一切人。这种极端的不平等和对立恰恰成为社会超越自身的一个必要前提，从它里面不可避免地导致了一种新的自然状态。卢梭写道：

> 这里是不平等的顶点，这是封闭一个圆圈的终极点，它和我们所由之出发的起点相遇。在这里一切个人之所以是平等的，正是因为他们都等于零。臣民除了君主的意志以外没有别的法律；君主除了他自己的欲望以外，没有别的规则。这样，善的观念，正义的原则，又重新消失了。在这里一切又都回到最强者的唯一权力上来，因而也就是回到一个新的自然状态。然而这种新的自然状态并不同于我们曾由之出发的那种自然状态，因为后者是纯洁的自然状态，而前者乃是过度腐化的结果。但是，这两种状态之间在其他方面的差别则是那么小，而且政府契约已被专制政治破坏到这种程度，以致暴君只在他是最强者的时候，才是主子；当他被驱逐的时候，他是不能抱怨暴力的。以绞杀或废除暴君为结局的起义行动，与暴君前一日任意处理臣民生命财产的行为同样合法。暴力支持他；暴力也推翻他。一切事物都是这样按照自然的顺序进行着，无论这些短促而频繁的革命的结果如何，任何

人都不能抱怨别人的不公正，他只能怨恨自己的过错或不幸。[①]

这样一来，卢梭就从专制政治中引出了社会革命的必然性和合理性，这正是卢梭思想中最富有革命性的东西。与洛克关于人民有权用暴力来反抗暴政的思想一样，卢梭的社会革命思想也成为欧洲资产阶级革命的有力武器。然而二者的不同之处在于，洛克把私有财产神圣不可侵犯当作自己政治理论的前提，卢梭则把私有财产看作一切罪恶之源。洛克的终极目标仅在于铲除政治上的不平等，卢梭则不仅要求消除政治上的不平等，而且还要求消除经济上的不平等。由于卢梭在其思想中倾注了更多的激情主义成分，所以他的革命思想比洛克的思想更富有破坏性和偏激色彩，因此也更能够迎合那些恐怖主义者和极端革命论者的口味。如果说洛克的思想属于文质彬彬的议会，那么卢梭的思想则属于血淋淋的断头台。在洛克的政治理论中，始终流露出一股高贵典雅的绅士风度；而在卢梭的政治理论中，则交织着诗人的温柔梦幻和暴民的恐怖愤懑。

卢梭关于社会不平等的学说中包含着辩证法的因素和历史主义的成分，他把人类历史的发展看作一个圆圈式的辩证运动，在这个运动过程中，始终显现出进步与退化的二律背反。在卢梭看来，社会不平等的产生使人类摆脱了蒙昧无知的自然状态而进入文明生活，这无疑是一种历史的进步，但是这种进步同时也使人类由淳朴善良变得品德败坏，破坏了原始的自由平等状态，使人们陷入了富贫、强弱、主奴等一系列对立之中，导致了无穷无尽的冲突、战争和相

① 卢梭:《论人类不平等的起源和基础》，商务印书馆 1962 年版，第 145—146 页。

互残杀，这无疑又是一种人性的退化。人类社会正是在这种历史与人性的对抗和矛盾之中发展的。从自然状态的平等到社会状态的不平等，再到新的社会平等，这就是卢梭关于人类发展的三段式理论，在这里我们可以看到一种否定之否定的历史辩证法。恩格斯在《反杜林论》中对卢梭的这种历史发展三段式理论总结道："卢梭把不平等的产生看作一种进步，但是这种进步是对抗性的，它同时又是一种退步。……文明每前进一步，不平等也同时前进一步。随着文明而产生的社会为自己所建立的一切机构，都转变为它们原来的目的的反面。"例如人民拥立国君原是为了保护自己的自由，"但是这些国君必然成为人民的压迫者，而且他们把压迫加重到这样的地步，使得登峰造极的不平等又重新转变为自己的反面，成为平等的原因：在暴君面前人人平等，就是说大家都等于零。"暴政统治的结果是对暴政的暴力反抗，从而导致新的社会契约的产生。"这样，不平等又重新转变为平等，但不是转变为没有语言的原始人的旧的自发的平等，而是转变为更高级的社会契约的平等。压迫者被压迫。这是否定的否定。"①

这种关于人类历史发展的辩证思想在卢梭那里虽然带有明显的猜测性和情感色彩，但是比同时代的其他思想家（如孟德斯鸠、伏尔泰等人）的非历史主义的社会理论要深刻得多。卢梭的这种蕴含着辩证思想和自否定精神的历史发展观，对于黑格尔的历史哲学和马克思的唯物史观都产生了深刻的影响。

---

① 《马克思恩格斯选集》第3卷，人民出版社1995年版，第482—483页。

五、原则与事实的矛盾

在《论人类不平等的起源和基础》一书中，卢梭揭示了人类历史发展的三段式过程。在《社会契约论》一书中，他集中地表述了主权在民的思想。前一本书展现了社会契约的发生和发展，后一本书阐明了社会契约的原则和内容。如果说揭示道德与历史之间的冲突是前一本书的主要思想，那么揭示原则与事实之间的矛盾则是后一本书的基本特点。

任何一个社会都需要保持秩序，那么社会借以维护秩序的权力是什么呢？格劳秀斯"以事实来确定权力"，霍布斯用君主权力来维持秩序，斯宾诺莎认为权力的根据是力量，洛克把私有权当作一切社会的立法基础，卢梭则认为，社会秩序所依据的权力既不是来自自然，也不是来自强力，而是出于约定。社会契约就其目的而言，是为了保护订约者的人身安全和私有财产不受侵犯。失去了这一点，契约就违背了它自身的原则。所以从理论上来说，在订立契约的社会中，不应当有任何暴行、奴役和残杀。社会契约的基本原则是平等和自由，真正的社会契约既不是在个人与个人之间订立的，也不是在统治者与被统治者之间订立的，而是由全体人民与他们自己所设立和组成的政治共同体来订立的。质言之，即由作为具体的感性存在的人民与作为抽象的主权者的人民双方来订立。这种契约说到底是在同一个人民的两重不同身份之间订立的，是人民自己与自己所订的契约，因此订约双方（作为臣民的人民和作为主权者的人民）从原则上来说应该处于一种平等、自由的契约关系中。契约是基于全体人民的自由意志之上的，它的前提就是每个订约者都毫无保留地把自己的全部权力转让给作为主权者的共同体。这种转让是等价的，因为每个人既然只是向全体奉献自己，他就并没有向任何个别的人奉献出自己；而且当他把自己的全部权力转让给共同体的同时，也就从后者那里获得了自己本身所让渡给共同体的同样的权力，从而就得到了自己所丧失的一切东西的等价物以及一种更大的力量（国家）来保全自己的所有。卢梭对社会契约的本质表述道：

> 如果我们撇开社会公约中一切非本质的东西，我们就会发现社会公约可以简化为如下的词句：我们每个人都以其自身及其全部的力量共同置于公意的最高指导之下，并且我们在共同体中接纳每一个成员作为全体之不可分割的一部分。
>
> 只是一瞬间，这一结合行为就产生了一个道德的与集体的共同体，以代替每个订约者的个人；组成共同体的成员数目就等于大会中所有的票数，而共同体就以这同一个行为获得了它的统一性、它的公共的大我、它的生命和它的意志。这一由全体个人的结合所形成的公共人格，以前称为城邦，现在则称为共和国或政治体；当它是被动时，它的成员就称它为国家；当它是主动时，就称它为主权者；而以之和它的同类相比较时，则称它为政权。至于结合者，集体的就称为人民；个别的，作为主权权威的参与者，就叫作公民，作为国家法律的服从者，就叫作臣民。[①]

尽管从原则上来说，社会契约“应当”是社会平等和自由的保障，然而“事实”却往往与“应当”背道而驰——在现实社会中，奴役和暴行如同瘟疫一般到处流行。事实虽然与原则相悖逆，但是它

① 卢梭:《社会契约论》，商务印书馆 1980 年版，第 24—26 页。

毕竟有其存在的必然性，也就是说它是合乎历史的（虽然并不合乎原则）。在卢梭看来，原则不是在与事实的一致中实现的，而是通过与事实的悖逆运动，以否定的方式最终实现自身。因此，他一方面承认事实上的不道德行为的历史必然性，另一方面又从原则的立场上来指责这些行为。他说："假如真有什么天然的奴隶的话，那只是因为已经先有违反了天然的奴隶。强力造出了最初的奴隶，他们的怯懦则使他们永远当奴隶。"[①]强力虽然使人屈服，但是并不构成权力；人们对于强力的服从只是出于被迫，而不是出于义务。制服人和治理社会是完全不同的两码事，前者的基础是"聚合"，它依赖的是暴力和恐惧；后者的基础是"结合"，它依赖的是自由约定的契约关系。现实社会的秩序是建立在制服人的基础之上的，它虽然具有历史的必然性，却并不具有道德上的合理性。一个真正符合契约精神的合理社会应当是一个自由平等的社会，为了说明合理的契约社会的性质和特点，卢梭提出了两个重要的政治学概念——"主权者"和"公意"。

卢梭认为，当每一个人通过社会契约把自己所有的权力转让给作为整体的人民时，他就不再是孤独的个体，而是作为整体的一分子而存在于建构起来的社会之中。这个整体性的人民就是卢梭所谓的"主权者"，它拥有至高无上的权力。每个人都是主权者不可分割的部分，同时也必须无条件地服从主权者。主权者的统一意志就是"公意"，它具有决定一切公共事务的绝对权威。在卢梭那里，"主权者"和"公意"是两个寓意既深刻又含混的概念，主权者不是指个别的人，而是指一般的人民；同样，"公意"也不是指具体的意志，而是

① 卢梭：《社会契约论》，商务印书馆 1980 年版，第 11 页。

指抽象的意志。卢梭认为在人类历史上只订立了一次契约，这一次必须是全体订约者一致通过的，它确定了少数服从多数的表决原则，从此以后人们就根据这个原则来进行选举和立法。契约给予人们关于社会平等和自由的承诺，以代替他们丧失的自然平等和自由。作为主权者的全体人民选出来的官吏只是他们的仆人，必须完全服从主权者的意愿。在这里，卢梭不仅猛烈抨击了霍布斯和格劳秀斯剥夺人民权力的观点，而且也反对洛克、孟德斯鸠的分权学说。他指责他们把主权分为强力和意志，分为立法力量和行政力量，分为征税权、司法权、战争权、外交权等，从而“把主权者弄成了一个由枝节片段所拼凑起来的怪物”。卢梭坚持认为，从理论上来说，人民主权是不可转让和分割的，人民直接参加立法，并委派代表执行法律和处理国家事务。凡属重大问题都必须召开全体大会做出决定，代表们充其量只能在执行法律方面代表主权者，决不能在立法上代表它。

孟德斯鸠曾认为，法“是由事物的性质产生出来的必然关系”，法的基础是一种“根本理性”，“法就是这个根本理性和各种存在物之间的关系，同时也是存在物彼此之间的关系”。[①] 卢梭把孟德斯鸠关于法的这种定义斥之为“形而上学的观念”，他坚持主张，法是从约定中产生的，它的根源不在于某种客观的“原始理性”或实体本身，而在于人们主观意志的一致。法律是公意的结果，是作为主权者的人民与作为臣民的人民之间的一种公共关系，是全体人民对全体人民所做出的规定。法律的对象永远是普遍性的，它只考虑臣民的共同体及其抽象行为，绝不考虑个别人和个别行为，它的本性应当是公正。法律

① 孟德斯鸠:《论法的精神》上册，商务印书馆 1961 年版，第 1 页。

可以规定特权，却不应把特权赋予某一个人；法律可以把公民划分为若干等级，并规定取得各等级的权利的种种资格，但是它不能指名把某某人列入某个等级之中。总之，法律不是体现某些特权者个人意志的定在形式，而是普遍公正和平等的保障。

在卢梭那里，法律和主权者、公意等概念一样，成为一种抽象化的东西、一种神秘的终极性威慑力量。就此而言，卢梭才是真正地把法、主权者、公意等概念变成了一些“形而上学的观念”。孟德斯鸠虽然是从一般性的抽象概念出发，但是他很快就把“形而上学的观念”落实到具体的社会对象之上，因此孟德斯鸠是站在一个法学家的立场上来谈论法的问题的；卢梭虽然从社会契约中引出法的起源，但是他始终把法的概念限制在抽象的领域中，因此他在谈论法的问题时与其说是站在一个法学家的立场，毋宁说是站在一个哲学家的立场上。正因为如此，从卢梭的那些意蕴朦胧的概念中既可以自然而然地引申出民主的结论，也同样可以顺理成章地演绎出专制的结果。

由于卢梭把维护社会秩序的国家权力和法都抽象化了，所以他必然认为只有那种不是由具体的个人和集团，而是由抽象的主权者来管理的国家才是真正实行法治的国家，他把这种国家称为共和国。在共和国中进行统治的是共和政府，共和政府并非一种具体的政体形式（如贵族制、民主制等），而是一种政治原则，即“一般指一切被公意，也就是被法律所指导的政府”。[①] 为了说明这种原则，卢梭对各种政体形式进行了考察，以便从中寻找到一种真正遵循该原则的政府。

在区分政体形式的问题上，卢梭明显受到孟德斯鸠的地理环境决定论的影响，试图根据一个国家的自然条件来确定其统治形式。和孟

① 卢梭:《社会契约论》，商务印书馆 1980 年版，第 51 页注释⑥。

德斯鸠一样，卢梭不仅按照地域的大小，而且按照统治者或政府成员的数量将国家政体分为三种，即民主制、贵族制和君主制：

> 首先，主权者可以把政府委之于全体人民或者绝大部分的人民，从而使做行政官的公民多于个别的单纯的公民。这种政府形式，我们称之为民主制。
>
> 再则，也可以把政府仅限于少数人的手里，从而使单纯的公民的数目多于行政官，这种形式就称为贵族制。
>
> 最后，还可以把整个政府都集中于一个独一无二的行政官之手，所有其余的人都从他那里取得权力。这第三种形式是最常见的，它就叫作国君制或者皇家政府。①

而从地域范围来说，民主政府适宜小国，贵族政府适宜中等国家，君主政府则适宜大国。

卢梭认为，在每一种政体形式中，都存在三种意志：行政官个人的意志、全体行政官的共同意志和人民的意志即主权意志。在不同的政体中，这三种意志的比例关系是不相同的。在君主制政府中，行政官个人的意志凌越于其他意志之上；在贵族制政府中，行政官的共同意志是至高无上的意志；而在民主制政府中，主权意志具有压倒一切的优势。就此而言，民主制是最能体现共和原则的理想的国家形式。②尽管民主制政府是最理想的国家形式，但是事实与原则的矛盾又一次

---

① 卢梭：《社会契约论》，商务印书馆 1980 年版，第 85—86 页。

② 需要说明的是，卢梭虽然强调并没有哪一种政府形式适宜一切国家，各国应根据具体的地理环境、气候条件等自然因素来确定最适宜自己的政府形式，但是在他心中，始终把小国寡民式的古希腊城邦制政府和日内瓦共和国政府当作最理想的政体形式。

呈现出来。虽然根据完善的立法原则，主权意志，即人民的意志应该处于主导地位，但按照“自然的秩序”来看，民主政府往往很快就会被个人意志占优势的专制政府替代。在迄今为止的历史中，我们几乎见不到一个真正是由主权意志来进行统治的国家，相反，个人意志却如同疮痍一般四处蔓延，主宰着人类社会。卢梭悲观地感叹道：“就民主制这个名词的严格意义而言，真正的民主制从来就不曾有过，而且永远也不会有。多数人统治而少数人被统治，那是违反自然的秩序的。我们不能想象人民无休无止地开大会来讨论公共事务；并且我们也很容易看出，人民若是因此而建立起来各种机构，就不会不引起行政形式的改变。”[①] 真正的民主制在许多方面都存在着难以克服的困难：首先，要建立这种民主制需要有一个像雅典那样地域狭小的国家，以便使全体人民能够彼此认识；其次，全体人民需具有淳朴的风尚，以免发生种种繁杂的事务和棘手的争论；再次，在这个国家中必须保持地位上和财产上的高度平等，以维持权利上和权威上的平等；最后，这个国家还必须很少有或者根本没有奢侈，以杜绝占有欲和贪婪心的腐蚀。而且即使具备了这些条件，民主制也往往只能是昙花一现，因为“没有别的政府是像民主的政府或者说人民的政府那样地易于发生内战和内乱的了……也没有任何别的政府是需要以更大的警觉和勇气来维持自己的形式的”。[②] 在私有制社会中，人类心灵具有一种天然的腐化倾向，它往往更容易导致专制政治。

现实社会中的各种民主制的统治形式（如日内瓦共和国），说到底只是接近于真正的民主制原则，或者说只是具有民主制的外表，而

① 卢梭：《社会契约论》，商务印书馆 1980 年版，第 88 页。

② 卢梭：《社会契约论》，商务印书馆 1980 年版，第 89 页。

不是完善的和实质性的民主制（卢梭的这一思想后来由于《爱弥儿》一书在日内瓦的不公正遭遇而进一步加强了）。在卢梭看来，真正的民主制或许在古代的希腊城邦中曾经存在过，并且只有在未来的理想社会中才会重新出现。这个理想社会中的人是与现实社会中的人截然不同的，从某种意义上说，他们乃是一些神明似的人民，只有他们才配享受十全十美的民主制。作为对现实世界的悲观失意的一种补偿，卢梭把希望寄托在科西嘉岛上，认为它是整个欧洲唯一"可以立法的国家"。他说："我有一种预感，总有一天那个小岛会震惊全欧洲的。"①他的预言在三十多年以后果真成为现实，但是科西嘉岛之所以震惊全欧洲并非由于它的民主制，而是由于它为法国输送了一位专制主义的统治者——波拿巴·拿破仑。

卢梭把人民二重化为主权者（积极的和主动的方面）和臣民（消极的和被动的方面），并在二者之间设置了一个政府作为联系的中介。从原则和理论上来说，"政府就是在臣民与主权者之间所建立的一个中间体，以便两者得以互相适合，它负责执行法律并维持社会的以及政治的自由。"②但是从政府的实际活动来看，事实往往与原则和理论背道而驰。政府一旦建立起来就极力扩大集团和个人的权力以对抗主权者，因为政府的天然倾向就是腐化和堕落。由于政府的设立，民主制逐渐蜕化为贵族制，并最终演变为君主专制。政府的实践背离了它的初始目的，它的天然倾向否定了它的理想原则。在这里实际上隐含着一种关于主观目的与客观必然相矛盾的思想：原则和理论是主观约定的，天然倾向则是事物自身的本性，二者之间的矛盾至少在迄今为

① 卢梭：《社会契约论》，商务印书馆1980年版，第69页。
② 卢梭：《社会契约论》，商务印书馆1980年版，第76页。

止的历史过程中都是不可避免的，而卢梭心目中的理想社会正是建立在这种矛盾的完全化解之上。就此而论，卢梭的真正民主制的社会理想具有浓郁的乌托邦色彩和浪漫气息。

六、自由与平等

自由和平等的理论是卢梭政治思想的重要组成部分，事实上，卢梭的社会契约论学说的核心就在于此。在卢梭心中，自由和平等是整个人类社会生活的两个终极性目标，是历史运动的理想终点。卢梭关于自由和平等的思想中，包含着许多独到的见解，这些见解构成了卢梭与其他社会契约论者的重要分水岭。

卢梭把自由分为三种，即天然的自由、社会的自由和道德的自由。天然的自由是一种受本能欲望支配的、为所欲为的自由，它表现为“对于他所企图的和所能得到的一切东西的那种无限权利”。社会的自由是理性的结果，它表现为“对于他所享有的一切东西的所有权”。[①]从表面上来看，社会的自由的范围似乎比天然的自由的范围大大地缩小了，因为“无限权利”变成了有限的“所有权”。其实不然，因为只有社会的自由才使得自由成为真正具有现实意义的东西。天然的自由固然给予人们为所欲为的承诺，然而人人都具有的同等的无限权利最终必然相互抵消，人们反而无所作为了，绝对的自由也就转变为绝对的不自由。[②]如果人人都有无限的权利去占有自己企图得到的

---

① 卢梭:《社会契约论》，商务印书馆 1980 年版，第 30 页。

② 需要说明的是，在《社会契约论》中，卢梭对自由的看法比他在《论人类不平等的起源和基础》中的表述要更加现实和清醒一些。在这里他不再盲目地赞美野蛮人在自然状态下所享有的那种无限的自由，而是更加重视在否定和超越了不平等的社会现实之后将要出现的那种理想状态的社会自由。

东西，其结果必然是谁也无权独自占有它。如果权利仅仅限于主观的欲望而无客观的规定性，那么权利永远也不能转化为事实。人们往往由于欲望的任意性而去追求占有的任意性，却不明白抽象的权利并不等于现实的权利。所谓“无限权利”只不过意味着：欲望趋于无穷大，实际占有却趋于零。社会的自由克服了这种看起来什么都有、实际上却什么都没有的抽象自由，自由在现实的所有权中获得了具体内容，在公意和法律中找到了自己的客观规定性。道德的自由与社会的自由是相互依存的，是同一种自由的两个方面，二者只是分别就权利和伦理而言的。卢梭在谈论社会的自由时附带地引出了道德的自由：“我们还应该在社会状态的收益栏内再加上道德的自由，唯有道德的自由才使人类真正成为自己的主人；因为只有嗜欲的冲动便是奴隶状态，而唯有服从人们自己为自己所规定的法律，才是自由。”① 因此对于卢梭来说，在没有社会自由的地方，也就没有道德自由可言。

从理论上或者原则上来说，社会的自由应该是社会契约的目的和结果，它应当只受公意的约束，而且在一个真正遵守契约和法律的社会中，公意是与个人意志完全一致的，所以这种约束也丝毫不会使人感到难以忍受。然而，由于事实与原则之间的矛盾，契约精神遭到了歪曲和践踏，法律也成为某些人和社会集团的专利品，自由被暴力所囚禁，普遍的不自由和奴役成为现实社会的基本特征。在文明社会中，不仅社会自由的原则得不到体现，而且连天然的自由也丧失了，诚如卢梭的那句名言所示：“人是生而自由的，却无往不在枷锁之中。”②

---

① 卢梭：《社会契约论》，商务印书馆 1980 年版，第 30 页。
② 卢梭：《社会契约论》，商务印书馆 1980 年版，第 8 页。

在卢梭看来，一个人放弃了自由，就等于抛弃了自己的存在。人们无论以什么方式和代价放弃自由，都是既违反自然，又违反理性的。他引用巴尔贝拉克的话来说，“出卖自由就等于出卖自己的生命”。在《论人类不平等的起源和基础》一书中，卢梭写道：

> 自由是人的一切能力中最崇高的能力，如果为了取媚于一个残暴的或疯狂的主人，竟毫无保留地抛弃他所有天赋中最宝贵的天赋，竟屈从主人的意旨去犯造物主禁止我们去犯的一切罪恶，这是不是使人类的天性堕落，把自己置于完全受本能支配的那些禽兽水平上？甚至是不是对自己的存在的创造者的一种侮辱？这个崇高的造物主看到他的最美的创造物遭到毁灭应当比看到他的最美的创造物受到侮辱更为愤怒。[①]

卢梭认为，“自由”这个高贵的字眼是难以被处于普遍的奴役状态下的人们理解的，甚至不应当被他们讨论。文明人为了过舒适的生活，通常宁愿放弃自由作为代价；野蛮人则由于生活在自然状态下，始终对自由保持着一种天然的热爱，尽管这种淳朴粗陋的自由不值得过分嘉许，但是它也要比文明社会中的奴役状态好上千百倍。文明人由于自己的懦弱和虚伪，已经习惯于在奴役状态下苟且偷生，而野蛮人则是宁死也不愿放弃他的自由：

① 卢梭：《论人类不平等的起源和基础》，商务印书馆 1962 年版，第 135—136 页。

前一种人只是不断地夸耀他们在枷锁下享受的和平和安宁，其实他们是把最悲惨的奴隶状态称为和平。但是，当我看到后一种人宁肯牺牲快乐、安宁、财富、权力、甚至生命来保存他们这项唯一的财产（也就是丧失了这项财产的人那么藐视的财产）的时候；当我看到生来自由的一些野兽，因憎恨束缚向牢笼栏杆撞坏了头的时候；当我看到成千上万的赤裸裸的野蛮人，鄙视欧洲人的淫逸生活，只为保存他们的独立自主而甘冒饥饿、炮火、刀剑和死亡的危险的时候，我感到讨论“自由”的问题，并不是奴隶们的事情。①

在卢梭关于自由的思想中，我们再一次看到了否定之否定的三段式，自由的历程可以简单地归结为如下公式：天然的自由—普遍的奴役和不自由—社会的自由和道德的自由。自由演进的这个三段式是与平等演进的三段式（自然状态的平等—社会不平等—社会平等）相对应的，真正的社会自由只有在社会平等的前提下才能实现。卢梭认为，一切立法体系的最终目的都是保证全体人民的最大幸福，它可以归结为两个主要目标，即自由和平等。关于二者的关系，卢梭明确地说：“平等，是因为没有它，自由便不能存在。”② 可见在卢梭眼里，平等构成了自由的前提和基础。

正是因为自由与平等之间的这种内在联系，使得卢梭把很大的精力投入到对平等问题的研究中。罗素指出：“自由是卢梭思想的名

---

① 卢梭：《论人类不平等的起源和基础》，商务印书馆 1962 年版，第 133—134 页。

② 卢梭：《社会契约论》，商务印书馆 1980 年版，第 69 页。

义目标，但实际上他所重视的、他甚至牺牲自由以力求的是平等。”[①]在《社会契约论》中，卢梭所推崇的平等不再是原始状态中的绝对平等，而是一种承认差别的有限平等，它以公正的法律作为基础。卢梭说：“至于平等，这个名词绝不是指权力与财富的程度应当绝对相等；而是说，就权力而言，则它应该不能成为任何暴力并且只有凭职位与法律才能加以行使；就财富而言，则没有一个公民可以富得足以购买另一人，也没有一个公民穷得不得不出卖自身。”[②]职位和法律赋予人们的权力尽管有所差别，但是都必须排斥暴力，在这里多多少少可以看到一些孟德斯鸠的影响；另一方面，占有的多寡使人们在财富上有所差别，但这种差别必须不超出个人劳动的界限，这里又多多少少具有一点儿洛克的腔调。但是，卢梭毕竟是卢梭，他坚持认为，法律虽然规定了特权，却并没有把特权固定在某一特定的阶层或个人身上；职位虽然附有特权，但是人人都同样有资格据有这些职位，从而使特权对于一切人来说都是平等的。也就是说，每一个人不论出身、血缘、阶级和种族差异，都同等地具备享有特权的资格。先天的和世袭的差别被取消了，每个人在现实社会中都应该拥有均等的机会。卢梭剥夺了贵族的世袭权利，从而使人人都可以成为贵族。他使贵族平民化，又使平民贵族化。在财产的差别方面，他不仅否定了雇佣关系，而且否定了货币，认为正是后者导致了经济上的不平等和奴役。他说：“钱财这个字眼是奴隶的字眼；在城邦里是不知道有这个字眼的。在一个真正自由的国家里，一切都是公民亲手来做，没有任何事情是

---

① 罗素：《西方哲学史》下卷，商务印书馆 1976 年版，第 237 页。

② 卢梭：《社会契约论》，商务印书馆 1980 年版，第 69—70 页。

要用钱的。”[①] 卢梭心目中的理想的社会经济生活仍然是那种自给自足的小农经济，只有在这种“鸡犬之声相闻，老死不相往来”的小农经济状态中，才能有效地杜绝经济不平等，从而消除一切社会不平等。

洛克对社会不平等的抨击仅限于政治上的“从属”关系，对于资本主义生产关系中的不平等（雇佣关系和经济剥削等）却极力维护。卢梭则不仅反对政治上的“从属”，而且也否定了雇佣和剥削，从而否定了整个资本主义生产关系。洛克利用货币的资本职能来扩大财产占有方面的不平等，卢梭则在取消货币的基础上把财产不平等的范围永远地限制在小农经济的自给自足的水平上。卢梭的全部小农意识在这里充分表现出来，他不是站在法国重农主义的立场上来反对英国的重商主义，而是用“原始时代的那种淳朴的景象”来否定充满了“商业与工艺的扰攘”的唯利是图的资本主义。他用公民特权替代了孟德斯鸠的贵族特权，又用道德主义的平等替代了洛克的功利主义的平等。卢梭所倡导的这种平等理想虽然引人入胜，但是它完全脱离了资本主义的社会现实，因此只能是一种海市蜃楼式的虚幻美景。

在卢梭那里，社会自由的基础是社会平等，而社会平等的基础则是法律。正是因为事实本身总是违背原则，所以法律的神圣使命就是保证原则的实施。“恰恰因为事物的力量总是倾向于摧毁平等的，所以立法的力量就应该总是倾向于维持平等。”[②] 而“法律乃是公意的行为”，它是公意的具体体现。因此卢梭政治学说的最后的基点就落在了“公意”“主权者”等意蕴朦胧的概念上，并且从这些具有浓厚的

① 卢梭:《社会契约论》，商务印书馆 1980 年版，第 124 页。
② 卢梭:《社会契约论》，商务印书馆 1980 年版，第 70 页。

形而上学色彩的概念中引出了后人种种歧义性的解释甚至针锋相对的结论。

卢梭的政治学说中为什么会引出各种大相径庭甚至截然相反的政治主张和实践后果？他的那种充满了平民色彩和激情主义的自由、平等理论何以导致雅各宾派的恐怖主义和20世纪的形形色色的极权主义？关于这些问题，人们只有在对"主权者""公意"等概念进行深入分析之后，才能弄清楚。

七、平民主义与极权主义

卢梭在历史上是一个颇有争议的人物，民主主义者和专制主义者都从他那里寻找理论根据，前者把卢梭看作是最富有民主思想和革命精神的伟大先驱，后者则从他的理论中引申出专制独裁的结论。一些学者大肆渲染卢梭思想的民主和平等倾向，另一些学者则把他视为现代极权主义的始作俑者。朗松说："1世纪以来现在所有的民主政治、平等、普遍选举权的进展……所有可能是未来波澜的极端社党的宣言，对财富与财产之战，所有劳工与苦难大众的运动，在某一方面来说，乃是卢梭的作业。"[①] 罗素认为，卢梭是"那种与传统的君主专制相反的伪民主独裁的政治哲学的发明人"，卢梭的学说"虽然对民主政治献嘴皮殷勤，倒有为极权主义国家辩护的倾向"。[②] 卢梭学说之所以引起种种歧义，关键就在于他的"主权者"和"公意"这两个概念。

---

① 威尔·杜兰特:《世界文明史》第10卷《卢梭与大革命》下册，东方出版社1999年版，第1409页。

② 罗素:《西方哲学史》下卷，商务印书馆1976年版，第225、236页。

卢梭的人民二重化理论导致了人民本身的异化。人民作为具体的感性存在被当作消极和被动的臣民，而他们的本质则被抽象出来，构成了一个积极能动的概念，即“主权者”，它的神圣权力就是立法权。这个作为立法者的“主权者”与具体存在的臣民之间形成了一种对立。由于现实中的人只能作为个体性的感性存在物，所以他与主权者之间的服从关系就被确定下来。同时由于主权者只是一般性的抽象存在物，所以任何具体的个人和团体都不能完全代表它。卢梭强调：“主权者既然只不过是一个集体的生命，所以就只能由他自己来代表自己。”[①] 人民的本质被抽象出来并与他们自身相对立，这种异化必然导致主权者的神秘化。这个神秘的主权者高高地凌驾于整个社会之上，决定和主宰着一切，然而由于它的抽象性和超验性，它事实上什么也不能决定。主权者虽然在原则上具有无限的权力，但在实际运作中的影响却几乎等于零。卢梭把人民提高到主权者的地位，原本是为了说明人民的至上权力，结果却把主权者变成了一个形而上学的东西。苏联学者别尔纳狄涅夫在《卢梭的社会政治哲学》一书中指出，卢梭把立法权交给了作为主权者的人民，但是，“全体人民怎样才能实现立法权呢？这个问题我们在卢梭的理论中找不到明确的答案。他指出，除了非常会议之外，应该召开固定的和定期的会议，在会议召开期间不能受任何事情的影响。通过某项法律由与会者的多数决定。但是如果国家由许多城市组成，它的居民不能集合起来决定这些或那些问题，那时就会产生怎么办的问题。”[②] 对于这个关键性的问题，卢梭从来没有做出过任何说明。

---

① 卢梭：《社会契约论》，商务印书馆 1980 年版，第 35 页。

② 勃·姆·别尔纳狄涅夫：《卢梭的社会政治哲学》，中国社会科学出版社 1981 年版，第 153 页。

然而作为一种原则上或名义上的至高无上的权力，主权者始终具有巨大的威慑性，使所有的臣民都不得不对它怀有一种敬畏之情。就此而言，这个主权者相当于一个无形的绝对君主。事实上，从卢梭的主权者概念中可以看到霍布斯的绝对君权的影子，特别是就其权力的绝对性而言，卢梭的主权者与霍布斯的绝对君权更是如出一辙。二者的区别仅在于：一个是抽象的整体，一个是具体的个人；一个是人格的存在，一个是个人的存在。但是无论是作为人格的主权者还是作为个人的君主，都是高高地凌驾于社会之上，都与在它（或他）之下被动存在的臣民处于某种对立状态之中。绝对主权者与绝对君主的另一个相似之处在于它们都消除了一切中间等级，从而使对立呈现为两个极端（主权者或君主与臣民）之间的简单对立。整个社会都在它们之下消极地存在着，仅仅作为以它或他为目的的一种手段。霍布斯的绝对君权理论为卢梭消除了繁多的封建等级，只给他留下了两个简单的社会角色：君主和臣民。卢梭所要做的事只是把这两个截然对立的社会角色变成同一个主体，即人民本身。这正是卢梭为什么要从积极和消极两个方面来对人民进行限制和分解的原因。正如卢梭把极端的不平等当作实现社会平等的必要前提一样，他的主权者也是以绝对君权作为必要前提的。霍布斯的具体的君主在卢梭那里演变为形而上学的主权者，现实的异己力量（君主）被主体本身的异化形式（主权者）所取代。人民在名义上成为国家的主人，拥有至高无上的权力，然而在行使权力时却仍然是那个抽象的主权者的仆役（正是在这里隐含着“主权者”概念被滥用的可能性）。正是由于卢梭与霍布斯在理论上的这种内在联系（尽管他们两人的政治主张从表面上看来有着天壤之别），使得他的主权者学说成为一切政治野心家极力加以利用的东西。而从卢梭到后来的一切极权主义者之间的一个重要桥梁，就是黑格尔。

主权作为一种现实性的政治统治权力，必须具体地落实到某个政治实体之中，这个具体的政治实体或者是一种现实的机构，或者是一个现实的人。洛克、孟德斯鸠等人选择了前者，霍布斯选择了后者。然而卢梭的主权者却既非现实的机构，亦非现实的个人，而只是一个抽象的概念。虽然有时候他把主权者等同于由全体人民组成的公民大会，但是这种公民大会在现实社会中只能是一个乌托邦式的幻想。即使是卢梭推崇备至的古代城邦制度，事实上也并不可能做到真正的全民公决。因此，卢梭的主权者始终缺乏一个现实的存在形式，这就决定了他的主权学说的空想性。黑格尔看到了卢梭学说的这一致命弱点，并且把那个虚无缥缈的主权者落实到一个现实的对象之上。在卢梭那里被当作最后的结论而提出来的主权，在黑格尔那里只是普遍思想或概念的第一个环节，它不再停留于抽象的概念层面上，而是有待于在历史过程中现实化为一个具体的感性形式，这个具体的感性形式就是君主其人。黑格尔说：

> 主权最初只是这种理想性的普遍思想，它只是作为自我确信的主观性，作为意志所具有的一种抽象的、也就是没有根据的、能左右最后决断的自我规定而存在。这就是国家中的个人因素本身，而国家本身也只有通过这种个人因素才能成为一个单一的东西。可是主观性只是作为主体才真正存在，人格只是作为人才存在……因此，整体的这一绝对决定性的环节就不是一般的个体性，而是一个人，即君主。
>
> 国家人格只有作为一个人，作为君主才是现实的。人格表示概念本身，人同时还包含着概念的现实性，而且概念也只有当它

这样被规定的时候，才是理念，才是真理。[①]

黑格尔把卢梭的主权和霍布斯的君主融为一体，他强调："主权是整体的人格；符合自己的概念而实际存在的这种人格就是君主其人。"霍布斯把君主与臣民直接对立起来，卢梭把主权者和臣民看作同一个主体的不同规定，黑格尔则力图在对立之中寻找同一，通过主权这个概念把人民与君主统一起来。但是黑格尔不是用人民来规定君主，而是用君主来规定人民。他说："如果没有自己的君主，没有那种正是同君主必然而直接地联系着的整体的划分，人民就是一群无定形的东西，他们不再是一个国家，不再具有只存在于内部定形的整体中的任何一个规定，就是说，没有主权，没有政府，没有法庭，没有官府，没有等级，什么也没有。"[②] 黑格尔认为按照统治者人数的多寡来划分政体形式的做法是幼稚的，把国家制度区分为君主制、贵族制和民主制只是一种外在性的区分。在现代世界中，由这种外在性的区分所设定的各种政体形式已经降低为国家的最高形式——君主立宪制的各个环节。在君主立宪制中，君主是单一的人，行政权属于一些人，而立法权则属于（议会中的）多数人。因此，君主立宪制是以合题的形式把以往的一切政治统治形式都包含在自身之内，它乃是国家成长的"现代的成就"。正是在这种以合题出现的统治形式中，主权成为把人民和君主联结为一个不可分割的有机整体的重要纽带。

除此之外，黑格尔还利用了卢梭的"公意"概念，对它进行了适合极权主义口味的重新阐释。与"主权者"一样，"公意"在卢梭那

① 黑格尔：《法哲学原理》，商务印书馆 1961 年版，第 296—297 页。

② 黑格尔：《法哲学原理》，商务印书馆 1961 年版，第 298 页。

里也是一个非常含糊不清的概念，按照卢梭自己的观点，公意乃是全体人民的统一意志（或者是不同的个别意志正负相抵消后剩下的总和），它是一切立法活动和行政活动的最终依据。很明显，公意在卢梭那里是指一种抽象性的一般意志，它与主权者一样具有浓重的形而上学色彩和神秘化倾向，缺乏具体的现实规定性。在现实社会中，国家的一切立法活动和行政活动都是依据统治者的集团意志或个人意志来进行的，所谓全体人民的公意永远只是一座可望而不可即的空中楼阁。卢梭坚持认为公意和主权一样，是不能够被代表的。人民的议员并不是人民的代表，而只是人民的仆役，能够代表公意的只有人民本身。这样就必然把公意变成了一种虚无缥缈的东西，因为在人类历史和现实社会中从来就不曾有过"全体人民的统一意志"。卢梭的意蕴含混的"公意"概念在黑格尔那里被改造成客观性的"普遍意志"，并且由对个别意志（卢梭称之为"众意"）进行归纳的结果，变成了演绎出个别意志的原因。黑格尔说："决不能把普遍的意志看成是由一些表现出来的个别意志组成的，那样，个别的意志就仍然是绝对的了。凡是少数人必须服从多数人的地方，就没有自由。但是，尽管人们不自觉，普遍的意志却必须是理性的意志。"① 这样一来，普遍意志（或公意）就不再是对全体人民的意志进行综合的结果，而成为凌驾于全体人民之上并且决定着他们意志的东西。于是，卢梭的民意至上和主权在民的民主主义思想就完全被改造成神秘晦涩的极权主义理论。这种转变固然在很大程度上要归咎于黑格尔的绝对唯心主义和普鲁士国家主义的偏见，但是卢梭本人思想的模棱两可的特点也的确为这种极权主义的篡改提供了可乘之机。

---

① 黑格尔：《哲学史讲演录》第四卷，商务印书馆 1978 年版，第 234 页。

卢梭对“主权者”“公意”等概念的理解本身就是含混不清的，他提出主权者只是为了与君权相抗衡，提出公意只是为了与君主的个人意志相对照。他笼统地把主权者说成是全体人民，把公意说成是全体人民的统一意志，而对于现实社会中各阶级、集团的具体利益、意志及其法律表现反倒视而不见。别尔纳狄涅夫说：“卢梭指出，人民的主权建立在普遍投票的基础上，但同时他没有注意当时人们社会生活的许多条件。在私有财产和财富不平等现象占统治地位的社会中能不能谈论‘共同意志’的反映呢？在这种情况下难道投票不是阶级利益的反映和尖锐的阶级斗争的标志么？”[①] 说到底，在一个根据经济占有情况和私有财产而把人们划分为不同的利益集团（阶级）的社会里，一切所谓的公意不过是统治阶级和集团的意志而已。

洛厄尔在评价卢梭的政治理论时指出，在卢梭那里，“单个的人摆脱了个别主人的支配，却更多地依赖于控制他的每一个行为和思想的共同的君主（即主权者）。建立在公共意志之上的生活方式和习惯被宣布为最重要的法律。因而，个性遭到了绝对的排斥，安全也得不到保障。”[②] 在这里暴露出一种为了追求整体的一致和利益而不惜牺牲个体的自由和安全的倾向，这种倾向构成了极权主义的重要基础。它在 18 世纪末叶的雅各宾专政中第一次显露出那令人恐怖的面容，并且在 19 世纪和 20 世纪不止一次地表现在各种现代极权主义的政治实践中。罗素认为，卢梭的所谓“主权者”是个“多少有些形而上学的实体”，它并不体现在国家的任何有形机关中；而“总意志”（即“公意”）既非多数人的意志，亦非全体公民的意志，而是

① 勃・姆・别尔纳狄涅夫：《卢梭的社会政治哲学》，中国社会科学出版社 1981 年版，第 156 页。

② Edward J.Lowell: *The Eve of the French Revolution*, London 1936, P32.

“属于国家这东西本身的意志”。罗素在谈到《社会契约论》的历史影响时说：

> 《社会契约论》成了法国大革命中大多数领袖的圣经，但是当然也和《圣经》的命运一样，它的许多信徒并不仔细读它，更谈不上理解它。这本书在民主政治理论家中间重新造成讲形而上的抽象概念的习气，而且通过总意志说，使领袖和他的民众能够有一种神秘的等同，这是用不着靠投票箱那样世俗的器具去证实的。它的哲学有许多东西是黑格尔为普鲁士独裁制度辩护时尽可以利用的。它在实际上的最初收获是罗伯斯庇尔的执政；俄国和德国（尤其后者）的独裁统治一部分也是卢梭学说的结果。①

细细分析起来，从卢梭的政治学说中之所以会引申出极权主义的结论，关键在于他通过“主权者”“公意”等概念把一切社会等级都简化为两个对立的极端——一般性的人民（积极存在者）和具体性的人民（消极存在者）。这两个极端尽管被表述为同一个人民，但是它们的社会意义和作用却大相径庭。每一个人作为具体的现实的人，只能是一个被动的公民或臣民；只有当所有的公民共同组成一个整体时，才是能动的主权者。因此这主权者只是一个形而上学的概念，任何一种现实性的社会机构都不能代表它，从而就为政治野心家们攫取权力、以主权者自居提供了可能性。各个社会等级之间的差别既然已经消失，唯一的社会差别只剩主权者与臣民之间的差

① 罗素：《西方哲学史》下卷，商务印书馆 1976 年版，第 243 页。

别，在主权者面前人人平等，这样就使极权主义获得了滋生的沃土。因为对于极权主义来说，一个首要的前提就是在君主或独裁者面前人人平等。从卢梭的平民主义理想到罗伯斯庇尔、希特勒等人的极权主义实践之间只有一步之遥，只需将那个抽象的主权者转变为现实的独裁者就行了。贵族制政体由于以法律的形式规定了各个社会阶级或阶层的政治、经济特权和权利不平等（无论这种特权和不平等是以血缘为根据还是以财产资格为根据），所以它反倒成为极权主义的禁区。在一个元老院或者议会能够真正发挥作用的政府中，政治独裁和极权主义往往是难以得逞的。相反，极端的平民主义和绝对的平等原则通常是孕育政治独裁和极权主义的母体，这一点我们在罗马共和国晚期马略的平民独裁中就可以看到最初的例证，而罗马帝国时期皇帝独裁的前提就是肃清元老院和世袭贵族的政治影响。雅各宾派的恐怖政治和极权主义正是建立在极端平民主义和绝对平等原则之上的，类似的例子我们还可以从 20 世纪德国法西斯专制和苏联的政治实践中找到。从某种意义上来说，平民主义恰恰构成了从贵族政体向极权主义转化的一个必要中介，它为等级式社会向极权式社会的过渡扫清了障碍。这就是从卢梭的平民主义理想中衍生出现代极权主义和专制主义的根本原因。

当然，卢梭本人并没有意识到从他的政治学说里会衍生出与他的初衷完全相反的结论，更没有预料到“主权者”“公意”等概念会成为极权主义者的理论根据。他的思想虽然不免带有一些小资产阶级的偏激情绪和平民式的愤世嫉俗特点，但是他的本意却是想倡导真正的自由和平等，他的理想是要建立一个没有奴役、压迫和种种不道德现象的民主社会。在他那个时代，再没有一个启蒙思想家对封建专制的批判比他更激烈、更彻底。威尔·杜兰特在其巨著《世界文明史》中尽管对卢梭政治理论的消极后果进行了深刻的清算，但是他仍然非常中肯地肯定了卢梭思想的革命意义：

他的看法在当时是最富有革命性的呼声……他模棱两可地宣布说：一个政府老是违反公共意志，就应该被推翻。当伏尔泰、狄德罗以及达朗贝尔正谄媚国王或皇后时，卢梭正对现存的政府掀起攻击，人们一定听到由西欧到东欧的一片抗议之声。当哲学家正安于现状仅呼吁零星改革特殊病状之际，卢梭却在攻击整个经济、社会及政治秩序，且以他那种彻底个性，更指出舍革命别无他途可循。同时他宣称革命的来临："欧洲诸大王朝已不可能再图较长久的存续。每一王朝均有其光辉灿烂的一段时期，经过这段辉煌期之后，无可避免一定衰败下去。危机已经来了：我们面临革命的边缘。"①

与威尔·杜兰特的看法相同，著名的卢梭传记作者雷蒙·特鲁松对于卢梭和他的《社会契约论》这样评价道：

《社会契约论》是一本很难读懂的书；在18世纪，对它进行探讨的文章虽然不多，但它深深地影响了法国大革命前的人们的思想。这本书的命运很奇怪，从19世纪起，评论它的人反倒多起来了：有些人认为它是民主主义的基本教科书，另外一些人又说它是各种专制主义的依据，还有些人认为卢梭是希特勒、斯大

① 威尔·杜兰特：《世界文明史》第10卷《卢梭与大革命》上册，东方出版社1999年版，第280页。

> 林的思想导师，是纳粹主义和法西斯主义的鼻祖。所有这些说法，都严重地歪曲了书中的论点，无论是褒还是贬，都是断章取义的发挥，不符合它的整体思想。在大多数自由主义思想家（如孟德斯鸠和伏尔泰）都脱离不了有限的君主制或开明的专制主义的窠臼的时代，卢梭提出了主权在民的学说，因此，我们应当说他是一个真正的民主主义者。[①]

究竟是罗素的看法更符合事实，还是威尔·杜兰特和雷蒙·特鲁松等人的评价更为可取，这或许是一个见仁见智的问题，正如卢梭死后仍然是一个有争议的人物一样。民主主义者和专制主义者都对他颇有微词，广大的民众却对他推崇备至。卢梭也许是这样一个人，他的思想在理论上永远是魅力十足的，但是一旦付诸实施则必定会恐怖万分。18 世纪末叶以来人类政治领域中的革命激情几乎都是直接或间接地来自卢梭，但是与这些革命激情相伴随的哪一次又会缺少恐怖呢？

八、卢梭和他的“血手”

卢梭的思想是沉静恬美的，同时也是嶙峋诡谲的。它看上去充满了脉脉的温情，然而在那表面的潺潺细流下面，却蕴藏着惊心动魄的聚变能量。伏尔泰等人的社会批判只不过是一些嬉笑怒骂，尽管犀利无情，却始终带着一种法国式的浅薄。卢梭的社会批判则具有一种深沉的内在力量，它一旦爆发出来，将会导致一种灾难性的破坏效果。

① 雷蒙·特鲁松:《卢梭传》，商务印书馆 1998 年版，第 269 页。

这一点已经在法国大革命时期得到了淋漓尽致的表现，它的直接后果就是断头台和恐怖主义。而且这种恐怖主义不仅表现在政治领域，也在广义的文化领域中引起了一系列的连锁反应——从它里面既产生了康德式的不露声色的理性恐怖主义，也产生了拜伦式的桀骜不驯的情感恐怖主义。

从卢梭这个躁动不安的“灵魂”中伸出来的两只血淋淋的螯夹就是罗伯斯庇尔和康德。他们两人一个在政治领域中把令人敬畏的国王押上了断头台，另一个则在思想领域中把令人敬畏的上帝送上了绞刑架。

罗伯斯庇尔是卢梭的忠实信徒，他把大革命时期的法国社会当作实践卢梭思想的舞台，用血腥的断头台来推行卢梭的社会改革方案。这个来自法国北部城市阿拉斯的贫穷而聪明的青年律师，在风云变幻的法国大革命的政治舞台上推行恐怖主义政策时，所依凭的精神支柱就是卢梭的社会平等思想和道德主义激情。卢梭是罗伯斯庇尔的先知，罗伯斯庇尔完全按照卢梭的道德理想来建构雅各宾主义的平民国度。卢梭在著作中大力倡导的美德和平等，成为罗伯斯庇尔建构法兰西共和国的理论基础。罗伯斯庇尔公开宣称：共和政体或民主的实质就是平等，而它的灵魂就是美德。这位革命的政治领袖在一次讲演中以一种道德先知的口吻宣讲道：

> 由于共和国的灵魂是美德和平等，由于你们的目标在于建立和巩固共和国，你们的政治行为的基本规则就应当是把你们的一切行为用来支持平等和发展美德……凡是能够激发热爱祖国、纯洁风俗、提高理智、指导热情、促进社会利益的一切，你们都应当赞成和建立起来。凡是能够使热情集中于自私的卑鄙目的，使

人偏好小事轻视大事的一切，你们都应当摒弃或者加以制止。在法国革命的各机关中不道德的东西，便是在政治上无用的；能使人腐化堕落的东西，便是反革命的。[①]

对卢梭持贬抑态度的卡莱尔在谈到卢梭对法国革命产生的影响时说："法国革命在卢梭身上找到了它的福音书的作者。他关于文明生活的不幸，文明前的原始生活的完美性等等的半谵妄性的思索，有助于在法国普遍产生一种谵妄……而他对统治者的做法，显然是把他们许多人送上断头台。"[②]而从卢梭的空想性的理论到法国大革命的实践之间的一个重要桥梁，就是罗伯斯庇尔。罗伯斯庇尔和他的雅各宾派的同伴们不仅要消除政治上的不平等，而且还要消除经济上的不平等；他们不仅要把国王和贵族送上断头台，甚至还要把利润和货币送上断头台。而且，罗伯斯庇尔还创造性地和骇人听闻地从卢梭所钟爱的高尚纯洁的美德中引申出了血淋淋的恐怖，他说："没有美德，恐怖就是有害的，没有恐怖，美德就显得无力。恐怖是迅速的、严厉的、坚决的正义，从而它是美德的表现。"[③]卢梭思想中所包含的激情主义在罗伯斯庇尔和雅各宾派那里被发展到一种登峰造极的程度，然而卢梭思想的真正内涵却被这些法国革命家忽略了。当罗伯斯庇尔仿照卢梭的社会理想来营建空中楼阁式的平等共和国时，他仅仅是以法国人的方式片面地夸大了卢梭思想的诡异怪诞的形式。这就是崇尚激情和喜爱标新立异的法国人的典型风格！他们

---

① 罗伯斯庇尔：《革命法制与审判》，商务印书馆 1965 年版，第 173 页。

② 卡莱尔：《英雄和英雄崇拜——卡莱尔讲演集》，上海三联书店 1988 年版，第 306 页。

③ 罗伯斯庇尔：《革命法制与审判》，商务印书馆 1965 年版，第 176 页。

对一切新奇思想的表达和模仿始终都停留在形式方面，而且还往往给这种模仿涂上了一层既疯狂偏激又优美雅致的奇特色调，正如法兰西的贵族们在进行生死相搏的决斗时还忘不了以优雅的姿态向旁观的妇女们脱帽致意一样。

罗伯斯庇尔一方面毫不手软地把大批王党分子和温和派送上断头台，另一方面则坚持在恐怖主义的气氛中进行慷慨激昂的道德说教和举行优美温馨的宗教仪式，他甚至诱使国民公会颁布了一个崇拜“太上主宰”（这是与传统基督教的上帝不同的理性之神）和信仰灵魂不灭的法令。与法国百科全书派的无神论思想相反，罗伯斯庇尔是一个卢梭式的有神论者。在1794年5月7日的演说中，罗伯斯庇尔明确表示，将法国大革命和它的精神先驱卢梭联合起来的时间已经到来，共和国应该支持一个纯正而平易的宗教，对上帝和来世的信仰以及公民和社会的道德是共和国赖以建立的两大基石。1794年6月8日，当押解王党分子的囚车辚辚地穿过巴黎繁华的大街时，罗伯斯庇尔却率领着一支10万人参加的游行队伍，高举鲜花和麦穗，来到战神广场举行赞美“上帝的节日”的盛大集会。这个一手高擎恐怖主义的血腥之剑、一手高举美德和信仰的妍丽之花的“民主独裁者”（这种说法本身就象征着一个奇特的矛盾，这个矛盾恰恰就产生于卢梭的政治思想），最终也死在他自己大力推崇的断头台上。这种悲剧性的结局正好说明：卢梭思想中那种激情主义的形式特点，如果被发展到极端，不仅会摧毁一切对手，也会摧毁激情主义自身。

如果说罗伯斯庇尔只是接触到了卢梭思想的皮毛，那么康德则是真正地领悟到了卢梭思想的真谛。与浅薄浮华的法国人不同，深刻而晦涩的德国人往往能够一下子就抓住事物的本质。与罗伯斯庇尔这个昙花一现的政治弄潮儿恰成鲜明的对照，康德一辈子在德国的一个小城哥尼斯堡过着像时钟一样有规律的平静生活，然而在这个表面上沉静的哲学家的批判理论中所隐藏着的思想恐怖主义，却要比在罗伯斯庇尔的断头台上所表现出来的实践恐怖主义更加恐怖。海涅诙谐地写道：

> 说实话，和我们德国人比起来你们法国人是温顺的和有节制的。你们至多只能够杀死了一个国王，而且这人在你们砍掉他的头以前早已失去头脑了。而这时你们还必须如此敲锣打鼓，高声呐喊，手舞足蹈，以至于使这件事震撼了整个世界。如果人们把罗伯斯庇尔和康德相比较，那么，人们对马克西米利安·罗伯斯庇尔的确给予了过多的荣誉……康德这人的表面生活和他那种破坏性的、震撼世界的思想是多么惊人的对比！如果哥尼斯堡的市民预感到这种思想的全部意义，那么，他们面对这人时所感到的惊恐当真会远远超过面临一个刽子手，面对一个只能杀人的刽子手——然而这些善良的人却把他看作一个哲学教授，当他按既定时刻漫步走过来的时候，他们友好地向他招呼，并用他来对他们的怀表。[①]

如果说卢梭通过罗伯斯庇尔这只实践的"血手"把法国人引向了政治革命，那么他则通过康德这只思想的"血手"把德国人引向了哲学批判。康德在思想领域中所达到的革命性结论，远远超过了罗伯斯庇尔在政治领域中所取得的成果。罗伯斯庇尔仅仅破坏了一个王国，

---

① 亨利希·海涅：《论德国宗教和哲学的历史》，商务印书馆1974年版，第101—102页。

杀死了一个国王；康德则不仅在他的《纯粹理性批判》中完成了对传统基督教的上帝（包括近代以来流行的自然神论的上帝）的全面清算，而且还在他的《实践理性批判》中树立起一个崭新的道德上帝的至上权威。杀死一个人是容易的，而杀死一种时代精神却需要更大的勇气。而且更重要的是，在杀死了腐朽的旧时代精神之后，还能够积极地去创建一种生气勃勃的新时代精神，这一点只有康德做到了。当康德这样做时，他的思想源泉就是卢梭，正如当罗伯斯庇尔毫不留情地对社会进行全面摧毁时，他的激情源泉就是卢梭一样。

据康德的传记作者所述，在康德的那间简朴而素雅的书房里，唯一的一件装饰品就是挂在墙壁上的卢梭肖像。康德对卢梭的仰慕之情，从一个众所周知的故事中就可见一斑：平日里严守时刻、在每天下午三点半钟准时出外散步的康德（哥尼斯堡的居民以康德出门散步的时间来校对他们的钟表），有一次竟然破天荒地打破了这个惯例，原因是他被卢梭的《爱弥儿》一书深深地吸引住了，以至于忘记了散步的时间。

康德自己承认，对于他的生活和思想来说，有两个人的影响是无与伦比的，他们就是牛顿和卢梭。康德说："在前人只看到一片混乱和毫无关联之差异的地方，牛顿破天荒地觉察出秩序和守常是高度简捷地结合在一起的。有了牛顿以后，彗星才沿着几何轨道运行。而在人类天性呈现的种种形式背后，卢梭第一次发现了被深深隐匿了的人类本质，和那深藏起来的、可以通过对它的观察来证明天意的法则。"[①] 牛顿（此外还有休谟等人）对康德的影响主要集中在知识论领

① 卡西尔:《卢梭·康德·歌德》，生活·读书·新知三联书店 1992 年版，第 21—22 页。

域，卢梭对康德的影响则主要集中在道德论领域。康德曾在《未来形而上学导论》中表示，正是休谟的提示使他从独断论的迷梦中惊醒过来。同样，康德也认为，正是卢梭的思想使他从纯粹知识的形而上学迷梦中惊醒过来，使他看到了人的价值："我自以为爱好探求真理，我感到一种对知识的贪婪渴求，一种对推动知识进展的不倦热情，以及对每个进步的心满意足。我一度认为，这一切足以给人类带来荣光，由此我鄙夷那般一无所知的芸芸众生。是卢梭纠正了我。盲目的偏见消失了；我学会了尊重人性，而且假如我不是相信这种见解能够有助于所有人去确立人权的话，我便应把自己看得比普遍劳工还不如。"[①] 这种对人性的尊重，使得康德把实践理性置于比理论理性更高的地位上，把道德看作比知识更重要的领域。

一辈子过着平静而机械的生活的康德，从表面上看来与疯狂孤僻的卢梭有着天壤之别，然而二者在内在气质上却有着惊人的相似之处。他们都把人的价值当作自己关心的核心问题，都推崇一种动机论的道德观，并且终生都以自己的方式来实践这种道德观。区别仅仅在于，卢梭以一种外在性的方式来表现自己的思想，当他发现自己的思想与当时社会所奉行的原则格格不入时，他就索性彻底地退出社会，去过一种离群索居的隐遁生活，以自己特立独行的生活方式与整个社会相抗衡。康德则以一种内在性的方式来表现自己的思想，他对社会的批判虽然始终停留在他的哲学中，却比卢梭的批判更深刻、更彻底。与卢梭愤世嫉俗的偏激行为方式不同，康德仅仅在思想中保持着一种卓尔不群的姿态，他的隐遁是思想的隐遁。卢梭只有在偏僻的乡

---

① 卡西尔:《卢梭·康德·歌德》，生活·读书·新知三联书店 1992 年版，第 2 页。

间、在宁静的大自然中才能得到心灵的慰藉，康德则可以在散发着庸俗气息的德国社会中保持思想的平静。当卢梭感到社会的不公正和不平等时，他就禁不住要大喊大叫，以一种狂躁激愤的方式来表达自己的正义感。因此，尽管卢梭平时宛如一个绰约的处子一样充满了温柔之情，但是当他被激怒时，常常像一个粗野的渔妇一样肆无忌惮地咒骂。而康德在面对不尽人意的现实社会时，他始终在行动方面保持着一种教养有素的绅士风度，但是他对这个社会所依凭的精神原则的批判却更加入木三分。当康德以一个谦谦君子的面貌出现在哥尼斯堡的居民面前时，当他彬彬有礼地向林荫小道两旁的行人脱帽致敬时，人们无论如何也想象不到，这个谦和友好的哲学家的思想内容是多么令人恐惧，他对他们世代奉行的精神原则的批判是多么残酷无情！康德行为上的怯懦与思想上的激进之间的巨大反差，恰恰表现了德国人的典型特征，正如卢梭在行为上和思想上的一致性典型地表现了法国人的文化特点一样（尽管卢梭是日内瓦人，但他长期生活在法国，而且他的母亲也是法国人的后裔）。

当法国人产生了一种时髦的思想时，他们一定要把这种思想在行动上表现出来，法国人素来喜欢为思想寻求一种外在的和引人注目的表现形式；而当德国人产生了一种新思想时，他们往往更愿意让这种思想保持一种纯粹的精神形式，因此思想通常并不把德国人引向行动，而是把他们引向哲学（特别是在 18、19 世纪，这一特点表现得更为突出）。思想嬗变的结果，在法国往往表现为政治革命和文学革命，在德国则表现为哲学批判和宗教改革。就此而言，近代德国人虽然在实践方面远远不如法国人那样激进，但是他们在思想上却比法国人深刻得多。

卢梭的平民主义思想在 18 世纪末叶以来的西方政治生活中掀起

了轩然大波，他的道德思想、宗教思想以及美学思想对后世的影响却要更加深刻和广泛得多。卢梭这个名字是直接与西欧近代浪漫主义思潮联系在一起的。这场气势磅礴的文化运动，正是从卢梭那里找到了冲垮古典主义大堤的精神动力。正如从卢梭的“灵魂”里伸出来的两只“血手”，康德在恐怖主义方面要比罗伯斯庇尔更彻底、更深刻一样，在卢梭对历史的影响中，他的浪漫主义要比他的平民主义更加意义深远。如果说卢梭的政治思想影响了现代社会中的一种政治模式（即平民专政和极权主义），那么他的道德、宗教、美学等思想则开创了一个崭新的时代（即浪漫主义时代）。19 世纪的一切伟大的文化巨人都是站在卢梭的肩膀上的，他们都曾经或多或少地为卢梭的浪漫主义激情所驱动。正是从这种意义上来说，卢梭的历史影响远远超过了伏尔泰、狄德罗等 18 世纪的启蒙思想家。

下面我们就来看看在道德、宗教和美学等领域中，卢梭到底说了些什么。

第三章

灵魂之美与浪漫情怀

一、半神半兽的自然人性

人们谈论起康德时，总不免对他那崇高的道德境界怀有深深的敬意。康德的道德境界之所以具有感染人心的魅力，不仅是因为他那超凡脱俗的理论，更是由于他对自己理论的身体力行。在康德身上，至善至美的思想和一尘不染的行为珠联璧合，这种言行一致的表率使得康德成为一位完美无瑕的道德圣徒。然而当面对卢梭时，人们却往往被他身上所表现出来的道德思想与道德实践之间的巨大反差所震骇——正是这个蔑视一切现存的道德规范、桀骜不驯、我行我素、甚至把自己的亲生骨肉一个接一个地送进育婴堂的人，却成为西方近代社会中唯动机论道德观的创始人和康德这样的道德圣贤的精神先驱！

卢梭的道德思想具有浓重的天国情调，它所展示的那种空灵纯净的道德境界绝非一般的凡夫俗子所能达到的，只有像康德这样具有率真的赤子之心的人才能真正领悟它那奥妙无穷的意蕴。当所有的以高尚言辞来掩饰自己卑劣动机的正人君子纷纷对卢梭的思想和行为表现出不可遏止的愤慨时，在道德生活方面无可挑剔的康德却公然把卢梭树立为自己的人生楷模。这种做法恰恰表明了在躁动不安的卢梭和温文尔雅的康德之间存在着一种世人无法理解的默契，把这两个表面上有着天壤之别的思想家联系在一起的纽带就是那种漠视、超越外在的道德规范和行为效果的唯动机论道德观。

与他的政治学说一样，卢梭的道德学说也是以自然人性为出发点的。在 18 世纪的欧洲，存在着两种截然对立的人性论观点，一种是盛行已久的基督教的性恶论，它的基本特点就是认定人类天性中的从恶倾向是导致人类堕落的根源，并且试图用善的神性来否定和克服恶的人性。另一种是启蒙思想家所宣扬的性善论，这些思想家出于反基督教的目的而大肆渲染自然状态中人的至善至美的道德本性。与这两种观点不同，卢梭既反对性恶论，也不赞同性善论，而是坚持认为最初的人性既无所谓善，也无所谓恶。超越一切既定的道德标准和规范，这就是自然人的道德状况。这种原始道德状况的特点恰恰就在于自然人的一切行为都是超道德的。“野蛮人所以不是恶的，正因为他们不知道什么是善。因为阻止他们作恶的，不是智慧的发展，也不是法律的约束，而是情感的平静和对邪恶的无知。”①

但是这种对善恶的无知并不意味着在人的天性中没有产生道德行为的内在根据，否则我们就无从解释道德行为如何会在人身上发生。从一开始，人类天性中就具有两种迥然相异的本原，它们成为人的道德行为的根本原因：

① 卢梭:《论人类不平等的起源和基础》，商务印书馆 1962 年版，第 99 页。

当我思索人的天性的时候，我认为我在人的天性中发现了两个截然不同的本原，其中一个本原促使人去研究永恒的真理，去爱正义和美德，进入智者怡然沉思的知识的领域；而另一个本原则使人固步自封，受自己的感官的奴役，受欲念的奴役；而欲念是感官的指使者，正是由于它们才妨碍着他接受第一个本原对他的种种启示。①

这两个本原可以看作人性中的两种相反的倾向，它们分别受人的灵魂和肉体的制约。从这种意义上来说，人可以被称为一个半神半兽的生物，在人身上，既存在着崇高圣洁的神性，也存在着欲念横生的兽性。人就是神性与兽性相搏斗、相撕咬的一个结果，是神性不断地超越兽性、荡涤兽性的一场惊心动魄的战斗。人类天性中的神性因素构成了人的一切美德的基础，而兽性因素则成为人的一切恶行的原因。在这场旷日持久的人性鏖战中，良心代表着灵魂的呼声和向善的倾向，欲念则代表着肉体的要求和从恶的趋势，这两种声音往往是相互矛盾的。在二者的抗衡过程中，理性扮演了一个摇摆不定的角色，它有时站在良心一边，但是更多的时候它是站在欲念和功利一边。在卢梭眼里，与良心对立的通常不仅仅是欲念，也有理性。因此他常常强调，对于美德来说，知识并不是一个必要条件；相反，理性往往欺骗我们，使我们变得精于算计和虚伪狡诈。

这两种相反的人性本原的最初表现，就是自私心和怜悯心。关于前者，卢梭说："人类天生的唯一无二的欲念是自爱，也就是从广

① 卢梭：《爱弥儿》，商务印书馆 1978 年版，第 397 页。

义上说的自私。这种自私，对它本身或对我们都是很好和很有用处的。”[①]然而，自私心虽然是一个有用的工具，却也是一个危险的工具，它常常会伤害使用它的人，而且即使是在起好作用时，也难免同时带来坏的副作用。卢梭认为，这种看起来有用的自私心正是使人堕落的最初原因，由它里面产生了人与人之间的敌意和普遍的虚伪：

> 我们彼此共有的欲念使我们走入了迷路，同我们的兴趣相冲突的欲念使我们发生反感；由于这些欲念在我们身上产生了矛盾，因此我们就责备别人做了某种事情，其实这种事情我们也是想照样去做的。当我们不得不容忍别人犯了我们处在他的地位也可能犯的罪恶时，我们不可避免地是一方面发生反感，另一方面也会产生妄念。[②]

自私心首先诱引人去满足最必需的要求，继而则驱动人去追求逸乐、财富、奴隶和统治，迫使人像希腊神话中的那个不停地推动巨石的西西弗斯一样，片刻也不得松懈安宁。当人们获得了基本的生活条件以后，自私心就进一步促使他去追求挥霍不尽的财富、奢侈的生活和虚荣的名誉地位，甚至逼迫他去攀登权力和野心的顶峰，以便成为整个世界的主人。“这就是人类道德的缩影，即使不是人生的缩影，至少是一切文明人内心里隐秘企图的缩影。”[③]

自私心不仅引发了人们的贪婪，同时也造成了人们彼此之间的冷

---

① 卢梭：《爱弥儿》，商务印书馆 1978 年版，第 95 页。

② 卢梭：《爱弥儿》，商务印书馆 1978 年版，第 342 页。

③ 卢梭：《论人类不平等的起源和基础》，商务印书馆 1962 年版，第 161 页。

漠。在《论戏剧：致达朗贝尔信》中，卢梭把那些完全受自私心支配的人比作房屋着火了也不愿起床的爱尔兰人，当人们向他喊道“着火了”的时候，他却回答说：“着火与我有什么相干！我不是房主，我是房客。”最后，当火烧到他身上时，他才一跃而起，跑下地来乱喊乱跳，并且终于懂得了，房子虽然不是他的，有时候仍然需要关心它。

与自私心恰成对照的是怜悯心，这也是一种与生俱来的天然情感，是人类具有的“最普遍、最有益的一种美德”。卢梭认为，怜悯心在一般的动物身上都普遍存在着。我们常常可以看到，连马也不愿意践踏活的东西；一个动物从它同类的尸体旁边走过时，总是显得很不安，有些动物甚至还会以某种特殊的方式来埋葬同类的尸体；牲畜走进屠宰场时所发出的哀鸣声中，也流露出对已遭不幸的同类的怜悯之情。而在人类生活中，怜悯心更是一种重要的情感，它构成了维系人类整体存在的黏合剂和人们之间进行社会交往的基本准则。没有怜悯心，人类就不可能共同生活在同一个世界上：

> 怜悯心是一种自然的情感，由于它调节着每一个人自爱心的活动，所以对于人类全体的相互保存起着协助作用。正是这种情感，使我们不假思索地去救助我们所见到的受苦的人。正是这种情感，在自然状态中代替着法律、风俗和道德，而且这种情感还有一个优点，就是没有一个人企图抗拒它那温柔的声音。正是这种情感使得一切健壮的野蛮人，只要有希望在别处找到生活资料，绝不去掠夺幼弱的小孩或衰弱的老人艰难得来的东西。正是这种情感不以“你要人怎样待你，你就怎样待人”这句富有理性正义的崇高格言，而以另一句合乎善良天性的格言：“你为自己谋利益，要尽可能地少损害别人”来启示所有的人。后一句格言

> 远不如前一句完善，但也许更为有用。总之，我们与其在那些微妙的论证中，不如在这种自然情感中，去探求任何一个人在作恶时，即使他对于教育的格言一无所知，也会感到内疚的原因。虽然苏格拉底和具有他那种素质的人能够通过理性获得美德，但如果人类的保存仅仅依赖于人们的推理，则人类也许早不复存在。[①]

人类的一切高尚情感和自我牺牲的美德，最初都是从怜悯心中发源的。当自私心在腐蚀着人类的心灵和品行时，怜悯心则在极力弥补由于追逐一己私利而造成的道德缺憾。如果说自私心促成了文明的进化和历史的发展（前面已经谈到，卢梭不自觉地表述了“历史在恶中发展”这一深刻的真理），那么怜悯心则使得人类能够保持最起码的道德水准，不至于因过分地追逐私利而导致社会的分崩离析。自私心培养了人的自保倾向，怜悯心则维系着人类种族的延续。人类正是在自私心与怜悯心这两种相反相成的情感力量的相互作用下发展的。自私心虽然能给人带来利益和好处，但是它不能在人们心灵中引起美感。试想，在夏洛克[②]唯利是图的贪婪中，我们能够感受到的只有对人的卑劣本性的恶心和沮丧；然而在由于怜悯心而导致的种种自我牺牲的行为中（无论这种自我牺牲是出于对某个弱者的同情，还是出于一种升华了的对祖国和对人类的热爱），例如在李奥尼达[③]的壮举中，

---

① 卢梭:《论人类不平等的起源和基础》，商务印书馆 1962 年版，第 102—103 页。

② 夏洛克是莎士比亚剧作《威尼斯商人》中利欲熏心的放高利贷的犹太人。

③ 李奥尼达是古代斯巴达国王，在第二次希波战争中，他率领三百名斯巴达勇士在温泉关抵挡波斯皇帝薛西斯率领的数十万波斯大军，坚持了两个昼夜，直至全体将士壮烈牺牲。这个壮举表现了李奥尼达及三百斯巴达人对自己祖国和全体希腊人无私的热爱。

我们看到的则是一种为了人类的整体利益和某个更加崇高的目标而牺牲自身的高尚情怀，这情怀使人的灵魂得到净化和升华，从而体验到一种超越功利的美感。

自私心是一种自爱，怜悯心则是一种他爱。一个人要想得到别人的爱，他首先应该具备爱人之心。“你要爱别人，才能得到别人的爱。”在自爱和他爱这两种对立的情感之间仍然具有一种内在的联系，当一个人爱自己的时候，他仅仅把自己当作一个与人类整体相对立的存在；如果他把自己和人类看成一个休戚与共的整体，他就会把对自己的爱延伸为对人类的爱，从而使自爱成为美德。卢梭在《爱弥儿》中写道：“只要把自爱之心扩大到爱别人，我们就可以把自爱变成美德，这种美德，在任何一个人的心中都是可以找得到它的根底的。我们所关心的对象同我们越是没有直接的关系，则我们越不害怕受个人利益的迷惑；我们越是使这种利益普及于别人，它就越是公正；所以，爱人类，在我们看来就是爱正义。”[①] 一个人如果没有这种对人类的爱，他的心中就一定是黯然无光的，在那阴森的心灵深处一定缺乏人生的乐趣和优美的情感。这个人即使活着也不过是一具行尸走肉，在他的躯体里已经没有神性的光辉了：

> 剥夺了我们心中对美的爱，也就剥夺了人生的乐趣。一个人的邪欲如果在他狭隘的心中窒息了这种优美的情感，一个人如果由于只想到自己，因而只爱他本人的话，他就再也感觉不到什么叫快乐了，他冰冷的心再也不会被高兴的事情打动了，他的眼睛

---

① 卢梭:《爱弥儿》，商务印书馆 1978 年版，第 356 页。

> 再也不会流出热情的眼泪了，他对任何东西都不喜欢了；这可怜的人既没有什么感觉，也没有什么生气，他已经死了。[①]

为了促使人心产生善良、博爱、怜悯、仁慈以及一切令人感到愉悦的温柔之情，为了防止妒忌、贪婪、仇恨以及一切有毒害的欲念，卢梭提出了三条明确易懂的道德原理：

> 原理一：人在心中设身处地地想到的，不是那些比我们更幸福的人，而只是那些比我们更可同情的人。
>
> 原理二：在他人的痛苦中，我们所同情的只是我们认为我们也难免要遭遇的那些痛苦。[②]
>
> 原理三：我们对他人痛苦的同情程度，不决定于痛苦的数量，而决定于我们为那个遭受痛苦的人所设想的感觉。[③]

第一条原理要求人们应该对那些不幸的人心存博爱，而不是去羡慕那些飞黄腾达的幸运儿。第二条原理则说明了这种同情心之所以必要的原因：每一个陶醉在自己的荣华富贵中而藐视不幸者的人，都应该想想那种不幸的命运随时可能降临到自己身上，优越的出身、健康的体质和丰裕的财富并不能使他免受命运的沉浮。第三条原理则是劝告人们应该将心比心地去体会他人的痛苦，从这种设身处地的感受中加强对不幸者的同情心。卢梭本人亲身经历的种种凌辱和不幸使他特

---

① 卢梭：《爱弥儿》，商务印书馆 1978 年版，第 412 页。

② 卢梭引用荷马史诗《伊利亚特》中的一段文字："因为我经历过苦难的生活，所以我要来援助不幸的人"来说明这一原理。

③ 卢梭：《爱弥儿》，商务印书馆 1978 年版，第 306—309 页。

别强调一个人应该具有对不幸者的恻隐之心，尤其是对那些由于恶劣的环境和严酷的命运而导致痛苦的穷人，因为痛苦并非是由他们自身的原因造成的，也不是可以由他们自己的努力来消除的，所以这些人就更值得同情。至于那些大腹便便的富人和权贵，他们虽然也有痛苦（如消化不良所带来痛苦），但是这些痛苦往往都是由于他们自身的缘故造成的，所以对于这些人，反倒不值得去同情了。

与一切政治家和哲学家轻蔑人民的态度相反，卢梭把人民看作是最值得同情和尊敬的对象。人类是由人民构成的，一个人如果不属于人民之列，他就没有任何价值。小人物与大人物的区别不在于他们在天然禀赋上有什么差异，而在于他们的言谈举止不同。人民在言行方面是朴实无华的，而显贵阶层却擅长于装模作样、附庸风雅。卢梭以充满憎恶的口吻揭露了上流社会的虚伪造作，他说："人民是表里一致的，所以不为人所喜欢；上流社会的人物必须要戴一副假面具，否则，如果他们是怎样的人就表现怎样的面目的话，那会使人十分害怕的。"[①] 在这里，我们再一次强烈地感受到在卢梭的血液中沸腾着的那种激进的平民意识。

二、良心：人类灵魂的向导

如果说一个处于自然状态中的野蛮人是一个半神半兽的生物，那么一个有道德的文明人就应该是一个受着良心指导的善良人。人与动物的区别在于他是一个有意志的生灵，而意志的本质就是自由。在人类社会的一切财富中，最为可贵的东西不是权威而是自由。野蛮人由

① 卢梭：《爱弥儿》，商务印书馆 1978 年版，第 310 页。

于处在前道德状态和无法律制约的自然的自由中，他的行为虽然称不上恶，但是也不能叫作善。他的一切行为都严格地受到自然律的支配，因此这种天然的自由还不是真正意义上的自由。文明人与野蛮人在道德生活方面的最大不同之处在于，文明人的道德行为不是受自然律而是受自由所支配的。卢梭指出："唯有道德的自由才使人类真正成为自己的主人；因为只有嗜欲的冲动便是奴隶状态，而唯有服从人们自己为自己所规定的法律，才是自由。"[①] 在这里，我们可以看到康德实践理性的金箴——"自己立法，自己遵守"的思想雏形。

意志自由是一切道德生活的首要前提。真正的道德行为，不是在强力的压迫之下做出的，而是在自觉自愿的情况下做出的。当我们秉承自己的自由意志不受约束地去行使善举时，我们可以从自己的行为中体会到一种温馨的乐趣；然而当这种行为成为一种强制性的社会义务时，这种温馨的情趣就荡然无存了。从此以后，"履行义务的压力就把最甜美的享受变成了最枯涩的负担"。

自由既是道德生活的前提，那么放弃自由就意味着取消了自己行为的一切道德性，从而也就放弃了做人的资格，因为道德生活乃是人与动物的根本区别。这种放弃是违背人性的，正是它造成了人类社会中普遍存在的奴役状态和非人环境。当一个人剥夺了别人的自由时，他同样也使自己处于一种不自由的境地；当他把各种原本应该是自由的行为当作强制性的义务强加于人时，他自己也就陷入了另一些义务的陷阱中。一个奴隶处在皮鞭的威胁之下，他的行为固然谈不上是出于自由意志。然而，一个奴隶主在手执皮鞭时，同样也谈不上自由意

① 卢梭:《社会契约论》，商务印书馆 1980 年版，第 30 页。

志，因为他的一切行为都是为了维护某种外在的利益，而不是出于自己内心的良知。正如一个小心翼翼地守护着自己财物的守财奴一样，他的一举一动都受着他所守护的财物的支配，而不是出于他的无拘无束的自由意志；或者如同一个时时刻刻警惕地监视着犯人的看守，他同时也使自己成为一个不自由的人，他的一切行为都要以他所监视的对象为转移。给别人戴上枷锁的人，必然使自己陷入无形的枷锁之中。

以往的一切道德律都是以某个外在于人的立法者或绝对主宰（如上帝）作为保证的。在基督教的道德思想中，人的一切道德行为都是出于上帝的至上意志和特殊安排，上帝不仅对人的善行负责，也对人的恶行负责。在奥古斯丁的"恩典说"（该学说成为中世纪基督教道德思想的基石）中，上帝在创世和造人时，就已经预先把人分为被拣选的和不被拣选的两部分，并且同时把从善的倾向和作恶的倾向分别赋予了这两类人。一个蒙受上帝恩典的人，心中必然洋溢着行善的意愿；一个未获拣选的人，心中也必定充满了邪恶的欲念。因此，一个人的道德行为并非出于自己的自由意志，而是受上帝的不可逆转的必然性和决定论所支配。这种外在性的道德观把人们抛入一种对自己的道德行为无能为力的尴尬境地，从而必然导致不负责的道德态度。在这种情况下，一个能够自觉地保持自己的道德水准的善良之辈，固然可以因自己是上帝的选民这种特殊的荣幸而感到欣慰；然而一个堕落的恶棍，同样也可以把自己作恶的原因归咎于上帝，而无须由自己来承担道德责任。人们通常抱怨上帝没有在创世之时杜绝罪恶，没有把人类变成天使，却始终不愿把行善和作恶的根据看成是由自己的自由意志所决定的。这种否定自由意志的道德理论是导致中世纪基督教社会普遍的道德堕落的重要思想根源。正是针对这样一种外在决定论的道德思想，卢梭提出了自由意志的道德学说，把人类道德行为的根据从上帝那里拉回到人自身。在卢梭那里，自由意志取代了决定论而成为道德生活的基础，中世纪道德学说的形而上学迷雾被驱散了，道德从天上降临到人间，成为植根于人性之中的自由意志的一种结果：

> 既然人是主动的和自由的，他就能按他自己的意愿行事；他一切的自由行为都不能算作是上帝有系统地安排的，不能由上帝替他担负责任。上帝绝不希望人滥用他赋予人的自由去做坏事，但是他并不阻止人去做坏事，其原因或者是由于这样柔弱的人所做的坏事在他看来算不得什么，或者是由于他要阻止的话，就不能不妨碍人的自由，就不能不因为损害人的天性而做出更大的坏事。上帝使人自由，以便使人通过选择而为善弃恶。上帝使人能正确地利用他赋予人的才能而做出这样的选择；但是，他对人的力量施加了极其严格的限制，以致即使人滥用他给予的自由也不能扰乱总的秩序。人做了坏事，就自受它的恶果，对世界上的万物并无影响，而且，尽管人类遇到了人所做的坏事，也无碍于它的生存。要是抱怨上帝不禁止人类作恶的话，就等于是抱怨他使人类具有优良的天性，抱怨他使人类具有使其行为高尚的道德，抱怨他使人类具有修持美德的权利。最大的快乐就是对自己感到满足，正是因为应得到这种满足，所以我们才生在这个世界上，才拥有自由，才受到各种欲念的引诱和良心的约束。还要求上帝的力量为我们做些什么呢？他会不会使我们的天性中产生矛盾，会不会奖励那些不能为恶的人去为善呢？怎么！为了防止人变成坏人，难道就要限制他只能按他的本能行事，而且成为一个畜生吗？不，我的灵魂的神灵，我绝不责难你按你的形象来创造我的

灵魂，使我能像你那样自由、善良和快乐！①

“人是生而自由的，却无往不在枷锁之中。”对于卢梭的这句名言我们不应该只从政治方面来理解，也同样应该从道德方面来加以理解。人天生具有自由意志，他的一切行为，无论是善举还是恶行，都是这自由意志的结果，因此他的行为只能由他自己来承担责任。人们没有必要再追问是谁使人作恶，因为使人作恶的就是人自己的自由意志。“除了你自己所作的和所受的罪恶以外，世间就没有其他的恶事了，而这两种罪恶都来源于你的自身。”②人们由于认识不到这一点，由于害怕承担责任，所以往往习惯把道德责任推诿到某个更高的存在者（上帝或社会的统治者）身上，把自己的道德行为乃至整个命运交给他来支配，从而使自己丧失了自由这个高贵的禀赋，以自己的人的本质作为抵押而换得了一种奴性的轻松。在道德生活方面，尽管人具有自由的禀性，他们却往往宁愿被他人拖曳而行，即使拖着他们的是一条锁链，他们也不愿靠自己的力量去进行艰苦跋涉。这就是“人是生而自由的，却无往不在枷锁之中”这句话所包含的深刻的道德含义。

然而对于一个把道德生活建立在自己的自由意志之上的人来说，是不需要某个外在性的上帝或主宰者来支配自己的行为的，也同样无须他来为自己的行为后果承担责任。这种人由于把自由当作自己的不可让渡的本质，所以在道德生活方面他就是自己的上帝。道德行为对于他来说不是迫于某种外在的压力，而是出于内在的自由，出于对自

---

① 卢梭:《爱弥儿》，商务印书馆 1978 年版，第 401—402 页。

② 卢梭:《爱弥儿》，商务印书馆 1978 年版，第 403 页。

己所规定的法律的尊重和自愿遵从。人在道德方面应当是自律的，而不是他律的，道德自律的根据就是人的自由意志。这种观点从根本上改变了人类的地位，把人从工具性的存在变成了目的本身。康德在道德学上所进行的“哥白尼式的革命”——从道德他律向道德自律的转变在卢梭那里已经初现端倪，而被康德当作“绝对命令”的基本道德律——“普遍立法”“人是目的”等等，也已经在卢梭那里有了最初的表述。以“人是目的”这一思想为例，卢梭曾在《新爱洛伊丝》中借德·沃尔玛尔夫人之口表达道：“人是非常高贵的，因此，不能单单做人家的工具。谁也不应因某事于己有利，就让别人去替他做，而不管对做那件事情的人本身是否有益，因为，人不是为了社会地位而生的，而是社会地位为了人而设的……绝不允许为了他人的好处而去做败坏人的心灵的事，也不允许为了为好人服务而使他人变成坏人。”[①] 在康德那里，我们听到了类似的声音：“人，实则一切有理性者，所以存在，是由于自身是个目的，并不是只供这个或那个意志任意利用的工具；因此，无论人的行为是对自己的或是对其他有理性者的，在他的一切行为上，总要把人认为目的。”“实践的令式是如下：你须要这样行为，做到无论是你自己或别的什么人，你始终把人当目的，总不把他只当做工具。”[②]

人既然在道德上获得了自主的地位，那么在道德生活方面唯一能够指导他的就是他内心的光明，这种内心的光明就是与生俱来的良心。在卢梭看来，内心的良知并非知识的结果，有知识的人并不一定有道德，而且理性往往还会蒙蔽我们的良知，使我们迷失道德的方

---

① 卢梭：《新爱洛伊丝》，译林出版社 1993 年版，第 438 页。

② 康德：《道德形上学探本》，商务印书馆 1957 年版，第 42—43 页。

向。相反，良心却是人类灵魂最好的向导，它是所有哲学家当中最明智的哲学家。一个人要做到诚实无欺，并不一定先要把西塞罗的《论职分》研究一番，当他还是一个愚钝未开的懵懂小儿时，心中就早已有了诚实这种德行的高贵呼唤。早在那篇使其一举成名的论文中，卢梭就这样写道：

> 德行啊！你就是纯朴的灵魂的崇高科学，难道非要花那么多的苦心与功夫才能认识你吗？你的原则不就铭刻在每个人的心里吗？要认识你的法则，不是只消反求诸己，并在感情宁静的时候谛听自己良知的声音就够了吗？这就是真正的哲学了，让我们学会满足于这种哲学吧！①

良心是腼腆沉静的，它绝不像理性那样喜欢喧闹和炫耀，然而它却在我们心中无声地发挥着作用，净化我们的灵魂，指引道德的方向。在现实生活中，尽管有千百种强烈的欲念曾一度湮没了崇高的情感，瞒过了良心的责备，但是一旦当我们揭开了肉体和感官所造成的幻觉的薄纱，喜悦地看到至高无上的存在和永恒真理的熠熠之光；一旦秩序之美触动了我们的灵魂，使我们把自己所做的事情与应当做的事情加以比较，良心的呼声就能够立即发挥出它的力量和权威，使我们因自己的善行而产生纯洁的欢乐，因自己的堕落而产生痛苦的悔恨。不论我们的幸福和痛苦是否还有其他的根源，良心已经使我们对今生感到欣慰，并且为我们展示了来生的光明。那些有道德的人，虽

① 卢梭：《论科学与艺术》，商务印书馆 1963 年版，第 37 页。

然在今生遭受了苦难，但是只要他们秉承自己的良心行事，公正的上帝一定会在来生给予他们补偿。他们并非因为所行的善功而得到来世的酬谢，而是由于他们心中的善念与神的本质是相同一的。上帝既然使人类生而具有良心，他就必定承诺在来世让道德与幸福结合在一起，而不像在现世中道德往往与幸福相脱离。这种至善（即道德与幸福相结合）的前景是使人类对善良行为充满信心的重要保证，它鼓舞着许多备遭凌辱和不幸的人在逆境中保持对美德的热爱，始终不渝地听从良心的呼声（卢梭自认为就是其中的一个）。正是这种坚定的信念，使得卢梭与狄德罗、霍尔巴赫等无神论者划清了界线，一直到死都坚持一种有神论的信仰。

后来，当康德从至善的要求中引申出灵魂不死和上帝存在等结论，从道德要求中引申出宗教信仰时，我们再一次在他身上看到了卢梭的深刻影响。

良心与欲念始终处于针锋相对的境况之中。当一个人在欲念的支配下，为了追求幸福而不惜泯灭良知时，他就是一个邪恶的堕落者。反之，当一个人只听从良心的呼声而摒除一切其他的诱惑和压力时，他就是一个有道德的善良人。良心是人的道德之本、神性之源，一个人丧失了良心，就与禽兽无所区别了。卢梭用充满激情的优美语言对良心赞颂道：

> 良心呀！良心！你是圣洁的本能，永不消逝的天国的声音。是你在妥妥当当地引导一个虽然是蒙昧无知然而是聪明和自由的人，是你在不差不错地判断善恶，使人形同上帝！是你使人的天性善良和行为合乎道德。没有你，我就感觉不到我身上有优于禽兽的地方；没有你，我就只能按我没有条理的见解和没有准绳的

理智可悲地做了一桩错事又做一桩错事。[①]

一个人一旦选择了终生追随良心的呼唤，他就必须为此付出沉重代价。他不仅要抗拒种种外在的物质利诱、名誉虚荣和舆论压力，甚至还要不顾及行为的效果。道德的实践过程是一个充满了艰辛苦难的过程，普鲁塔克曾经说过，在神圣的竞技中得胜的人，并不是一进入运动场就算胜利了的，他们必须跑完了他们的路程之后，才能把桂冠戴在自己的头上。道德固然可爱，但是它如同玫瑰花一样，长满了扎手的利刺。“当我们想拥抱它的时候，它开始就会像神话中的变幻无定的海神，幻化出千百种可怕的形象，只有紧紧抱着它不放的人，才能最后看出它本来的样子。”[②]只有坚持崇高的动机，我们才能最终进入道德的充满魅力的至高境界。一个人在遵从自己的自由意志和良心而追求道德时，他是不必顾虑别人的指责的，也无须考虑行为的后果，因为善良的动机是比良好的效果更为重要的东西。这种唯动机论的道德观是卢梭全部道德学说的基石，它对康德后来所进行的伦理学革命的影响尤为重大。

卢梭正是由于毕生遵循这种唯动机论的道德观，对外在效果采取轻蔑的态度，才招致了法国上流社会的普遍非议。当他做出种种按照一般的道德规范来评判无疑是属于不道德甚至是邪恶的事情时，他始终相信自己的良心是纯洁的，动机是善良的。而当他做出了某些自认为是不道德的事情时，他从良心那里受到的谴责要更甚于外界舆论的压力。在他眼里，那些表面上道貌岸然的正人君子只是在

---

① 卢梭:《爱弥儿》，商务印书馆 1978 年版，第 417 页。

② 卢梭:《爱弥儿》，商务印书馆 1978 年版，第 419 页。

借用美德来欺骗他人，实际上他们的良心早已被各种邪恶的欲念所泯灭。罗马独裁者苏拉见到不是由他自己造成的痛苦，常常会潸然泪下，然而他本人却是一个嗜杀成性的魔王；罗马暴君尼禄热衷于希腊悲剧，他一看到那些悲剧的情节就忍不住要伤感，然而他对于每天因执行他的命令而被处死的人的悲惨呼号却无动于衷。卢梭认为，一个人如果只重视外在的行为效果而不重视内在的善良动机，他就称不上有道德；一个人如果用美德的外貌来掩饰内心的险恶，用文雅的举止来遮盖卑劣的用心，他就是一个伪善的人。伪善是一种比赤裸裸的罪恶本身更坏、更危险的行为，“因为伪善穿上了一件骗人的公正的外衣。它把上流社会的习惯和准则放在真正的诚实之上，它教人们要学乖一点，要懂得在善恶之间找一条中间道路，为了更加讨好观众，它暗示他们，想要取得正人君子的名声并不困难，只要不当明目张胆的坏蛋就行了。”[①] 伪善是一种主观上有意的犯罪，它在动机上就是恶的，因此它比效果上的罪恶更加邪恶（这一思想对康德也产生了很大的影响）。

在基督教刚刚诞生的时候，当它还在罗马帝国的屠刀之下痛苦地挣扎时，它曾宣扬过一种唯动机论的道德观。使徒时代和教父时代的基督教徒的道德建立在纯正坚定的信念之上，他们把对上帝的信仰和对人类的爱当作生活的首要前提，把心中纯洁无邪的善意看作比外在的显赫荣耀的善功更为重要。耶稣曾说：“凡看见妇女就动邪念的，这人心里已经与她犯奸淫了。”[②] 彰明较著地展示了一种唯动机论的道德境界。但是在中世纪天主教会的道德实践过程中，这种动机论

① 卢梭:《论戏剧：致达朗贝尔信》，生活 · 读书 · 新知三联书店 1991 年版，第 58 页。

② 《新约 · 马太福音》，第 5 章，第 28 节。

的原道德观越来越转向了强调外在的行为效果和形式化的善功的效果论道德观，从而衍生出购买圣徒遗物、参加十字军圣战、兜售赎罪券等各种虚假的赎罪方式。由于内在信心的不足，就只有通过外在的形式化手段来加以弥补。这就是中世纪天主教徒道德堕落的重要原因。[①] 面对着欧洲教俗社会的普遍堕落，卢梭重新弘扬了这种湮灭已久的唯动机论道德观，并且以一种卓尔不群和惊世骇俗的方式来实践它。卢梭的唯动机论的道德观无疑带有为他自己的那些乖僻行为作辩护的色彩，但是它同时也展示了一种极高的道德境界，这种境界绝非一般的凡夫俗子所能达到的。这种具有浓重的天国气息的道德观既令人仰慕，又难免使人产生高处不胜寒之感。从它里面既产生了康德那样令人敬仰的道德圣贤，也产生了尼采那样桀骜不驯的价值颠覆者。因此，卢梭的这种道德观在后世遭到了毁誉不一的评价，也就不足为奇了。

三、爱情与幸福

与欧洲上流社会所崇尚的那种矫揉造作的虚情假意相反，卢梭始终把真挚的爱情看作人生最大的乐趣。他早年生活中与华伦夫人的那段缠绵悱恻而又余韵无穷的爱情感受令他终生陶醉不已，此后他所经历的种种爱情插曲也使他心旷神怡。他一生中曾有过许多次悲剧式的爱情故事，尽管每次爱情的结局都令他伤心不已，但是它们给他心灵所留下的回忆却是那样美好，以至于每当他追忆起这些往事时，心中总是荡漾着无限的温馨和甜蜜。他在每一次相爱时都

---

① 赵林：《西方宗教文化》，武汉大学出版社 2005 年版，第二章第三节第二目“基督教道德的蜕化”。

是那样的痴迷若狂，其情感又是那样的纯洁无瑕，就像他笔下的那位热情澎湃而又品德高尚的圣普乐。对于他来说，爱情不在于优美雅致的举止，不在于娓娓动听的言语，而是一种内心的恬美感受，一种夹杂着痛苦、焦虑、忧郁和甜蜜的高尚情感。它不仅是对爱情对象的渴求，而且更是一种无私的奉献。这就是爱情与虚荣的区别：虚荣只向对方提出种种要求而自己却什么也不愿付出，爱情则向对方提出多少要求，自己也给予对方多少东西。一个人要想得到别人的爱，首先要把自己培养成可爱的人。爱情是建立在爱情双方彼此信任的基础之上，真正的爱与尊重是不可分割的。“当一个人产生了爱情的幻想的时候，是容易相信对方的心的。如果说爱情使人忧心不安的话，则尊重是令人信任的；一个诚实的人是不会单单爱而不敬的，因为，我们之所以爱一个人，是由于我们认为那个人具有我们所尊重的品质。”①

爱情是不能用金钱来买卖的，也不能用地位来衡量。金钱和地位可以轻而易举地得到一个女人，却不能得到一个忠实的女人；依靠它们可以缔结婚姻，却不能缔造爱情。爱情也不仅仅是一种生理上的需要，它是两颗心灵在超越肉欲的层次上的自由结合。爱情是炽烈的激情，充满了狂乱、心跳和兴奋，还有那令人感动的沉默、无法形容的眼神、既胆怯又大胆的暗示和心慌意乱的腼腆。当两颗心灵自由地结合在一起时，爱情双方就会感到一种精神的迷醉，从而对荒淫的行为感到可鄙。真正的爱情的基础是美德，它的前提是无私的奉献，它的生命则是超功利的崇高热情。卢梭在《爱弥儿》中写道：

---

① 卢梭:《爱弥儿》，商务印书馆 1978 年版，第 654—655 页。

我认为美德之能够巩固爱情，犹如它之能够巩固自然的权利，如果一个情人具有美好的道德，她就可以像做妻子和做母亲的人那样行使同样的权能。凡是真实的爱，都是充满着热情的，其所以那样地充满热情，是因为在想象中始终存在着一个真正的或虚幻的完美的对象。如果在情人的眼中看来那个完美的对象是没有什么价值的，是一个只供官能享受的工具，在他的心目中哪里还能燃起一股激烈的热情呢？如果是抱有这种看法的话，他的心是热不起来的，是不会去追求那使情人心醉神迷、情意缠绵的高尚的乐趣的。我承认爱情是空幻的，只有情感才是真实的，是情感在促使我们去追求使我们产生爱情的真正的美。有人说，这种美在我们所爱的对象的身上是不存在的，它是因我们的错觉而产生的。啊！这有什么关系呢？我们是不是因此就可以不那么热烈地把我们所有的世俗的情感奉献给这个想象的模特儿呢？是不是因此就可以不拿淳厚的心对待我们所钟爱的人呢？是不是因此就可以不抛弃我们卑劣的欲念呢？一个男人不愿意为他的情人牺牲生命，这哪里是一个真心的情郎？而一个愿意为爱情而死的人，他心里还有什么粗俗的肉欲？我们嘲笑旧时的骑士，其实只有他们才是真正地懂得爱情的人，至于我们，我们只知道贪图色情罢了。传奇式的爱情观之所以在我们看来觉得可笑，并不是因为我们有了理性，而是因为我们有了不良的风俗。①

---

① 卢梭:《爱弥儿》，商务印书馆 1978 年版，第 584—585 页。

全能的上帝在赋予人类以自然欲念的同时，也把高尚的情感植根于人类的天性之中。他把自由作为人的本质，正是为了让人类能够自我控制。他既赋予男人旺盛的性欲，又使他们具有克制性欲和升华性欲的理智；既赋予女人无限的春情，又使她们具有节制春情的羞耻心和贞洁感。当我们单方面地滥用了上帝的禀赋，一味地沉溺于色情之中时，我们不仅违背了上帝的意愿，而且也违背了自然的法则。然而不幸的是，这样一种堕落的状态乃是现实社会中普遍存在的状态。

可以说，卢梭一生的爱情生活正是与这种普遍的堕落状态相抗衡的一种不懈的努力。他所经历的每一次爱情，无论是少年时代对德·菲尔松小姐疯狂的单相思、青年时代与华伦夫人缠绵动人的热恋、中年时代与乌德托夫人之间柏拉图式的圣洁爱情，还是对黛莱丝·勒·瓦瑟终生不渝的依恋，都是那样的痴迷若狂和纯洁无瑕，充满了一尘不染的天国情调。他的那些乖僻行为（例如与瓦瑟同居了二十多年之后才正式结婚），从某种意义上来说可以看作是对上流社会普遍堕落的爱情生活的一种别出心裁的抗议。在少年卢梭对德·菲尔松小姐的几乎殉情的热恋中，我们可以看到和歌德笔下的少年维特所体验到的同样纯真的烦恼；在卢梭与华伦夫人的那段既充满了母子之间的依恋、又充满了情人之间的缠绵的爱情故事中，我们感受到了爱情令人心醉神迷的巨大魅力；在卢梭与乌德托夫人之间的迟发的爱情插曲中，我们体验到了那种超越肉欲的纯粹精神性的天国之爱。最后，在卢梭与瓦瑟之间的看起来平淡无奇，实际上却水乳交融的爱情生活中，我们发现了上流社会所缺乏的真诚、尊重和心心相印的人间真情。所有这些，都以它们所表现出来的那种纯真质朴的美德而感动了我们的心灵。一个人一生中如果体验过一次这样令人心灵战栗、晕眩的真挚爱情，就可以问心无愧地宣称他真正地爱过。在现实社会中卢梭是不幸的，然而在对爱情的感受方面，他又是何等的幸运啊！

尽管社会对快乐和幸福的客观标准是相同的，但是每个人对快乐和幸福的主观体验却有着天壤之别。在卢梭看来，人生最大的快乐就是对自己感到满足，而为善之乐则是最大的幸福。当一个人摆脱了庸碌世事的纠缠而潜心于对美德的思考和实践时，当他超脱了现实生活的不幸而沉醉于内心的至善境界时，他就获得了人生最大的快乐和幸福。这样一种超越时空的至高无上的幸福，卢梭在四处逃亡、途经圣埃皮尔岛小栖时，在波涛汹涌的比埃纳湖面泛舟时，或者在流水潺潺的小溪边伫立遐想时，都曾有过深切的体验。[①] 生活的意义是不能用时间的尺度来衡量的。有些人苟活百年，却未曾感受过生活的真正乐趣，这种人等于一生下来就已经死了。“如果他一直到临死的那一刻都过的是最没有意义的生活的话，他还不如在年轻的时候就走进坟墓好哩。”[②] 然而生活的意义也同样不能用阅历的丰富与否来衡量，因为我们在漫长岁月中所感受到的那些强烈的快感、那些心血来潮的狂热，往往并不是在回忆中最使我们感动的东西。放荡的情感、无所节制的享乐和穷奢极欲的狂欢只能给苍茫的暮年带来无尽的烦恼，并不能使人感受到真正的幸福。相反，适度的享乐和随遇而安的生活，才能增加心灵的快乐。“我的心所怀念的幸福并不是一些转瞬即逝的片刻，而是一种单纯而恒久的境界，它本身并没有什么强烈刺激的东西，但它持续越久，魅力越增，终于导人

---

① 参见本书第一章第八节。

② 卢梭:《爱弥儿》，商务印书馆 1978 年版，第 15 页。

于至高无上的幸福之境。”[①]

尽管人们对于所得到的享乐应该适可而止，但是心灵对至善状态的追求却是无限的。艰难的命运、坎坷的遭遇、不可预见的噩运以及各式各样的灾难都可能暂时遮蔽心灵的神性之光，但是它们不可能完全扑灭这种光辉。人生就如同追逐太阳的夸父，永不休止地渴望着对生命意义的终极体验，哪怕在那闪光的顶峰体验中化为乌有。这种永无止境的灵魂的追求正是推动人类从野兽生番向神灵天使升华的精神动力，它使人类超越变动不居的日常事务，在喧嚣奔腾的世俗浊流中保持一颗坚如磐石的纯真的希望之心。晚年孤独忧郁的卢梭虽然对残酷的命运深感失望，但是他仍然在对“持久的幸福”表示怀疑的同时，坚持呼唤着那“永远延续下去的时刻”：

> 人间的一切都处在不断的流动之中。没有一样东西保持恒常的、确定的形式，而我们的感受既跟外界事物相关，必然也随之流动变化。我们的感受不是走在我们前面，就是落在我们后面，它或是回顾已不复存在的过去，或是瞻望常盼而不来的未来：在我们的感受之中毫不存在我们的心可以寄托的牢固的东西。因此，人间只有易逝的乐趣，至于持久的幸福，我怀疑这世上是否曾存在过。在我们最强烈的欢乐之中，难得有这样的时刻，我们的心可以真正对我们说：“我愿这时刻永远延续下去。”[②]

---

① 卢梭:《漫步遐想录》，人民文学出版社 1986 年版，第 67 页。

② 卢梭:《漫步遐想录》，人民文学出版社 1986 年版，第 67—68 页。

对这种“永远延续下去的时刻”的呼唤正是人类心灵中不甘沉沦的神性的呼唤，它表现了一种追求灵魂永生的不泯希望。这“时刻”就是最高的幸福状态，就是人类魂牵梦萦的至善境界。正是从卢梭的这种混杂着怀疑和希望的自我拷问中，奏响了歌德的浮士德在临终前的充满信心和希望的胜利凯歌：

这是智慧的最后结论：
人必须每天每日去争取生活与自由，
才配有自由与生活的享受！
所以在这儿不断出现危险，
使少壮老都过着有为之年。
我愿看见人群熙来攘往，
自由的人民生活在自由的土地上！
我对这一瞬间可以说：
你真美呀，请你暂停！
我有生之年留下的痕迹，
将历千百载而不致湮没无闻——
现在我怀着崇高幸福的预感，
享受这至高无上的瞬间。

获得了精神满足的浮士德仆地而死，他的灵魂却在纯洁的天使们的簇拥下飞升天国。天使们高唱赞美歌：

神圣之火，
环绕汝身，

感到生活幸福，
而与善为邻。
大众联合一致，
起来赞颂顶礼！
玉宇清洁无尘——
精神自由呼吸！①

这就是至善的纯净美妙之境！只有那些把灵魂的净化看得比物质的享乐更重要的人，才配享受这光明圣洁的幸福。这也是人类的必由之路，人类灵魂在经历了炼狱的净化之后，最终将飞升到至善至美的福地，把自己提高到上帝之侧，或者使自己最终融化到上帝之中。这正是卢梭毕其一生而不懈追求的崇高理想，早在《论科学与艺术的进步是否有助于敦风化俗》一文中，卢梭就用充满激情的语言向世人展示了人类未来的辉煌前景：

看一看人类是怎样通过自己的努力而脱离了一无所有之境，怎样以自己的理性的光芒突破了自然所蒙蔽着他的阴霾，怎样超越了自身的局限而神驰于诸天的灵境，怎样像太阳一样以巨人的步伐遨游在广阔无垠的宇宙里，那真是一幅宏伟壮丽的景象……②

---

① 歌德:《浮士德》，复旦大学出版社 1983 年版，第 667—668、679—680 页。

② 卢梭:《论科学与艺术》，商务印书馆 1963 年版，第 6 页。

人类正是为了实现这幅宏伟壮丽的景象而被创造的，这神圣的使命就是人类自身中的神性之光！

四、“真正的心就是上帝的真正殿堂”

1755年葡萄牙的里斯本发生了一场大地震，成千上万的人在地震中丧生。这件事对欧洲人的宗教信仰产生了极大的震动，德国哲学家莱布尼茨关于“我们的世界是一切可能世界中最好的世界”的信念以及英国诗人蒲伯在《人论》中所宣称的箴言：“凡事皆属正义”，遭到了普遍的怀疑。伏尔泰就此事发表了一首关于自然法则的诗篇，对上帝统辖世界和保卫人类的传统观点进行了猛烈的抨击，并在诗中暗含着对上帝本身的存在表示怀疑的思想。在这首诗中，伏尔泰义愤填膺地对那些为上帝的正义进行强辩的观点驳斥道：

> 无益的痛苦，便是那对话，永无休期！
> 呆头笨脑的哲人们大叫：“凡事皆属正义。”
> 来——来看看这惨淡的废墟，
> 这衣衫褴褛的人们，这悲惨的地方，这瓦砾，
> 妇女和孩子们一个个堆起，
> 断裂的大理石压着破碎的肢体；
> 你说，这是永恒规律的必然
> 难道说，是上帝必然选择了这样的悲惨？
> 再不用向我激动的心叮咛，
> 这规律多么必然，多么永恒，
> 这个肉体、灵魂和世界的锁链。
> 呵，深刻的空想！呵，学究的梦！

上帝手执这条锁链，可他从未被束缚；
全靠他善意的选择，一切都是命定，
只有上帝自由而公正，他从不通融。
我们干吗要忍受这样一位严明的天公？[①]

伏尔泰的这首诗大大地激怒了卢梭，成为这两位伟大的思想家反目成仇和直接对立的导火索。在1756年8月18日卢梭针对此事而写给伏尔泰的一封信中，他指责伏尔泰表面上信奉上帝，实际上却信仰魔鬼。他毫不留情地指出：这位养尊处优的大哲学家企图借用这场灾难来扼杀人类的希望，“这种学说的荒谬是一目了然的，而从一个浸沉在各种幸福之中的人的口里说出来，特别令人反感，因为他自己处在安乐窝里，却竭力要叫所有其他的人悲观失望，把他自己并没有受到的种种灾难写得那么阴森可怖。”[②] 伏尔泰把由于人们滥用自己的才能所导致的各种灾难都归罪于天意，并且由此而斥责宗教观念，这种做法犹如在伤口上撒盐，只能使人痛上加痛。卢梭对伏尔泰的这种幸灾乐祸的论调反驳道：“那被你说得如此可怕的乐观主义，却在你所渲染的不堪忍受的极度凄苦中，抚慰了我。蒲伯的诗减轻了我的苦楚，并使我充满耐心；而你的诗却使我更加椎心泣血，并迫使我反对上帝；它使我失去了慰藉，并且濒于绝望。”卢梭认为，关于上帝的观念和宗教信仰是不能从理性的推理或形而上学的思辨中得出的，它植根于人的最内在的情感体验中。面对着伏尔泰所煽动起来的怀疑主义氛围，卢

① 伏尔泰:《里斯本地震》，转引自卡西尔:《卢梭·康德·歌德》，生活·读书·新知三联书店1992年版，第43—44页。

② 卢梭:《忏悔录》第二部，人民文学出版社1982年版，第530页。

梭坚定不移地表达了自己对上帝存在和灵魂不灭的信念："形而上学的种种诡谲，片刻也无法诱使我怀疑自己灵魂的永存和精神的上帝；我感受它、坚信它，我向往它、期待它，并且只要一息尚存，就要捍卫它。"①

宗教生活的根基在于情感而不在于理性，这是卢梭宗教思想的最基本的观点。卢梭的宗教信仰虽然长期处于一种飘忽不定的游移状态中，不断地根据环境的要求而在新教和天主教之间变换，但是在对待宗教问题的基本态度上，他却是始终如一的。这些基本态度就是：强调宗教生活的根源是内心的虔诚，每个人都应该以自己的真实情感和向善之心直接面对上帝，宗教的基础是道德和良心，不同的宗教信仰和教派之间应该彼此宽容，等等。梯利在《西方哲学史》中指出：在卢梭那里，"道德和宗教不是推理思维的事，而是自然的感情问题。人的价值不在于他有智慧，而在于他有道德的本性，这种本性本质上是感情：唯善良的愿望具有绝对的价值。卢梭强调情操作为精神生活因素的重要性，否定理性的发展能够使人完善。"②

卢梭在《爱弥儿》第四卷的"信仰自白——一个萨瓦省的牧师述"（该文也是卢梭本人的"信仰宣言"）中明确表示，信仰是完全奠基于个人的内心体验之上的，宗教的基础是良心而非知识，神学无非就是道德神学。"真正的心就是上帝的真正殿堂"，任何宗教教义和信念，都是建立在人的切身体验和道德良心之上，而"良心的作用并不是判断，而是感觉""知道善，并不等于爱善；人并不是生来就知道善的，但是，一旦他的理智使他认识到了善，他的良心就会使他爱善；我们

① 卡西尔:《卢梭·康德·歌德》，生活·读书·新知三联书店 1992 年版，第 45 页。
② 梯利:《西方哲学史》下册，商务印书馆 1979 年版，第 155 页。

的这种感情是得自天赋的。”[①] 使人类有别于兽性而趋向于神性的东西，不是理性，而是这天生的良知情感，它是引导人通往天国的唯一阶梯。

宗教是完全属于个人的道德良知的事情，这就是卢梭在皈依天主教时所带入的新教成分，这种信念使他后来又重新恢复了童年时代的新教信仰。人与上帝的交往不是在外在性的宗教仪式中，甚至也不是在对《圣经》文字的理解中，而是在个人内心深处的情感体验中。“一个人应去寻求上帝法度的地方，不是几页零散的纸张，而是人的心，在人心里，上帝的手屈尊写道：‘人啊，不论你是什么人，都请你进入你自身之中，学会求教于你的良心和你的自然本能，这样你将会公正、善良而具有美德，你将在你的主人面前低首，并在永恒的福祉里分享他的天国。’”[②]

14 世纪的德国神秘主义者艾克哈特曾提出了一种与中世纪经院哲学的烦琐逻辑论证截然不同的上帝存在论思想。在艾克哈特看来，上帝是不可思议、不可规定和不可通过逻辑来证明的精神实体，他存在于个人的沉思默想和神秘直观之中，人通过灵魂的火花（“心灵之光”）与上帝相融合。当灵魂一旦拥有了对上帝的信仰，它就会“涌出一股神灵般的爱的泉流”，从而使人向着崇高的神性升华，返回到上帝之中，达到最高的完满。艾克哈特强调，灵魂与上帝的交融是“无词无音的言说”，上帝不具有任何定形或固定的表象，他是心灵之言、朝霞之光、烈火之焰、花朵之芬芳、清泉之涌流。这种神秘主义的思想对宗教改革的巨擘马丁·路德产生了极大的影响，路德坚持认

① 卢梭：《爱弥儿》，商务印书馆 1978 年版，第 454、416—417 页。

② 《卢梭通信全集》第 3 卷，第 490 封，转引自詹姆斯·C. 利文斯顿：《现代基督教思想》上卷，四川人民出版社 1992 年版，第 89 页。

为每个人只需凭借自己的信仰，而无须借助任何其他中介者（神职人员和教会）的力量，就可以实现与上帝的自由交往。在路德看来，“信者就是上帝”，人与上帝在信仰中融为一体。凭着这种坚定的信念和神秘的体验，路德第一次使宗教成为个人心情的事情，成为精神的自由。宗教信仰既然成为纯粹个人的事情，它就必然与神秘的直观和感悟联系在一起。因此无论是在沃尔姆斯帝国会议的阴风凄雨中，还是在离群索居的孤僻境遇里，路德都能泰然处之，因为上帝始终与他同在。“我自己的血和肉坐在上帝的右边，掌管万物。”[①] 路德从不会为了寻找上帝存在的证据而苦恼，因为上帝就在潺潺的溪流中、如血的残阳中和峥嵘的峰峦中，就在脉搏的跳动中和神秘的直观中。艾克哈特的神秘主义和马丁·路德的这种强调个人心情和精神自由的宗教思想，对于卢梭的宗教观无疑具有重要的影响。虽然卢梭是在加尔文教的堡垒——日内瓦长大的，但是他那忧郁浪漫的气质和酷爱自由的天性却使他更倾向于路德式的心情欢快的宗教态度，而不是加尔文式的阴沉刻板的宗教态度。

与艾克哈特和路德等人一样，卢梭始终坚信宗教生活是一种内在的道德生活。一个有着真正的宗教信仰的人，应该因上帝爱善而诚心向善，因相信上帝的公正而毫无怨言地忍受痛苦，他在坎坷的命运中应该始终以欢乐的心情面对上帝。与传统的天主教不同，卢梭信仰的是一种自然宗教（虽然他常常宣称自己是一个真正的基督徒），它的基础是美德、良知和自由心情。这种宗教并不局限于某种外在的宗教形式，它以虔敬之情和慈爱之心来面对上帝以及上帝所创造的一切事物。它用真实

① 《费尔巴哈哲学著作选集》下卷，商务印书馆 1984 年版，第 87 页。

的情感而不是理性的论证来领悟上帝的存在，通过对上帝所创造的秩序和自然法则的热爱来达到对上帝的领悟。卢梭反对中世纪经院哲学论证上帝存在时所使用的那套烦琐的形式逻辑，在他关于上帝存在的说明中具有明显的泛神论色彩。在《爱弥儿》第四章“信仰自白——一个萨瓦省的牧师述”中，卢梭强调，上帝就存在于他所创造的万事万物中，就存在于信者的心中。当我们执意要寻找上帝的确定形象时，当我们要追问上帝在什么地方或上帝是由什么东西构成的时候，上帝就避开了我们，但是他会在一切生命的和非生命的存在物中向我们显示他那无限的睿智，使我们坚定地相信他的存在。卢梭这样写道：

> 这个实体是存在着的。“你看见它存在在什么地方？”你这样问我。不仅存在于旋转的天上，而且还存在在照射我们的太阳中；不仅在我自己的身上存在，而且在那只吃草的羊的身上，在那只飞翔的鸟儿的身上，在那块掉落的石头上，在风刮走的那片树叶上，都存在着。①

在卢梭看来，上帝是智慧、仁慈和美的化身，上帝的善良就体现在对秩序的热爱中，他正是通过秩序来维持一切存在的。上帝也是公正的，他的公正是他的善良的结果。人类的不公正和邪恶是人类自己造成的，与上帝无关。我们关于上帝的一切知识都是通过“良知的直觉”从自然这本大书中获得的，这种知识的获得既不需要矫揉造作的理性，也不需要超自然的天启。“我把所有一切的书都合起来。只有一本书是打开在大家的眼前的，那就是自然的书。正是在这本宏伟的著作中我学会

① 卢梭:《爱弥儿》，商务印书馆 1978 年版，第 391—392 页。

了怎样崇奉它的作者。任何一个人都找不到什么借口不读这本书，因为它向大家讲的是人人都懂得的语言。”[①] 至于那些所谓的超自然的奇迹，则完全是一种欺骗和胡说，是别有用心的人精心杜撰出来以证明天主教的教义的。大自然是绝不会听命于那些骗子的，它用自身的不可改变的优美秩序向心地纯洁的人们昭示了那创造秩序的智慧之手。

卢梭反对把上帝看作某种人格化的东西，认为用人的形象去比附上帝是对上帝的一种亵渎。对于上帝这种最高的本质，只有通过超理性的心灵的自由交往才能把握，而不能通过理性的推理来认识。我们越是沉思上帝的无限本质，我们就越不能理解它；但是由于上帝是确实存在着的，所以我们越不理解它，反而我们越是崇敬它。卢梭谦卑地赞叹道：

> 万物之主啊，我之所以能够存在，是因为你存在；我这样不断地对你思索，为的是使我明白我的根本。要想最恰当地运用我的理性，最好的办法莫过于使它听从你的旨意：我的心灵之所以这样喜悦，我柔弱的体质之所以这样可爱，正是因为我感受到了你的伟大。[②]

卢梭的这种自然宗教无疑是受了自然神论和泛神论的影响，但是与自然神论和泛神论把理性提高到至上地位、提高到上帝本身的做法不同，卢梭始终把情感、良心当作信仰的首要条件，把宗教看作属于心情的事情。宗教信仰的基础不是知识理性，而是道德良心

① 卢梭:《爱弥儿》，商务印书馆 1978 年版，第 445 页。
② 卢梭:《爱弥儿》，商务印书馆 1978 年版，第 410 页。

和自由心情，这是卢梭在西方宗教思想史上的重大建树。卢梭的这种贬抑知识理性、崇尚道德情感的宗教思想成为从英、法的理性神学向德国的道德神学和情感神学过渡的重要契机，后来康德在神学领域中所进行的“哥白尼式的革命”（颠倒了信仰与道德的传统关系，把道德确立为信仰的基础，从以神学来说明道德转向了以道德来说明神学，从以神来说明人转向了以人来说明神），以及施莱尔马赫把个人的情感体验和内心感受确立为宗教信仰的基础，从而实现宗教观从形而上学向心灵哲学的转化，都是在卢梭宗教思想的启发下进行的。

五、“我吗，先生，我是信上帝的！”

与18世纪法国的许多启蒙思想家不同，卢梭从不讳言自己是一个有神论者，他既反对无神论，也反对以宗教迷信和狂热为特征的传统天启宗教。他一方面指责无神论者借口解释自然而散布败坏人心的学说，蛊惑人们不信神明，从而使人们的道德败坏（这种指责是针对霍尔巴赫、狄德罗等人的）；另一方面又激烈地抨击天主教会所干出的种种暴行和罪恶。关于无神论，卢梭认为它的最大要害就是以一种好辩的哲学风气来斫丧人的生命，使人心变得越来越脆弱，诱引人们把所有的热情都倾注到低级的个人利益和卑贱的自身享乐，逐渐腐蚀了整个社会的精神基础。它虽然不像宗教狂热那样直接导致了血腥和残酷的行为，却潜移默化地腐蚀着人们的爱心和崇高道德，因此它有时候甚至比宗教狂热（这种宗教狂热虽然偏激，却往往能够煽动起人们心中的殉道精神和崇高热情）更为有害。血腥的杀戮固然可怕，但是心灵的冷漠更容易摧残人类的良知。卢梭不无夸张地写道：

> 无神论之所以不造成流血的行为，并不是由于爱好和平，而是由于对善漠不关心；因为，只要那些自认为睿智的人能够安静地待在他们的书斋里，则无论发生了什么事情，都同他们没有关系。无神论的论点虽然不导致人和人的互相杀戮，但可以妨碍人的繁殖，因为它们破坏了使人类繁衍的风尚，离间了人和人的关系，把他们的一切爱都化为既严重地危害人类也严重地损害道德的秘密的利己之心。哲学家的漠不关心的态度，同专制制度统治下的国家的宁静是相像的，那是死亡的宁静，它甚至比战争的破坏性还大。[①]

无神论既然把人类心灵中一切崇高的情感和神圣的东西都加以破坏，它就必然使受压迫的人失去了他们在苦难中的最后的安慰，使豪强和富人失去了克制欲念的唯一羁绊。卢梭在致德莱尔先生的信中写道："若真没有神的存在，当今有权势的人们、富人们、幸福者们一定是很高兴的。但是对来世生活的期待，却可以安慰人民和受苦者的现世生活。"[②] 卢梭针对百科全书派的那种具有阳春白雪情调的无神论观点揭露道，那些自夸为人类救星的无神论者，他们所从事的事业就是要从人心深处消除掉对罪恶的悔恨和对德行的希望，从而把人类引向暗无边际的寡廉鲜耻和穷奢极欲的罪恶深渊。

在卢梭生活的时代，无神论是法国知识精英中的一种时髦风尚，它与当时风行于法国上流社会的唯物主义一样，都具有浓厚的阳春白雪色彩。虽然在 18 世纪的法国，天主教的势力还非常强大，狄德罗

---

① 卢梭:《爱弥儿》，商务印书馆 1978 年版，第 455 页注释。

② 卢梭:《论人类不平等的起源和基础》，商务印书馆 1962 年版，第 18 页。

等人也曾多次遭受到宗教当局的迫害，但是崇尚新潮、附庸风雅的有教养的法国人还是禁不住对无神论情有独钟，并且只要一有时机，就以矫枉过正的偏激方式对天主教乃至一切宗教传统进行猛烈的攻击。这种标新立异和追逐新潮的特点，不仅表现在狄德罗、霍尔巴赫等人的“战斗的无神论”中，而且也表现在伏尔泰等人的“犹抱琵琶半遮面”的自然神论中。总的说来，无神论是18世纪法国知识精英的一种高雅的思想时尚，正如同戴假发、佩花剑是法国上流社会的一种高雅的行为时尚一样。相反，广大的平民百姓却是虔信宗教的，无神论对于那些衣不遮体、食不果腹的无套裤汉来说是一种价值昂贵的精神奢侈品。对于那些辗转于苦难的现实泥淖中的受压迫者来说，最希望聆听到的声音不是理性的咏叹调，而是宗教的安魂曲。这种状况一直持续到法国大革命时期，罗伯斯庇尔之所以要建立一个信仰“太上主宰”的新宗教，不仅是受了卢梭宗教思想的影响，而且也与当时法国平民阶层的宗教信仰要求有着密切的联系。罗伯斯庇尔公开宣称：“无神论是贵族政治的。一位全能的上帝照顾受压迫的善良的人，并惩罚得意扬扬的罪犯乃是人民的基本观念，这是欧洲与世界人民的观点；这是法国人民的观点。”[1] 平民与贵族之间的这种文化上的差异，也是造成卢梭坚定不移地维护宗教信仰，并且始终不妥协地与知识精英的无神论（以及伏尔泰式的自然神论）相对立的重要原因。

另一方面，卢梭对传统的天主教信仰也进行了无情的批判。卢梭把天主教斥责为一种野蛮残酷的迷信，它所崇奉的神是最不公正、最残忍的暴君。它在世界上实行最狂暴的专制统治，它那“狭隘的教义

---

① 威尔·杜兰特：《世界文明史》第11卷《拿破仑时代》上册，东方出版社1999年版，第99页。

不仅不能阐明伟大的存在的观念，反而把这种观念弄得漆黑一团；不仅不使它们高贵，反而使它们遭到毁伤；不仅给上帝蒙上了许多不可思议的神秘，而且还制造了无数荒谬的矛盾，使人变得十分骄傲、偏执和残酷；不仅不在世上建立安宁，反而酿成人间的烧杀。……我在其中看到的，尽是世人的罪恶和人类的痛苦。”[①] 在《社会契约论》中，卢梭也写道：“基督教只宣扬奴役与服从。它的精神是太有利于暴君制了，以致暴君制不能不经常从中得到好处。真正的基督徒被造就出来就是做奴隶的。”[②] 天主教把教义变成了自由心灵的一种桎梏，把虔诚的信仰变成了一些虚假的仪式，把基督徒的美德变成了一种偏狭的宗教不宽容和变态的仇恨。其结果就是培养出一大批心存歹毒的宗教疯子，这些心灵阴暗的宗教狂热分子把对异教徒的屠杀当作奉献给上帝的最佳祭品，从而挑起了人间无穷无尽的仇恨和杀戮。

基督教（此处的基督教是指广义的，即包括天主教、东正教、新教等各种教派在内的基督教）在本质上来说是与希腊罗马多神教的美丽明朗的感性特点相对立的，与身体健美、面容姣好的希腊罗马诸神相比，那个被钉在十字架上的瘦骨嶙峋、凄楚阴惨的基督形象是不美的，他仅仅象征着对罪孽的一种深沉而痛苦的反省和忏悔。基督教的魅力不在于它的美感，而在于它引起的心灵的那种“恐怖的快感”和“痛苦的极乐”。基督教的本质精神就是灵与肉的二元分裂，就是这种分裂所引起的痛苦和罪孽感。这种赎罪的忏悔、恐怖的快感和灵肉分裂的痛苦，与卢梭信奉的自然宗教所展现出来的那种欢乐祥和的恬静气氛，在本质上是格格不入的。中世纪天主教所采取的种种形式化的

---

① 卢梭:《爱弥儿》，商务印书馆 1978 年版，第 426 页。

② 卢梭:《社会契约论》，商务印书馆 1980 年版，第 183 页。

赎罪手段和维系信仰的方式——密室忏悔、买卖圣物和赎罪券、十字军杀戮、宗教裁判所和火刑法庭等等，不仅使得基督教所固有的阴森凄楚氛围变得更加触目惊心，而且也使得基督教日益成为一种残忍嗜血和偏执狭隘的宗教。它动用了各种令人发怵的手段来维护它那越来越虚伪凶残的精神专制和世俗统治，唯独不擅长引导自由心灵直接体验上帝的真精神。卢梭愤慨地写道："谦卑的基督徒改变了他们的语言，而不久我们便看到这个所谓另一个世界的王国，在一个有形的首领[①]之下，竟然变成了这个世界上最狂暴的专制主义。"[②]

卢梭对伪善残暴的天主教的无情针砭极大地激怒了教会当局和一切以信仰天主教自居的人，甚至也激怒了伏尔泰这样的自然神论者。巴黎大主教毕蒙把卢梭斥为一个自称热爱圣典却一味标新立异的人，一个泯灭读者道德观念的人，《爱弥儿》则被教会宣布为无神论的邪恶之作，并遭到欧洲各国当局的查禁。面对着种种不公正的待遇，卢梭在心力交瘁的情况下，发表了《致毕蒙大主教书》。在这篇为自己的宗教信仰进行辩护的文章中，卢梭慷慨激昂地写道：

> 我是个天主教徒，一个诚挚的教徒，遵从圣经福音的信条。我是个教徒，但并不是牧师的信徒，而是耶稣基督的信徒。我所坚信的天主并不要求深入讨论福音信条，而注重切身实行；他要求弟子信仰能使人类行善的事物，他告诉我们只要去爱自己的兄弟就是履行了信条。
>
> 但是，那些缺乏正义的教士，霸占职权，成为我宗教上的裁

---

① "有形的首领"指教皇。

② 卢梭:《社会契约论》，商务印书馆 1980 年版，第 174 页。

判者，而且告诉我应该做什么，不该做什么。他们的优越权利绝不会影响我的原则，他们无法使我说出我不愿意说的话。如果我的真诚触怒了他们，他们就会想办法将我摒弃于教堂之外，我并不畏惧他们的威胁，因为他们无权判决我。

他们无法阻止我的心灵与信仰相结合，他们能剥夺我的幸福，但绝不能阻挠我未来的希望，我未来的希望是由耶稣基督做我的裁判者，裁判我和他们之间谁是谁非。

每一个派系都在残害他的兄弟、同胞，所有教会派别都以人的鲜血祭祀上帝，这种矛盾现象是如何产生的呢？但是，它们的确存在于我们的社会中，如果有人想改良这种情形也算是罪恶吗？①

与这种普遍的不宽容针锋相对，卢梭提倡一种宽容敦厚的宗教精神。在他所向往的“公民宗教”（以宽容精神和崇高美德为基本特征的“公民宗教”后来成为罗伯斯庇尔建立“太上主宰”宗教时所效法的楷模）中，唯一不被允许的反面教条就是不宽容。在《新爱洛伊丝》中卢梭甚至写道：“没有任何一个真正的教徒是排斥或迫害异教的人。如果我是法官，如果法律规定不信神的人必须处死，谁来告别人不信神，我首先就把他当作不信神的人处以火刑。”②

对比一下卢梭与伏尔泰的宗教态度也是颇为有趣的。伏尔泰对于天主教一向是采取阳奉阴违的态度，他的自然神论从根本上来说是接近于狄德罗等人的无神论的，但是他始终给这种暧昧的无神论戴着一

---

① 法兰西斯·韦渥：《卢梭》，新华出版社 1988 年版，第 153—155 页。

② 卢梭：《新爱洛伊丝》，译林出版社 1993 年版，第 481 页注释。

个虔诚信仰的假面具。伏尔泰一方面认为任何宗教都是欺骗、狂热和偏执的结果，另一方面又强调："为了有利于全人类，就要有某个神灵存在。"他一方面用他那充满机智和刻薄的语言讥讽挖苦着天主教的上帝，另一方面又假惺惺地在他的菲尔奈庄园里建造了一所献词为"伏尔泰为上帝而建"的教堂。他毕生都在激烈地攻击天主教的虚伪仪式，然而在临终前不久，他却准备按照天主教的习惯进行忏悔。当有人问他此事是否属实时，这位哲学家沮丧地说："有什么办法呢？这里盛行的就是这样的习惯。跟狼在一起生活，就要照着狼嗥。如果我居住在恒河岸边，我就不得不抓着牛的尾巴而死。"[①] 伏尔泰担心自己死后遗体将会遭到狂热的神父们的凌辱（当时就有一位著名的法国演员由于被人指责为无神论者，死后遗体被教堂墓地拒绝收葬而曝尸荒野），因此不得不在临死前装出一副虔诚的模样，但是他却忘记了自己生前曾经对那些狂热的神父进行过多么犀利无情的凌辱！

法国著名演员、伏尔泰的年轻的同时代人塔尔玛在他的《回忆录》中，记载了这位名满欧洲的启蒙思想家在生命最后一刻里的一段有趣故事，从这里我们可以看到伏尔泰对待宗教的模棱两可的态度：

> 天主教神父问道："我的孩子，你是否不相信耶稣基督的神灵啊？"伏尔泰没有回答。这时，根据特尔萨克的请求，伏尔泰的朋友德·维勒维尔在这位奄奄一息的老人的耳边又大声提出这个问题。伏尔泰问道："是谁问我这件事啊？"已认为是在同死者谈话的德·维勒维尔被伏尔泰雷鸣般的问话弄得大吃一惊，回

---

① C. 阿尔塔莫诺夫：《伏尔泰传》，商务印书馆 1987 年版，第 39 页。

答道："是戈季耶神父，你的接受忏悔的神父。"伏尔泰重复道："噢！是戈季耶神父，我的接受忏悔的神父啊！请您向他转达我的赞语吧！是谁和他在一起啊？""你的神父，特尔萨克先生。"伏尔泰说这些话时强打起精神，稍稍抬了抬身子，向特尔萨克伸出了手，吻了吻他，然后说："您好，神父先生。"这两句话是用这样的口吻说的："劳驾，让我安静一下吧！"

但是，神父并不是这样容易屈服的。他重复问道："我的孩子，您是否承认耶稣基督的神灵啊？"神父对这点失算了，因为他以为伏尔泰已与上帝妥协，就像菲尔奈小教堂使他不再怀疑这一点一样。但是，世上没有什么东西能迫使伏尔泰与基督妥协。这样，在向一个一生把基督不叫作别的而叫作"坏蛋"的人提出这个不客气的问题时，奄奄一息的伏尔泰张开手掌并伸开手臂喊："让我安安静静地死去吧！"后来，因为神父继续坚持要伏尔泰表态，伏尔泰便用尽全力打了他一拳，接着便倒下了，并且说："看在上帝面上，请永远不要向我谈论这个人的事。"这就是他说的最后几句话。①

从这段文字中可以看出，伏尔泰一直到死都对信仰问题采取一种闪烁其词的微妙态度。虽然他平时把基督叫作"坏蛋"，但是在临终时他却避免正面回答是否相信基督神灵的问题。他可以在生命的最后一刻用尽全身力气打他的忏悔神父一拳，他却不愿意直截了当地表明他根本不承认基督神灵这个事实。这正是他的机智之处，同时也是他

① C. 阿尔塔莫诺夫：《伏尔泰传》，商务印书馆 1987 年版，第 50—51 页。

的脆弱和虚伪之处。他活着的时候曾因为激烈地攻击天主教而名噪天下，然而当他将死之时，这个骨子里是无神论者的伟大启蒙思想家却由于害怕被曝尸荒野，而不得不对信仰问题保持缄默。

卢梭则完全相反，他在宗教信仰问题上始终保持着一种坚定、明朗的态度，他的教派归属虽然游移不定，但是他从来没有否认过上帝存在和灵魂不死。有一次在一个宴会上，他的朋友圣朗拜尔对上帝的存在表示怀疑，卢梭愤然地威胁要离席而去，他高声叫道："Moi，Monsieur，je crois en Dieu！（我吗，先生，我是信上帝的！）"这信仰在他心中从来没有真正动摇过。上帝对于卢梭来说就是灵感的源泉、道德的砥柱，在他的长期离群索居的孤独生活中，上帝就像一个忠实的伴侣一样须臾不离地守护在他身边，激起他在逆境中孤军奋战的顽强意志和不泯希望。他在给一位贵妇人所写的信中说：

> 啊，夫人！有时候我独处书斋，双手紧扣住眼睛，或是在夜色昏暗当中，我认为并没有神。但是望一望那边：太阳在升起，冲开笼罩大地的薄雾，显露出大自然的绚烂惊人的景色，这一霎时也从我的灵魂中驱散全部疑云。我重新找到我的信念、我的神，和我对他的信仰。我赞美他、崇拜他，我在他面前匍匐低头。[①]

在晚年，面对残酷险恶的命运，面对日益逼近的死亡的阴影，卢梭表现出一种与伏尔泰临终前的踌躇彷徨截然相反的恬淡宁静的

---

① 罗素：《西方哲学史》下卷，商务印书馆 1976 年版，第 233 页。

心态。死亡对于这位饱尝了人世间的不幸和屈辱的虔信者来说，恰恰构成了新生的开始。他以一颗坦然的平常之心来拥抱死亡，并且坚信基督神灵与他同在。他在致蒙彼利埃·穆尔士先生的信中写道：

> 这个世纪否认耶稣，是因为这个世纪不配了解他，耶稣为了使他的邪恶的同胞成为光荣和有道德的人死去了，伟大的耶稣并没有死在十字架上。我只是一个有许多缺点的人，但是我知道我自己的心中从来没有罪恶的感情。在我感到我的身体的崩溃已经临近的时候，我满意地感到我（的灵魂）肯定将继续活下去。我认为，整个上苍都能保证这点。上苍是不会食言的。我看到神奇的自然秩序在主宰着一切，从来不爽。道德秩序应该与之相适应。然而，我的一生中，一切都是颠倒的。因此，我的生命是在死亡时才开始的。①

在卢梭生命的最后时刻，并没有神父在场，只有他的忠实伴侣瓦瑟和冥冥中的上帝守护在他身边。像他这样的人是不需要神父来做临终祈祷的，他的那颗纯洁的虔敬之心就是他的终傅神父。卢梭就是在这种平静的心情中，面对着美丽的晨光投身于上帝的怀抱。

六、自然哲学

卢梭的著作中虽然到处闪耀着哲理的火花，但是他本人并没有像狄德罗、霍尔巴赫等人那样写过专门性的哲学著作，更没有建立起经

---

① 何祚康、曹丽隆:《走向澄明之境——卢梭随笔与书信集》，上海三联书店 1990 年版，第 183—184 页。

过系统论证的哲学体系。他曾公开声称:“我不是一个大哲学家，而且也不想做大哲学家。”[①]在他看来，伏尔泰、霍尔巴赫等大哲学家只不过是一些擅长摇唇鼓舌、蛊惑人心的骗子，他有时候甚至轻蔑地把哲学家们的争论贬斥为“一群江湖骗子的喊叫”。尽管如此，卢梭在《爱弥儿》的“信仰自白——一个萨瓦省的牧师述”中仍然以散文的形式表达了他的哲学思想。如果我们对这些诗意的思想稍加梳理，就可以看到一个较为完整的哲学体系。

与他在其他领域中的观点一样，卢梭也是把大自然作为其哲学思考的出发点。承认自然世界的客观存在，并且遵循它所指引的方向前进，这是卢梭哲学思想的坚实基础。而这个基础是从一个笛卡儿式的命题（笛卡儿哲学第一原理:“我思故我在”）中引申出来的，但是它的结论却与笛卡儿的迥然而异:

> 我存在着，我有感官，我通过我的感官而有所感受。这就是打动我的心弦使我不能不接受的第一个真理。我对我的存在是不是有一个特有的感觉，或者说，我是不是只通过我的感觉就能感到我的存在？这就是我直到现在还无法解决的第一个怀疑。因为，由于我或者是直接地或者是通过记忆而继续不断地受到感觉的影响，我怎么就能知道“我”的感觉是不是独立于这些感觉之外的，是不是不受它们的影响呢？
>
> 我的感觉既能使我感知我的存在，可见它们是在我的身内进行的；不过它们产生的原因是在我的身外，因为不论我接受与

---

① 卢梭:《爱弥儿》，商务印书馆 1978 年版，第 377 页。

否，它们都要影响我，而且，它们的产生或消灭全都不由我做主。这样一来，我就清清楚楚地认识到我身内的感觉和它们产生的原因（即我身外的客体）并不是同一个东西。

因此，不仅存在着我，而且还存在着其他的实体，即我的感觉的对象；即使这些对象不过是一些观念，这些观念也并不就是“我”。[①]

如果说笛卡儿由“我思故我在”的第一原理推演出了比“我”更完满的存在，即上帝，那么卢梭则从“我感故我在”的第一原理引申出了在“我”之外并决定着“我的感觉”的另一个实体，即物质世界。“我把我所感觉到的在我身外对我的感官发生作用的东西都称为‘物质’。”[②]物质作为自然世界的最小的颗粒，按一定规律组成形形色色的物体。物体的基本特性是广延（即占有空间），它具有客观实在性，它是与我们的思想不同的另一种实体。“实体”这个词在卢梭那里是指某种富有原始性质的存在，它不包括任何特殊的和第二性的变异，也就是说，“实体”是一种终极性的存在，是一切现象性事物背后的支撑体或本质。“实体”与“性质”是不可分割的，有多少种互相排斥的性质，就有多少种不同的实体。例如思想这种性质是与灵魂这种实体联系在一起的，它绝不可能与物质这种实体相联系。广延与思想这两种性质是互不相容的，它们分别属于“可感觉的存在”（即物质）和“有感觉的存在”（即精神）。卢梭明确地说：“可感觉的部分是延伸的，但是有感觉的存在则是不可分割的一个整

① 卢梭:《爱弥儿》，商务印书馆 1978 年版，第 383 页。
② 卢梭:《爱弥儿》，商务印书馆 1978 年版，第 383 页。

体；它是不能够划分的，它要么就是一个完整的整体，要么就根本不存在，所以，有感觉的存在不是一个物质的东西。”[①]在卢梭看来，生命是两种性质的统一，它的身体具有广延，它的灵魂具有思想。如果有生命的东西失去了其中一种性质，它就失去了一种相应的实体，从而也就不复为有生命的东西。因此，死亡不过是实体或性质的一种分离。

卢梭的本体论思想带有明显的二元论色彩，在这里可以看到笛卡儿哲学的深刻影响。而卢梭之所以要坚持这种二元论，除了他自身的思想原因外，也与他反对狄德罗等人的唯物主义世界观有关，正如同他坚持有神论的宗教信仰，除了他自身的虔诚之外，也与他反对狄德罗等人的无神论态度有关一样。狄德罗强调世界的物质统一性，认为世界是由唯一的物质所构成，思想、意识只是物质高度发展的一种产物，是物质在长期的演化发展过程中，从无机物到有机物、从无感觉物到有感觉物，最后到有思维物的转化结果。与此相反，卢梭则坚持主张物质实体与精神实体相对立的二元论，认为这两种实体一个是被动的，一个是主动的；一个是无生命的，另一个则是有活力的。对于狄德罗所宣扬的那种物质进化论的思想，卢梭针锋相对地指出，从僵死的、惰性的物质颗粒中决不可能产生出感觉和思想的能力，“化合和偶合只能产生跟化合元素性质相同的产物，组织和生命绝不是由一个原子的喷射而产生的，化学家在制造化合物的时候，决不能使那些化合物在坩埚里有所感觉和思想。”[②]

另一方面，卢梭也对莱布尼茨“单子论”的微知觉理论和与此相

---

① 卢梭:《爱弥儿》，商务印书馆 1978 年版，第 399 页注释。

② 卢梭:《爱弥儿》，商务印书馆 1978 年版，第 393 页。

关的万物有灵论思想进行了批判，他写道："他们认为大自然中全都是有感觉的存在，而一个人和一块石头之间的区别只是在于一个人是有感觉活动的有感觉的存在，而石头则是没有感觉活动的有感觉的存在。但是，如果所有的物质都真有感觉，那么，我在什么地方去寻找有感觉的单位或单独的自我呢？它是在物质的每一个分子中还是在分子的聚合体中呢？我是不是要把这个单位同样地归入液体和固体，归入混合物和元素？你也许会说，大自然是由个体组成的。但是，这些个体是什么呢？这块石头是一个个体还是个体的结合呢？它是单独的一个有感觉的存在呢，还是它含有多少粒沙便含有多少个有感觉的存在？如果说每一个基本的原子都是一个有感觉的存在，那么，我怎样才能理解两个存在之间赖以互相感触，从而使两个'我'混而为一的内在的联系呢？"①

如果说卢梭关于"实体"的思想深受笛卡儿二元论的影响，那么他关于运动的思想则明显地带有牛顿自然哲学的机械色彩。在卢梭眼里，变动不居的大自然只是表现了一种被动性的运动，因为物质本身是不具有运动这种能力的，自然界的运动都是某种外力作用的结果。卢梭把运动分为两种，即"因他物的影响而发生的运动"和"自发的或随意的运动"。前一种运动的动因存在于运动的物体之外，例如钟表之类的东西，如果不通过外力来上紧发条，它就休想转动。后一种运动则只属于有生命的人和动物，其动因是这些动物自身中所具有的运动能力。卢梭举例说："我想运动我的胳膊，我就可以运动它，这里除我的意志以外，不需要任何其他的直接的原因。"②

① 卢梭:《爱弥儿》，商务印书馆 1978 年版，第 398—399 页注释。

② 卢梭:《爱弥儿》，商务印书馆 1978 年版，第 387 页。

既然自然界中的无生命物体的运动是被一个外力所推动的，那么我们就必然要对这个机械运动的系列寻找一个终极性的最后动因，这正是迫使牛顿去设定“第一推动力”的原因。卢梭也同样面临着这个问题。一方面他承认自然界作为一个有机的整体，它的每一部分都在普遍联系中进行着井然有序、快慢均匀的运动；另一方面他又认为这种运动的原因并不能从自然界本身得到说明，它所遵循的那种优美和谐的固定法则并非它自己的意志的产物，而是另有原因。卢梭写道：

> 这个世界并不是一个能自行运动的巨大的动物，由此可见，在它的运动中必然有我尚未发现的某种外在的原因，然而内心的信念使我觉得这个原因是这样的明显，以至我不能不在看到太阳运行的时候设想有一种力量在推它，不能不在地球旋转的时候，我简直觉得看见了那只转动它的手。”[①]

由此，卢梭得出了他的第一个信条：“我相信，有一个意志在使宇宙运动，使自然具有生命。”[②] 如果说物质的运动表明了存在着一种外在于它们的意志，那么物质遵循一定的法则进行运动则表明这种意志是一种极高的智慧。由此卢梭又引出了他的第二个信条，即推动世界进行如此秩序井然的运动的必定是一个“最高智慧”，即上帝。虽然我们这些有限的智慧生物无法洞察上帝的意图和目的，但是我们可以从他所创造的运动和秩序中感觉到他的存在。虽然我们

---

① 卢梭:《爱弥儿》，商务印书馆 1978 年版，第 387 页。

② 卢梭:《爱弥儿》，商务印书馆 1978 年版，第 389 页。

不知道宇宙存在的终极原因，但是我们可以通过对宇宙运动的观察而发现它那优美的秩序和无与伦比的和谐。正如同我们从一个构造精致的钟表机芯中可以感觉到它的制作者的工艺手法之精湛一样。在这个设计精美、运行无误的大自然面前，谁还能怀疑它的创造者的智慧呢？谁还能继续鼓吹那种认为自然法则的形成完全是由于偶然的化合结果的观点呢？卢梭慷慨激昂地对百科全书派的唯物主义观点驳斥道：

> 让我们把各种各样特殊的目的、方法和关系拿来比较一下，然后再倾听内在的情感的声音，哪一个健全的心灵会拒绝它的证据呢？没有先入之见的眼睛难道还看不出显然存在的宇宙的秩序表达了至高的智慧？任你怎样诡辩，也不能使人们看不出万物的和谐，也不能使人们看不出每一个部分为了保存其他部分而进行的紧密配合！你爱怎样给我讲化合和偶然，就随你怎样讲，但是，如果你不能使我信服，即使把我说得哑口无言，又有什么用呢？我的自发的情感始终要驳斥你，这是我控制不住的，你能消除我这种情感吗？如果有机体在取得固定的形状以前，是以各种各样的方式偶然结合起来的，如果它先有胃而未同时有嘴，先有脚而未同时有头，先有手而未同时有胳臂，先有各种不能自行维持其自身的不完备的器官，那么，为什么这种残缺不全的东西我们一个也没有看见过呢？为什么大自然竟订出一些它不能首先服从的法则呢？说事物在可能产生的时候便产生，这我是一点也不觉得奇怪的，说困难的事情多做几次就能做成，这我也是同意的。但是，如果有人来告诉我说，把铅笔随随便便一扔，就能作出一部完整的《伊利亚特》，我认为，即使只走两三步路去对证

这个谎言，也是不值得的。[①]

卢梭虽然在本体论问题上是一个二元论者（这是受笛卡儿、马勒伯朗士等法国哲学家影响的结果），但是在认识论问题上他无疑是一个经验论者，在这里可以明显地看到洛克等英国经验论哲学家给卢梭思想打下的深刻烙印。卢梭年轻时曾经读过洛克的不少著作，对于这位英国哲学家，卢梭像当时所有的法国启蒙思想家一样怀有深深的敬意。他的社会契约论观点显然是受了洛克思想的启发，而在认识论问题上他更是从洛克那里吸收了许多基本的见解。首先，在感觉对象的客观性以及主客观之间的反映关系等问题上，卢梭和洛克一样坚持认为，在我们身外存在着一个独立的世界，它的生灭变化不以我们的主观意志为转移。我们的心灵原是一块“白板”，我们在上面所绘制的一切图案都在自然界中有其原型或“模特儿”。卢梭举例说，当我们要描绘某种物体时，就离不开它的原件，即感觉的对象。我们只能照着房子画房子，照着树木画树木，照着人画人。通过对外界物体的反复观察，我们就能够把所感觉到的物体的形象真实地印在心中，从而形成对它的正确认识。

其次，在认识过程的问题上，卢梭把人的认识区分为“感性的理解”和“理智的理解”，前者又被他称为“孩子的理解”，即把各种感觉组合成简单的观念；后者又被称为“成人的理解”，即把几个简单的观念组合成复杂的观念。在这里，我们可以看到洛克对简单观念和复杂观念进行区分的思想的明显痕迹。卢梭把感觉当作一切

① 卢梭:《爱弥儿》，商务印书馆 1978 年版，第 392—393 页。

知识的第一源泉，人的认识活动是从感性认识开始的。他对人的各种感觉（触觉、视觉、听觉、味觉、嗅觉等）在认识过程中的不同地位、作用及其相互关系进行了饶有趣味的分析，并且在五种感觉的基础上提出了“第六个感觉”，即“共通的感觉”。这种“第六个感觉”并不像其他感觉那样是人与生俱来的，也没有一个单独的感觉器官，它只存在于人的头脑中。它是在其他感觉相互配合的基础上产生的，它的作用在于“通过事物的种种外形的综合而使我们知道事物的性质”。因此，又可以把它称为“知觉”或“观念”，它是衡量我们理解能力的重要标准。卢梭说：“我们的知识的广度，就是以这种观念的多少来衡量的；人的思想是否正确，就是看这种观念是否清晰和精密；我们所谓的人的智力，就是把这种观念互相加以比较的艺术。”[①] 由此可见，这种“第六个感觉”或“知觉”“观念”，说到底不过是我们的理性对一个个孤立的感觉印象进行综合整理的能力。

当一个人的认识能力从感觉的领域跨入观念的境界时，他也就从“孩子的理解”迈入了“成人的理解”。而且，在人的认识活动中，除了感觉的作用外，还有一种力量在影响着我们的认识，这就是人的想象力和感情。缺乏想象力和感情的感觉是冷冰冰、灰蒙蒙的感觉，它尽管真实，却不能使我们的心灵受到感动。自然的世界之所以这样美丽动人，之所以这样令人陶醉，是因为我们在认识它时，除了感觉之外还有想象力和感情在发挥作用。卢梭满怀激情地写道：

① 卢梭：《爱弥儿》，商务印书馆 1978 年版，第 202 页。

有限的生命是这样的空虚和短促，以至当我们只看到它现在的情景时，我们是一点也不感动的。我们常常把幻想加在真实的事物上，如果我们的想象力不给那些触动我们感官的东西加上魅力，则我们从其中得到的乐趣便没有什么意义，只能算是感觉器官的享受，至于我们的心，则仍然是冷冰冰的。秋天，大地装饰着种种的珍宝，展现出一片富丽的景色，让我们的眼睛欣赏；但是，欣赏并不等于感动，因为它发端于人的感想而不是发端于人的感情。在春天，田野上几乎是一片荒凉，没有长一些东西，树林也没有阴影，草地不过是刚吐叶儿，然而我们的心却为这景色所感动。看见大自然重返大地，我们觉得自己的生命也为之复苏；我们周围都是一片愉快的情景；那欢乐的伴侣，同温柔的感情时时相随的甜蜜的眼泪，已经是涌到了我们的眼皮边上了；可是，收葡萄时候的情景却是那么的欢腾和热闹，我们尽管是看到了它，但始终没有流一滴眼泪。①

强调感情对认识活动的重要影响，这是卢梭不同于洛克的地方。当洛克谈论认识论问题时，他始终是以一种英国绅士式的冷静态度和审慎口吻来说话；而当卢梭谈论认识论问题时，却常常情不自禁地流露出法国人那种特有的激情，用诗性的语言来代替哲学的表述。

尽管有所差别，但是卢梭与洛克一样始终把感性认识当作全部认识过程的出发点，在这一点上卢梭与狄德罗等法国唯物主义者也是一致的。法国人素来重视感性的东西，感觉主义是典型的符合法国人的

---

① 卢梭:《爱弥儿》，商务印书馆 1978 年版，第 202—203 页。

天性的。即使是法国的理性主义者（如笛卡儿），也同样是从经验的原则出发的（笛卡儿的第一原理“我思故我在”就是建立在内在经验之上的）。法国人在思辨方面远远比不上德国人精深，法国唯物主义远远达不到德国唯心主义在思想上的那种深刻性，尽管它比后者要显得更加欢快明朗和充满活力。18 世纪的法国人不是以他们的浅薄单调的唯物主义哲学，而是以他们的崇高典雅的古典主义文学（以及稍后由卢梭所开创的嶙峋诡谲的浪漫主义）来令整个欧洲折服的。把感性的东西确立为哲学的第一原则，这几乎是法国哲学的普遍共性。卢梭明确地表示：“由于所有一切都是通过人的感官而进入人的头脑的，所以人的最初的理解是一种感性的理解，正是有了这种感性的理解做基础，理智的理解才得以形成，所以说，我们最初的哲学老师是我们的脚、我们的手和我们的眼睛。”① 这种表述是符合常识的，虽然它谈不上有多么深刻。

当我们对客观物体有所感觉之后，下一步的事情就是对感觉的结果进行比较或判断。通过感觉，物体孤立分散地呈现在我们眼前；通过比较，我们把感觉到的物体一个一个地叠合起来，以便找出它们的异同，发现它们之间的关系，从而赋予它们的存在以一种意义。感觉是人与其他动物共有的能力，比较则是人所独具的智力。“我在那仅有感觉的生物中是没有找到过这种能够进行比较和判断的智力的，我在它们的天性中也没有发现过这种智力。这种被动的生物可以分别地感觉每一个客体，甚至能感觉出由两个物体合成的整体，但是，由于它没有能力把客体一个一个地叠合起来，所以它就无法把它们加

① 卢梭:《爱弥儿》，商务印书馆 1978 年版，第 149 页。

以比较，它就无法对它们进行判断。”[①] 这种进行比较、判断的能力实际上就是所谓的理性认识能力，它既表现了人对动物的优越性，同时也是引起错误认识的主要根源。在这里，卢梭再一次表现出一个感觉经验论者的基本特点，即把感性认识看得比理性认识更重要，尽管他承认后者是更高级的认识形式。因此，卢梭倡导“采取多凭感觉而少凭理智这个原则”，并且与贬抑感性认识的可靠性的唯理论者针锋相对，认为导致错误认识的根本原因不在于感觉，而在于理性。感觉的东西永远是真实的，但是我们对感觉的判断却往往发生错误。卢梭说：“我认为我们的感官是不可能欺骗我们的，因为我们感触的东西所给予我们的感觉始终是真实的；伊壁鸠鲁学派的人在这一点上说得很有道理的。我们的感觉，只有在我们对它们产生的原因，对它们之间的关系或者对它们使我们所理解的事物的性质，随心所欲地做出我们的判断的时候，才会使我们陷入错误。”“大自然从来没有欺骗过我们；欺骗我们的，始终是我们自己。”[②]

卢梭在宗教上强调道德良心，在哲学上重视感觉经验，在美学上崇尚天然情感（关于这一点将在后面论及），这一切都表明了他的那种以真实心情为基础的“自我主义”。正是这种以自己亲身体验的良心、感觉、情感为特征的“自我主义”，构成了浪漫主义的晶核。因为浪漫主义滥觞于一种未经任何雕琢的内心感受，它要冲破一切外在的规范藩篱，仅仅以自由心情和真实情感作为唯一的行动准则。在18世纪的法国，当所有的启蒙思想家和知识精英都拜倒在崇高典雅的古典主义祭坛面前，都异口同声地赞颂着理性的至上权威时，只有卢梭

① 卢梭：《爱弥儿》，商务印书馆1978年版，第384页。

② 卢梭：《爱弥儿》，商务印书馆1978年版，第276页。

一个人旗帜鲜明地站在情感一边，以貌似羸弱而实际上却蕴含着万钧之力的自然主义和浪漫主义，与天主教徒、无神论者、专制君主、古典主义者乃至理性主义的启蒙思想家所结成的无形联盟相抗衡。这种孤军奋战的状况既造成了卢梭命运的坎坷和不幸，也导致了卢梭个性的乖僻和偏激。只是当卢梭的生命之火熄灭以后，他的世纪才真正来临——在波谲云诡的19世纪，正是卢梭率先表现出来的那种热烈澎湃的激情和乖僻偏激的个性，成为欧洲各国浪漫主义者们倍加赞赏和顶礼膜拜的东西。

七、“从我的门下出去……他首先是人”

在我们进入卢梭的浪漫主义的美学思想以前，有必要先介绍一下卢梭的教育学思想。事实上，在他的教育学思想中，也始终贯穿着一种浪漫主义的理想色彩。卢梭不仅是一个政治学家、哲学家（广义的）和文学家，他同时也是一个教育学家。他的不朽之作《爱弥儿》就是一部驰名世界的教育学经典。在这部皇皇巨著中，卢梭试图在社会批判和道德批判的前提下，以感觉经验论为理论基础，以大自然和人的天然本性为良师，实施一种崭新的教育方案，以期培养出能够摆脱社会的各种偏见和精神桎梏的“新人”。

如果说我们把卢梭的宗教叫作自然宗教，把他的哲学叫作自然哲学，那么我们同样可以把卢梭的教育思想称为“自然教育”理论。这种教育理论的基本特点就是师法大自然，顺应人的自由天性，废除教育过程中的一切繁文缛节和沉重枷锁，使受教育者能够全面地、健康地和欢愉活泼地发育成长。自然教育的目的是使人成为自然人，即绝对自由、平等和善良的人，这是卢梭心中的“新人”理想。教育的过程则以顺应自然法则和人的天性为唯一准则，用师法自然来代替师法人，从而使受教育者成为自然所造就的人，而不是人所造就的人。在教育方法上，卢梭反对当时占统治地位的经院习气，提倡学生的自由发展和独立观察，注重教学方法的生理、心理基础，把实践活动当作实施教育的重要手段。

在卢梭看来，一种真正符合人性的教育计划应该顺应儿童身体成长和心理发育的自然法则，促进儿童身心的全面发展，使他们的各种器官和能力都得到健康的生长，从而成为一个与自然相协调的名副其实的人。按照其自然天性而发展的人是身心健全的人；一切符合自然法则的东西都是好东西；亚当夏娃所在的伊甸园是人类的乐园，但是社会使大自然或造物主的作品堕落和变坏，从而使一切自然的东西都以一种被扭曲的异化形式呈现出来。卢梭在《爱弥儿》一书的开篇处写道：

> 出自造物主之手的东西，都是好的，而一到了人的手里，就全变坏了。他要强使一种土地滋生另一种土地上的东西，强使一种树木结出另一种树木的果实；他将气候、风雨、季节搞得混乱不清；他残害他的狗、他的马和他的奴仆；他扰乱一切，毁伤一切东西的本来面目；他喜爱丑陋和奇形怪状的东西；他不愿意事物天然的那个样子，甚至对人也是如此，必须把人像练马场的马那样加以训练；必须把人像花园中的树木那样，照他喜爱的样子弄得歪歪扭扭。①

---

① 卢梭:《爱弥儿》，商务印书馆 1978 年版，第 5 页。

我们的社会制度及其所带来的一切偏见、权威、需要和先例都成为压抑人的天性自由发展的沉重桎梏，在这种情况下，一个人的天性就像一株偶然生长在大路上的树苗一样，遭受到熙来攘往的行人们的践踏，被弄得东歪西扭，濒于死亡。为了改变这种不符合自然人性的状态，拯救那些遭受蹂躏的幼苗，卢梭呼吁母亲们和一切有良知的人们避开这条世俗之路，保护正在生长的幼苗，并且趁早在孩子们的灵魂周围筑起一道围墙，使他们能够自由地沐浴大自然的阳光雨露。

让儿童过适合儿童天性的生活，这是卢梭的基本立场；根据儿童身心成长的自然节律来因材施教，这是卢梭的基本教育方法。卢梭宣称："生活，这就是我要教他的技能。从我的门下出去，我承认，他既不是文官，也不是武人，也不是僧侣；他首先是人：一个人应该怎样做人，他就知道怎样做人，他在紧急关头，而且不论对谁，都能尽到做人的本分；命运无法使他改变地位，他始终将处在他的地位上。"这样的人面对着变化多舛的残酷命运，他就可以毫无畏惧地宣布："命运啊，我对你早有防备，我已经把你俘虏，并且把所有一切你能够来到我身边的道路通通堵塞。"[①]

为了使儿童的自然天性能够正常地发展，卢梭提出了"直观教育"的方法。所谓"直观教育"，就是让儿童直接面对自然这本大书，根据自己的亲身感受和直接观察来扩展知识的范围。在《爱弥儿》中，卢梭把理想中的"自然人"的教育过程分为四个阶段，按照年龄对其进行不同的教育。

第一阶段是幼儿期，在这个阶段教育的主要内容是家庭教育和体

---

① 卢梭:《爱弥儿》，商务印书馆 1978 年版，第 13 页。

育教育，目的是保证幼儿天性的自然发展和身体的茁壮成长。家庭是幼儿教育的场所，母亲在这个时期的教育中充当了重要的角色。卢梭认为，“家庭是世间最美丽的景象”“母亲是自然的教师”。在《爱弥儿》的这一部分中，卢梭常常流露出一个从小失去母亲爱抚的孩子对人类最纯洁的母爱和最神圣的家庭欢乐的向往和眷恋之情。他始终认为，有一个善良慈爱的母亲，这是人生的第一个幸福。母子之间的义务和亲情是一种质朴无华的美德，它超越一切世俗的功利考虑，是一种最自然、最纯洁的情感。

体育教育是幼儿时期的基本教育，旨在锻炼幼儿的体格，促进他们的身体健康。卢梭反对把婴儿包裹在襁褓中的做法，因为这种做法表明了文明人的奴隶状态：“文明人在奴隶状态中生，在奴隶状态中活，在奴隶状态中死：他一生下来就被人捆在襁褓里；他一死就被人钉在棺材里；只要他还保持着人的样子，他就要受到我们的制度的束缚。”[①] 此外，从身体成长方面来看，襁褓捆绑住儿童的手脚，有碍于他的健康发育。体育教育对于一个孩子的成长之所以重要，是由于每一个健全的理智都必须具备一副健康的体格，身体越强壮，就越能听从精神的支配；而身体的虚弱必然导致精神的衰弱。卢梭写道：“所有一切的坏事都是来源于柔弱，孩子之所以淘气，只因为他是很柔弱的；假使他的身体健康有力，他就会变得挺好的：事事都能干的人，绝不会做恶事。”[②]

卢梭强调，对于幼儿时期的孩子，不要采取任何可能导致他产生权势和奴役观念的教育方法，不要使孩子成为妇女们乖僻任性的牺牲

① 卢梭:《爱弥儿》，商务印书馆 1978 年版，第 15 页。
② 卢梭:《爱弥儿》，商务印书馆 1978 年版，第 56 页。

品，不要用任何虚伪的东西来扼杀孩子自由的天性，不要把他培养成一个既是暴君又是奴隶、既充满学问又缺乏性灵的身心脆弱者。为了实施对幼儿的自然教育，卢梭认为应该把孩子送到乡村去度过幼儿和童年时代，因为乡村空气新鲜、环境优美，而且很少受到城市的道德堕落的污染，因而乡村是儿童教育的最佳场所。

第二阶段是童年期，由于这个时期儿童的智力还处于蒙昧状态，所以主要应对他们进行感觉教育，即发展儿童的各种感觉器官，培养他们的触觉、视觉、听觉、味觉和嗅觉能力，让他们通过自己的感官而直接感受自然，从而形成对外部世界的生动、正确的印象。卢梭坚决反对用教育成人的方法来对待儿童教育，反对过早地发展儿童的理性思维能力，他甚至主张儿童在十二岁以前不要读任何书。他写道：

> 大自然希望儿童在成人以前就要像儿童的样子。如果我们打乱了这个次序，我们就会造成一些早熟的果实，它们长得既不丰满也不甜美，而且很快就会腐烂：我们将造成一些年纪轻轻的博士和老态龙钟的儿童。儿童是有他特有的看法、想法和感情的；如果想用我们的看法、想法和感情去代替他们的看法、想法和感情，那简直是最愚蠢的事情；我宁愿让一个孩子到十岁的时候长得身高五尺而不愿他有什么判断的能力。事实上，在这种年龄，理性对他有什么用处？它阻碍着体力的发展，儿童是不需要这种阻碍的。[①]

① 卢梭：《爱弥儿》，商务印书馆 1978 年版，第 91 页。

第三阶段是少年期，这时孩子的身体已经日益强壮，感觉经验也开始逐渐上升为判断和理解的能力，因此对于这个阶段的孩子应该进行智力教育和劳动教育。在智力教育方面，卢梭主张传授以具体实物为基础的知识，使孩子通过与事物本身的接触而获得活生生的知识，而不是抽象的理论。智力教育的基本任务是培养孩子对科学知识的兴趣，教授他们进行科学研究的方法。卢梭强调要加强智力教育的趣味性和有用性，通过身教和启发的方式而非强行灌输的方式来达到增进知识的目的。他在《爱弥儿》中举了一个极其生动的例子来说明这种教育方法：爱弥儿和他的老师（即“我”）在蒙莫朗西森林中迷失了方向，老师启发爱弥儿根据太阳的位置来判断方向，终于找到了走出森林的道路，爱弥儿因此而获得了有关的天文地理知识。这样获得的知识远比从书本上得到的知识牢固，它将使爱弥儿终身受益。

劳动教育是这个时期教育的另一项重要内容。卢梭认为，劳动对于儿童智力和体力的发展都具有重要的意义，一个掌握了各种劳动技能（主要是农业和手工业劳动技能）并且靠劳动来维持自己生活的人，才是一个真正自由的人。他强调：“一个人在那里坐吃不是他本人挣来的东西，就等于是在盗窃；在我看来，一个人如果一事不做而靠政府的年金生活的话，就同抢劫行人的强盗没有分别。……劳动是社会的人不可豁免的责任。任何一个公民，无论他是贫或是富，是强或是弱，只要他不干活，就是一个流氓。”[①] 在这里，我们可以看到卢梭对法国上流社会中那些不劳而获的特权阶层的极大反感。

最后一个阶段是青年期，这个时期被卢梭称为“春情发动的时

① 卢梭:《爱弥儿》，商务印书馆 1978 年版，第 262 页。

期”。由于此时青年已开始走向社会，而且他的身体也发生了急剧的变化，各种内在的欲望正在发出低鸣，因此这一时期应当以道德教育为主。道德教育的目的在于造就青年的博爱之心，它具有三个任务，即培养善良的情感、善良的意志和善良的判断。在这个阶段要注重教导青年富有同情心和怜悯心，使他超出个人主义的小窠臼而进入社会生活的大世界，从而把他塑造成一个完整的、具有健全的道德和情感的“社会状态的自然人”。

经过四个阶段的教育，爱弥儿成为一个名副其实的社会公民。卢梭虽然常常情不自禁地赞美自然状态下的人，但是他心中的理想“新人”是一个具有健全的道德、情感，承担各种法律义务，并生活在一个自由平等的国度中的社会公民。这个公民除了上述的一切特点之外，还具备一种重要的美德，就是对祖国的热爱。在这方面，古代斯巴达人和罗马人成为卢梭心中的楷模，这种对古代英雄主义淳风的崇拜与他早年接受的古典式教养密切相关。我们在本书的第一章中已经看到少年时期的卢梭是如何被罗马时代的英雄理想所激励的，这种古典式的英雄主义始终鼓舞着卢梭的浪漫情怀，使他超越沉闷的现实生活，在梦幻中呼唤着理想，在平庸中渴望着光荣。在他的《爱弥儿》以及任何其他的著作中，只要一谈起斯巴达人和罗马人，那种赞美之情就跃然纸上，令人深受感染。古代斯巴达社会和罗马社会，在卢梭那里堪与自然状态相媲美，它们同样都与萎靡不振的现实社会形成了鲜明的对照。在《爱弥儿》中，当卢梭谈到一个公民的责任时，他仍然是以普鲁塔克书中的那些古代人物作为准则的：

> 罗马的一个公民，既不是凯尤斯，也不是鲁修斯，他就是一个罗马人，他爱他那独有的国家。由于变成了他的主人的财产，

> 雷居鲁斯[①]便自称为迦太基人。作为外国人，他拒绝接受罗马元老院的席位；这要一个迦太基人给他下命令，他才能接受。他对别人想挽救他的生命，感到愤慨。他胜利了，于是就昂然回去，受酷刑而死。
>
> 斯巴达人佩达勒特，提出他自己要参加三百人会议，他遭到拒绝；然而，鉴于斯巴达有三百个胜过他的人，他也就高高兴兴地回去了。我认为，这种表现是真诚的，我们有理由相信它是真诚的：这样的人就是公民。
>
> 有一个斯巴达妇女的五个儿子都在军队里，她等待着战事的消息。一个奴隶来了，她战栗地问他。（奴隶说：）“你的五个儿子都战死了。”“贱奴，谁问你这个？”“我们已经胜利了！”于是，这位母亲便跑到庙中去感谢神灵。这样的人就是公民。[②]

卢梭认为，古代人把公民的责任看得比个人的一切私利都更重要，而现代人却常常在他的欲望和应尽的本分之间徘徊犹豫，因此他既不能成为一个自由发展的人，也不能成为一个名副其实的公民。卢梭常常以古代人悲壮激昂的英雄事迹来反讽现实社会中蝇营狗苟的颓败风尚，他认为现代文明不仅腐蚀了人们淳朴善良的自然天性，而且也使人变得猥琐不堪，丧失了公民的责任感和阳刚之气。究其原因，正是由于时下的教育体制使人专注于金钱利禄，而完全无视于高尚情

---

① 雷居鲁斯（？—公元前 250），古罗马将军，以守信著称。在第一次布匿战争（罗马与迦太基的战争）中，雷居鲁斯被迦太基人俘虏；后来，迦太基人派他随同迦太基代表团赴罗马去商谈议和之事，雷居鲁斯回到罗马后，极力说服罗马元老院拒绝迦太基人的和谈要求。事毕，元老院劝他留在罗马，但雷居鲁斯却执意要践行自己对迦太基人的诺言，返回后被迦太基人处死。

② 卢梭：《爱弥儿》，商务印书馆 1978 年版，第 10 页。

操的修养。与这种功利主义的时代精神相对立，卢梭极力弘扬朴素的道德精神和炽热的爱国情感。他把爱国情感看作是一种最崇高的美德，从这种情感中产生出种种辉煌的壮举，造就了历史上的许多伟大人物。在每一颗被爱国情感所激荡的心灵里，都洋溢着崇高的热情，其生动强烈的程度远远超过了对情人的爱恋。对爱国主义的赞美讴歌不仅在《爱弥儿》中，而且在卢梭的每一部著作中都可以看到。在《论政治经济学》中，卢梭写道：

> 爱国思想的确产生了美德的最伟大的奇迹。这种善良而活跃的情感使自爱的力量获得了一切精神上的美，使它得到一种能力。这种能力使它成为一切感情中最英勇的一种感情，而无损于它的外貌。是这种感情创造出如此之多的光辉夺目的不朽行动，是这种感情创造出这样多的伟大人物（他们的旧世界的美德现在被认为是神话），以致爱国思想受人嘲笑了，这是不足为奇的；易动感情的人那种心荡神移的心情，在从来没有这种感受的人看来，似乎是非常奇怪的；而热爱国家的感情，其生动活泼的程度百倍于对情妇的爱情，但也只有亲身感受的人才体会得到。可是，在每个为爱国情感所温暖的心灵里，在为爱国情感所激发的一切活动中，很容易看出一种鲜明而崇高的热情，这种热情一离开爱国心，就不再带有最纯洁的美德。[①]

① 卢梭：《论政治经济学》，商务印书馆 1962 年版，第 15—16 页。

在《新爱洛伊丝》中，卢梭对为祖国而献身的古罗马英雄们（如布鲁图斯、雷居鲁斯、加图等）倍加赞赏，把他们树立为仿效的典范，他说："每个人总应该培养对祖国的爱，刚毅和正直，并且保持言而有信的精神，即使牺牲性命也在所不惜。"① 在《论戏剧：致达朗贝尔信》中，卢梭回忆起童年时代他所看到的日内瓦人对自己祖国的爱，以及父亲拥抱着他，浑身颤抖地劝勉他热爱祖国的往事。在这里他还举出了斯巴达人的一些节庆仪式作为范例，赞扬它们在简朴形式下面所包含着的那种魅力无穷的爱国主义精神和自由人的尚武精神。这些斯巴达人在单调生活中愉快地度过了一天，当他们吃完朴素的晚餐后，他们就满怀着对祖国和同胞的热爱来到广场上开始跳舞。跳舞者按照年龄分为三组，年老的一组首先开始跳，边跳边唱着下面的歌词：

> 想当年我们也曾经是
> 年轻、勇敢和朝气蓬勃。

然后轮到成人组，他们一面挥舞武器，一面合着节拍歌唱：

> 我们是勇敢而大胆的，让谁来试试：
> 谁敢接受我们的挑战，他很快就会死去。

最后是儿童们的舞蹈，他们放声高唱道：

---

① 罗曼·罗兰：《卢梭的生平和著作》，生活·读书·新知三联书店 1993 年版，第 130 页。

大自然在我们胸怀中播下的种子，

很快就会长出美德的丰富的果实：

这时你所讲的所有勇敢的事业，

我们都将超过，而不屑去模仿。

卢梭对此赞叹道："先生，这才是共和国所需要的娱乐！"[①]

正是这样一位被自己的祖国拒绝的人，正是这样一位无家可归的流浪者，却自始至终在艰难坎坷的身体流浪和心灵放逐的路途中满怀着对祖国的热忱的爱！或许正是由于他失去了祖国的庇护，才培育了这种深沉而执着的爱国情怀；正如同他从小就失去了母爱，所以才在心中把母爱渲染得无比纯洁和美丽。

八、自然之美与情感之花

卢梭美学思想的基本特点是：崇尚自然美而贬抑艺术美，赞美情感的自然流露而反对理性的矫揉造作。这一基本特点与他把自然与文明相对立的整个思想倾向是完全一致的。在卢梭看来，人与自然有着一种息息相关的密切联系，对大自然的美丽景象的深沉热爱，是人所具有的天性。任何一个人，如果他的心灵尚未受到矫饰的文明陋习的腐化，他对翠绿的田野、清澈的溪泉和巍峨的峰峦的热爱一定会更甚于对人工制造的作品的热爱，那优美的大自然风光一定会把他带入怡然忘我的境界。在卢梭的文学作品（如《新爱洛伊丝》）中，随处可以见到他对自然景象的细腻观察和引人入胜的描写。大自然是美的源

---

① 罗曼·罗兰:《卢梭的生平和著作》，生活·读书·新知三联书店 1993 年版，第 58—59 页。

泉，一切真正的美的典型都只存在于自然之中，而一切艺术美都是对自然美这个“模特儿”的模仿，甚至是一种拙劣的模仿。他声称：“我时时刻刻要尽量地接近自然，以便使大自然赋予我的感官感到舒适，因为我深深相信，它的快乐和我的快乐越相结合，我的快乐便越真实。我选择模仿的对象时，我始终要以它为模特儿；在我的爱好中，我首先要偏爱它；在审美的时候，我一定要征求它的意见。”[①] 日内瓦神学家雅各・维尔勒描写了他与卢梭有一次在月光下沿着湖边漫步时的情景：

> 在公众场合结结巴巴，讲话口吃的让－雅克，总是那样手足无措局促不安的样子，可是一到了大自然，便立刻被大自然的宁静和他眼中看到的景色感动得兴奋起来，像受了神灵启示的人那样，滔滔不绝地赞美上帝！……在他的作品中还没有读到过描写这种心醉神迷的感受。他眼睛里涌出了眼泪。[②]

自然美以它的天然魅力而感动我们的心灵，人工的美则往往是因人的兴之所至和凭借权威来感染我们的。在文明社会中，美的东西恰恰都是与自然的本来面貌相违背的，都是对自然进行扭曲的结果，它取决于那些艺术家、大人物和大富翁的爱好，而这些艺术家、大人物和大富翁的爱好又取决于他们背后的利益和虚荣。他们或者

---

① 卢梭:《爱弥儿》，商务印书馆 1978 年版，第 509 页。

② 转引自雷蒙・特鲁松:《卢梭传》，商务印书馆 1998 年版，第 177 页。雅各・维尔勒与卢梭的那次湖边漫步发生在 1754 年卢梭回日内瓦故地重游期间，那时候卢梭的浪漫主义开山之作《新爱洛伊丝》尚未发表（这部书信体小说发表于 1761 年），所以维尔勒说“在他的作品中还没有读到过描写这种心醉神迷的感受”。

是为了炫耀财富，或者是为了从中牟利，竞相追逐消费金钱的新奇手段，煞费苦心地杜撰出各种稀奇古怪的东西，并把这些东西标榜为美。这种追求昂贵和稀少的风气培养了我们社会奢靡腐化的习俗，从而使得越是远离和违背自然的东西，就越被人们崇奉为美。苍白虚弱代替了红润健康，无病呻吟代替了生机蓬勃，虚饰拙劣的人为之笔代替了精巧美妙的自然神工。总之，文明社会中的一切美的东西都与自然反其道而行之。“世人所谓的美，不仅不酷似自然，而且硬要作得同自然相反。”① 这种刻意悖逆自然的做法，不仅歪曲了美的本来面目，而且还必然会腐化人类的善良纯朴天性，造成良知和道德风尚的普遍堕落。

卢梭举了一些生动的例子来说明文明人故意违背自然节律的恶习，并且煞有介事地表现出一种尊重自然节律、享受自然之美的态度。以气候为例，文明人总是逆着季节行事，他们在冬天偏要过夏天，在夏天偏要过冬天，到炎热的意大利去乘凉，到寒冷的北方去取暖。他们自以为逃过了季节的酷烈，殊不知这种做法反而使季候的酷烈更加难当（正如同我们今天的人在夏季使用空调，在冬季使用暖气，然而一旦走出房间，就会感到更加难受）。巴黎的富翁们花了许多钱用火炉和温室来培育四季的蔬菜和水果，然而这些强行向自然索取的果实既缺乏营养，也没有味道。至于那些精心布置的室内装饰，更是玷污了人们真正的审美享受。卢梭写道：“正月间，在壁炉架上摆满了人工培养的绿色植物和暗淡而没有香味的花，这不仅没有把冬天装扮起来，反而剥夺了春天的美；这等于是不让自己到森林中去

① 卢梭：《爱弥儿》，商务印书馆 1978 年版，第 502 页。

寻找那初开的紫罗兰，不让自己去窥看那胚芽的生长，不让自己欢天喜地地喊道：‘世人啊，你们不要灰心，大自然还活着呢！’”[①]与这种违背自然节律的做法相反，卢梭倡导尽情地享受大自然在每个季节里所呈现出来的美，绝不要提前去支取下一个季节的美，因为人为地打乱自然秩序，必然会自食恶果。针对人们颠倒季候的陋习，卢梭说：

> 至于我，我却要待在一个地方，而且同他们的做法恰恰相反：我将尽情地享受一个季节中一切令人赏心悦目的美，享受一个地方独具一格的特殊风味。我的爱好是多种多样的，我的习惯是互不相同的，然而它们都始终是合乎自然的；我将到那不勒斯去消夏，到彼得堡去过冬；有时候我将侧着身子躺在塔兰特的人迹罕到的岩窟中呼吸清风，有时候我跳舞跳疲乏了，便气喘呼呼地去看明亮的水晶宫。[②]

在日常起居、衣着服饰等方面，卢梭也提倡简朴的作风。他不愿意支使仆人为自己服务，而宁愿自己去商店买东西，因为这样既可以自己选择物品，又可以顺便散散步。他不愿意坐马车上街，而宁愿使用自己的两条腿，因为这样既可以直接感觉到这“两匹马”（他的两条腿）是否乏累了，又可以自由地驾驭它而不必担心车夫偷懒。他不愿意穿金戴银，而宁愿衣着朴素，因为一个心灵高尚、教养有素的人绝不会自命不凡地把他的高尚显露于外在的华丽服饰上。装模作样是

---

① 卢梭:《爱弥儿》，商务印书馆 1978 年版，第 511 页。

② 卢梭:《爱弥儿》，商务印书馆 1978 年版，第 510 页。

心地邪恶和空虚的表现，因为除此之外他们就别无其他东西可以炫耀了。他不愿意修建豪华阔绰的宫殿作居所，而宁愿找一间简陋的居室栖身，因为陈设富丽的宫殿就像一座囚牢，使人羁绊于其间；而世界本身就是一座相当漂亮的大宫殿，"凡是有福可享的地方，便是我的家乡"。卢梭感慨万分地说："排除他人而独享乐趣，反而会使乐趣化为乌有。只有同人家分享的快乐，才是真正的快乐；要想独自一个人乐，是乐不起来的。如果我在花园周围修建的墙使它变成了一块凄凉的禁地，那么我花了很多的钱反而使自己失去了散步的乐趣，使我不得不到远处去散步。财产这个魔鬼，摸着什么东西就要败坏什么东西。一个有钱人到哪里都想做主人，但他一做了主人反而得不到快乐，只好时时刻刻地到处逃避。"[①]

崇尚质朴的自然和歌颂真挚的情感，这是卢梭美学思想的基调。真正的美源于自然，作用于我们的感官，激发起我们内心的真挚情感和道德良知。在卢梭看来，审美活动是一种超功利的精神活动，它无法用物质世界的规律来加以解释。审美能力是人皆具有的，而且与生俱来，但是每个人的审美力将因为各种不同的后天原因而有所差异。一般说来，人的审美能力会促使心灵在不知不觉之中接受各种美的观念，并相应地接受与美的观念相联系的各种道德观念。所以一个高尚的人应该自觉地培养自己的审美能力，用美的东西来充实自己的灵魂和生活，并通过对美的热爱来达到增进道德的目的。

卢梭的这种美学思想既是一种自然主义美学，更是一种浪漫主义美学。它不仅在人心中呼唤起重返大自然的强烈意愿，而且更激发起

① 卢梭:《爱弥儿》，商务印书馆 1978 年版，第 523 页。

人们崇尚真实情感、反对虚浮形式的执着要求。热爱自然就是返璞归真，它不仅表现为回到自然环境的优美之中，而且也表现为回到自然情感的纯真之中。就此而言，浪漫主义与回归自然有着不解之缘，崇尚情感同时也就是崇尚自然。自然崇拜是浪漫主义的助产婆，19 世纪风靡欧洲的浪漫主义运动，正是在特定的政治背景下（法国大革命和拿破仑帝国），在一股普遍弥漫的自然情结（包括那种疯狂而忧郁的异国情调）和怀古幽思的引发下来临的。无论是在夏多布里昂的粗犷而神秘的丛林遗风中，还是在华兹华斯的幽深而宁静的湖畔梦幻里，都可以看到卢梭式的自然情结，甚至在“跛腿魔鬼”拜伦所呼唤的地中海的轰鸣狂啸中，在“幽灵作家”霍夫曼所向往的月光朦胧的魔夜中，也同样映现出卢梭对大自然的赞美之情。

卢梭美学的这两个基本特点——崇尚自然和讴歌情感，典型地表现在他的浪漫主义开山之作《新爱洛伊丝》中。在这部一反古典主义的清规戒律和矫饰理性的书信体小说里，卢梭以天国般幽雅宁静的自然风光和处子般清纯炽烈的爱情，深深地感动了 18 世纪末叶以来所有的浪漫主义者的心灵。

《新爱洛伊丝》是一部爱情悲剧，它借用 12 世纪青年女子爱洛伊丝与她的老师、神学家阿贝拉尔的爱情故事为主题，描写了 18 世纪一位贵族姑娘朱莉与她的家庭教师圣普乐之间的恋爱悲剧。故事的大意是这样的：出身于平民阶层的家庭教师圣普乐与他的贵族学生朱莉小姐产生了真挚的爱情，朱莉的父亲是一个封建等级观念极深的旧贵族，他反对这对情人的婚姻，迫使圣普乐离开朱莉，并把女儿嫁给了门当户对的俄国贵族德·沃尔玛。朱莉婚后向丈夫吐露了自己过去与圣普乐之间的爱情，宽宏大量的德·沃尔玛先生为了表示对这对恋人过去的真挚爱情的理解以及对他们的美德的信任，又把圣普乐接到家中，待以真诚的友谊。这对旧情人朝夕相见，但是朱莉出于对神圣婚姻和家庭美德的忠贞，不得不极力压抑自己的感情，内心忍受着巨大的痛苦。小说以朱莉的病逝为终结，朱莉临终前遗书圣普乐，表示自己已经以生命为代价换得了永久爱他的权利。

这部书信体小说的故事情节并不新奇，但是书中所宣泄的那种激越澎湃的真挚爱情却感人至深。它一反古典主义悲剧崇尚名誉、尊严和国家义务，以荣誉来扼杀爱情、以理性来节制情感的沉闷格局，第一次把活生生的个人感情置于至高无上的地位。再加上书中随处可见的对优美的自然风光的描写，将大自然的迷人景色与人物内心世界的情感活动紧密地结合在一起，鲜明地凸现出令人心旌摇曳的抒情色彩。这一切都不由分说地把读者带入了一个无限缠绵和无比美妙的意境之中。

卢梭通过这个悲剧故事赞美了超越一切等级藩篱的纯真爱情，强调“真诚的爱情的结合是一切结合中最纯洁的”，并且对贵族阶层的偏见和虚荣进行了无情的抨击。在书中，卢梭借一位善良正直的英国绅士爱德华先生之口表达了对贵族阶层的鄙夷之情。爱德华激昂愤慨地对固守陈腐的贵族偏见的朱莉父亲说：“你引以为荣的贵族头衔有什么可光荣的？对祖国的荣誉和人民的幸福有什么益处？它是法律和自由的死敌；在贵族头衔吃香的国家里，它除了为暴政助威和压迫人民以外，还有什么其他的作用？在一个共和国里，你敢以这个践踏道德和鱼肉百姓的身份自豪吗？你敢说你善于奴役他人和羞于作平民吗？”①

---

① 卢梭：《新爱洛伊丝》，译林出版社 1993 年版，第 120 页。

书中最令人感动的还是对自然景象的赞美和对炽热爱情的歌颂。当圣普乐置身于风景迷人的瓦勒群山，面对着硕大无朋的岩石、喧腾咆哮的瀑布和幽暗茂密的森林，观赏着东边盛开春花、南边结满秋实和北边覆盖白雪的奇异景象时，他的灵魂升华到了纯净的至高境界。他在致朱莉的信中充满激情地写道：

站在比人居住之地高的地方，就会抛弃所有一切卑下的尘世感情；当我们越来越接近苍穹时，人的心灵就会濡染苍穹的永恒的纯洁。人到了高空之地，心境变得凝重而不忧虑，平静而不消沉，对自己的存在和能思想感到快乐；非分的欲念淡漠了，内心的痛苦也就消失了，全身都有一种轻松和甜蜜的感受。因此，风景宜人之地，可以使人的情欲有益于人，而不像在其他地方使人受到折磨。我不相信人们在这样的地方长住，会产生骚动的情绪和无病呻吟的心情；人们没有把山区有益健康的清新的空气浴当作医治疾病和整饬风尚的良药之一，这使我感到吃惊。

宫殿、庭院、剧场何足道，
且看那山巅绿草丛中长出的
橡树、黑松和山毛榉，
它们头顶着天，高入云霄。[①]

你想象一下我刚才给你描绘的景致，你就可以对我当时所在

① 这一段是意大利人文主义诗人彼特拉克的诗句。

的美妙地方有一个大致的轮廓。你想象那些变化多样的风光，广阔的天地和千百处使人感到惊骇不已的景观，看到周围都是鲜艳的东西、奇异的鸟和奇奇怪怪叫不出名字的草木，处处另有一番天地，另有一个世界，心里真是快乐极了。眼中所看到的这一切，五色斑斓，远非言词所能形容；它们的美，在清新的空气中显得更加迷人……总之，山区的风光有一种难以名状的神奇和巧夺天工之美，使人心旷神怡，忘掉了一切，甚至忘掉了自己，连自己在什么地方都不知道了。①

面对着美丽宜人的景色，圣普乐尽情地抒发心中的爱情：

在这安谧的地方，一景一物无不使我想起你；大自然的动人的美，空气的宁静和清新，居民的纯朴的风俗，他们的举止的安详和得体，女人脉脉含羞的样子和天真无邪的风姿，总之，所有这一切赏心悦目的事物，使我无处不看到我所寻求的你的身影。

啊，朱莉，我要悄悄地告诉你，要是我这一生能和你一起生活在这些鲜为人知的地方，我认为，我们感到快乐的，是我们的幸福生活，而不是人们投向我们的目光！我将把我的身心全都奉献于你，同时我也将独自占有你的心。我亲爱的人啊，你将受到我对你的尊敬！甜蜜的爱情啊，我们的心将不停地享受你的美，令人陶醉的乐趣将使我们忘记岁月的流逝：将来，当我们终于到了老年，青春的火焰趋于平静的时候，我们善于思考和判断

---

① 卢梭:《新爱洛伊丝》，译林出版社 1993 年版，第 44 页。

的心，将使我们在享受了青春的快乐之后，获得温暖的友谊……我们将始终如一地结合在一起，为圆满完成我们的天职而共同努力，我们将不会白白地虚度此生便死去。[1]

然而无情的现实却使这美好的理想化为烟雾，封建等级制度所造成的巨大沟壑粉碎了纯洁无瑕的爱情，圣普乐被迫离开了他的恋人，朱莉则违心地嫁给了德·沃尔玛先生。十年过去了，当这对早年的恋人重新相逢时，世俗的名分和对美德的尊重使得他们只能把炽热的爱情深深地埋藏在心底。有一次，当他们游湖的小船被突起的风浪吹到莱蒙湖对岸的麦耶黎时，这两个迷途中的恋人再度散步来到圣普乐曾经独自一人苦苦思念朱莉的僻静的山谷中，面对着景物如旧却已是时过境迁的故地，面对着曾经与自己海誓山盟此时却已成为他人之妻的朱莉，怎不令多情的圣普乐柔肠寸断，感慨万分！已被爱情折磨得心力交瘁的圣普乐含着忧伤的泪水，抚摸着刻有朱莉芳名的岩石，回忆起那甜蜜的爱情、纯洁的盟誓和令人永难忘怀的亲热情景，再一次向朱莉表白了心中燃烧的爱情：

啊，朱莉，我心中永远赞美的人！在这个地方，世界上最忠实的情人曾向你表达过他的爱慕之情；在这里，你可爱的身影使他感到幸福，并最终得到由你亲自使他享受到的幸福。那时候，没有这些野果树和树荫，地上也没有草和花；这些小溪的水也没有分流；也没有鸣啭的小鸟；山谷中只有贪食的鹰、忧伤的乌鸦

---

① 卢梭:《新爱洛伊丝》，译林出版社 1993 年版，第 48 页。

和阿尔卑斯山的可怕的雕。所有的岩石上都挂着巨大的冰柱，这些树上的唯一装饰是雪花；这里的一切都显示着冬天的严寒和白霜的可怕，全靠我心中的火热的爱情才使我能够待在这里，把一天的光阴都用来思念你。我坐在这块石头上远远看你的幽雅的住房；我那封感动你的心的信，是我坐在那块石头上写的；我用这些锋利的碎石当雕刻刀，在岩石上刻画用你姓名的头一个字母组成的图案；我走过这条冰冷的流水去拾回被旋风刮走的你的一封信之后，又回到这里，把你写给我的最后一封信重新看了又看，并千百次地吻它；我站在山边用一双忧伤的眼睛估量这些深渊的深度；最后，在我怀着悲伤的心情离开这里之前，我来到此处哭泣；我想象你已经死了；我发誓，如果你死了，我决不留在人间。我永远钟爱的姑娘啊，我是为了你才活在世上的！我是不是需要和你一起在这里痛苦地回顾我在你不在我身边时的忧郁的日子呢？[①]

圣普乐还要继续说下去，但是朱莉看到他已经走到悬崖边上，她紧紧地抓住他的手，含情脉脉地注视着他，极力咽下她的叹息。良久，她突然把脸转过去，用颤抖的声音说："我的朋友，我们走吧，这里的风我受不了。"他们就这样走了，把缠绵的往事和令人心醉的追忆留在了荒凉的山崖上……

除了对自然风光的赞美和对纯真爱情的讴歌之外，《新爱洛伊丝》还展现了一种带有明显乌托邦色彩的圣洁道德。雷蒙·特鲁松

---

① 卢梭:《新爱洛伊丝》，译林出版社 1993 年版，第 422 页。

评论道：“让－雅克不仅唤醒了人们巨大的感情力量，而且还使人们相信：只有远离上流社会，抛弃虚荣，才能实现美德、获得幸福，建立和睦的家庭。这本小说净化了人们的灵魂，使人们产生了高尚的情操。它是人们行为的指南，道德的箴言集和心灵的福音书；它使人热爱美德。”[①] 这部书信体小说中的五个主要人物——圣普乐、朱莉、克莱尔、沃尔玛、爱德华都具有极其高尚的道德情操：无论是圣普乐与朱莉之间的那种柏拉图式的纯洁爱情、朱莉与克莱尔这对表姐妹之间的崇高情谊、爱德华与圣普乐之间的真挚友谊，还是德·沃尔玛先生对自己的妻子及其旧日情人的宽厚精神，都令人深深地感动，甚至连那位曾经顽固地坚持贵族偏见的德·丹治男爵（朱莉的父亲），最后也在一种坦诚善意的氛围中与圣普乐尽弃前嫌。书中展现的这种超凡脱俗的圣洁道德，与现实社会尤其是上流社会中的种种卑污肮脏的丑恶现象以及虚假伪善的道德面具形成了鲜明的对照，从而昭示了一种具有天国情调的道德理想。这种乌托邦式的道德理想与赞美自然和崇尚情感的思想倾向交织在一起，共同构成了 19 世纪浪漫主义运动的精神源泉。

自然、情感、道德三者协调一致、相互激荡的浪漫奏鸣曲在《新爱洛伊丝》的结尾处达到了高潮，并且随着女主人公朱莉的去世而将一种余韵绵长的弦外之音留在了人们的心头。那位笃信宗教、一直在对丈夫的忠贞和对情人的爱恋之间痛苦挣扎的朱莉，在她的生命将尽的最后一封信中，一方面恳求圣普乐在她死后与其表妹克莱尔结为伉俪，并且希望他能够长久地照顾她的家人——她的丈夫、孩子和父

① 雷蒙·特鲁松:《卢梭传》，商务印书馆 1998 年版，第 260 页。

亲，与他们团聚在一起；另一方面也将心中积压多年的深沉爱情尽情地倾吐出来：

> 永别了，永别了，我亲爱的朋友……唉！我要像我开始生活那样结束我的生活。现在，我的心已毫无顾虑，所以我说的话可能太多……唉！我说出我心里的话，这有什么可怕的呢？现在已经不是我在说话了，我已经在死神的掌握之中了。当你看到这封信时，蛆虫正在吞噬你的情人的面孔和心，你也不能在她的心中了。不过，没有你，我的灵魂还能存在吗？没有你，我还能幸福吗？不能；我不离开你，我要等着你。美德虽使我们在世上分离，但将使我们在天上团聚。我怀着这美好的愿望死去：用我的生命去换取永远爱你的权利而又不犯罪，那太好了；再说一次：能这样做，那太好了！[①]

朱莉死了，她把无尽的遗恨和无限的憧憬留在了人们的心头，剩下的就是让读者们去伤感、去流泪、去叹息，运用希望和幻想的力量去编织美好的未来之网（这美好的未来往往是在肉体死后的纯净的灵魂世界中实现）。这就是浪漫情怀！这就是浪漫主义的心理根源！如果说古典主义使人崇高典雅和慷慨激昂，那么浪漫主义则使人忧郁伤感和耽于梦幻；如果说古典主义是光芒四射的骄阳，那么浪漫主义则是柔光似水的月夜。当人们长期处于庄严肃穆的古典主义氛围中时，他们那紧绷的神经需要小憩片刻，以抒发压抑已久的

---

① 卢梭：《新爱洛伊丝》，译林出版社 1993 年版，第 610—611 页。

激越情感。古典主义者和启蒙思想家把人仅仅看作是一个理性动物，他们往往忽略了人同时也是一个有着活生生的情感的生灵。正是在这种崇高典雅却令人压抑的文化氛围中，浪漫主义作为一种真实情感的挑战发出了它的第一声呐喊，这最初的呐喊就来自卢梭的《新爱洛伊丝》。

九、卢梭与浪漫主义

在论及19世纪风靡欧洲的浪漫主义思潮以前，我们有必要首先回顾一下欧洲文艺思想发展的基本脉络。

在西方文化的摇篮希腊时代的文苑中，最瑰丽的一枝奇葩就是对体现在人体之中的自然力的赞美——矫健的体格、姣美的面容和坚忍的意志成为人们讴歌的对象，力量和美是希腊艺术家们所喜爱的永不衰竭的主题。丹纳在《艺术哲学》中写道："希腊人这种特有的风气产生了特殊的观念。在他们眼中，理想的人物不是善于思索的头脑或者感觉敏锐的心灵，而是血统好，发育好，比例匀称，身手矫健，擅长各种运动的裸体。"[①] 在著名的荷马史诗《伊利亚特》中，愤怒的阿喀琉斯在特洛伊城下将不可战胜的赫克托耳杀死，然后将其尸体拖在战车后面来回奔跑。这种血淋淋的场面所表现的正是阿喀琉斯身上的那股力拔山、气盖世的力量和美。在希腊神话与传说中，在与人同形同性的奥林匹斯诸神或者人间英雄的身上，到处都闪耀着力与美的光辉。而在魅力永存的希腊悲剧中，不可抗拒的命运正是通过力和美的破灭而展现出来的。无论是埃斯库罗斯笔

---

① 丹纳:《艺术哲学》，安徽文艺出版社 1991 年版，第 89 页。

下不屈不挠的普罗米修斯[①]，还是欧里庇得斯笔下的刚烈忠贞的美狄亚[②]，都以一种悲剧的形式充分显示了这种令人震撼的力和美。不可一世的马其顿王亚历山大在东征波斯时，途经小亚细亚的阿喀琉斯墓，为了表示对这位古代英雄的崇敬之情，亚历山大与同伴在阿喀琉斯的墓前举行了裸体竞走。对自然形体的崇尚，就是希腊人的质朴的美学态度。

希腊世界的这种自然流露的力量和美，在崇尚英雄主义和物质主义的罗马世界达到了登峰造极的高度，同时也走向了它的反面，流入了庸俗的肉欲之娱。在罗马世界（尤其是罗马帝国时期），骄奢淫逸成为一股时髦的风尚，一切美的东西都被打上了功利和肉欲的烙印。罗马世界是一个人欲横流的世界，也是一个灵魂沦丧的世界。穷奢极欲的享乐之风耗尽了罗马帝国旺盛的精力和生机，最终导致了基督教禁欲主义的酷烈报复。海涅曾经形象地说："在这罗马人的世界里，肉身已变得如此肆无忌惮，看来需要基督教的纪律，来使它就范。吃了一顿特利马尔奇翁的盛宴之后，是需要一次基督教似的饥饿疗法的。"[③]

在漫长而沉郁的中世纪，文学艺术的一切感性光泽均丧失殆尽，作为对罗马世界的奢靡放纵的一种历史性报复，基督教文化把感性世界变成了一个毫无光亮的罪恶渊薮。灵魂与肉体、天国与尘世处于格格不入的尖锐对立之中，一个人对自己和他人肉体的践踏越是骇人听闻，他

---

① 普罗米修斯是希腊神话中的先知，他为人间盗取天火，得罪了神王宙斯，被束缚在高加索山崖上，遭受恶鹰的啄食。但他仍然不向宙斯泄露天机，表现了一种不屈服的精神。希腊悲剧之父埃斯库罗斯在《普罗米修斯》（三部曲）中描写了这个悲剧故事。

② 美狄亚是希腊神话中科尔喀斯国王的女儿，她为了爱情而杀兄叛父，后来当她的丈夫伊阿宋背叛她时，为了复仇，她不惜亲手杀死自己与伊阿宋所生的两个孩子。希腊悲剧家欧里庇得斯在《美狄亚》中描写了这个悲剧故事。

③ 亨利希·海涅:《论浪漫派》，商务印书馆 1979 年版，第 7 页。

的灵魂就越有希望上升到上帝的光辉国度。感性之美被看作魔鬼的诱惑，基督本人就是一副瘦骨嶙峋、面带哀情的痛苦形象。基督教艺术的最惊心动魄的魅力就在于那种“痛苦的极乐”，即在肉身的凄楚呻吟中所表现出来的精神迷狂。这一特点典型地体现在哥特式的教堂建筑中，那种在宏大气势下所蕴含着的幽深神秘，使人不可避免地反省自身的深重罪孽。教堂内部是一片冰冷凄惨的巨大阴影，只从四周彩绘玻璃中透入几缕血滴和脓汁似的光线，令人目眩神迷，灵魂出窍。在中世纪基督教的一切艺术品中，我们再也看不到有血有肉的东西，无论是在威严可怖的上帝身上，还是在纯洁无瑕的圣母马利亚身上，以及在令人敬仰的基督耶稣和他的品德高尚的门徒身上，都看不到丝毫的感性之美，只有那个枯槁的抽象精神在凌空狂舞，陶醉在一种变态的自虐快感之中。这种畸形发展的神性文化是精神妄自尊大的结果，在这个文化中，自然感性和正常情欲都被当作魔鬼撒旦的诱惑而遭到唾弃，精神却片面地被无限夸大，从而使中世纪基督教的文学艺术成为一个寓谵妄迷狂的精神于干瘪嶙峋的形式之中的唯灵主义怪胎。

自从但丁和彼特拉克等人发出了人性的呐喊之后，西欧的文学艺术开始向希腊的感性化原则回归。薄伽丘和拉伯雷把最通俗同时也是最感性的语言引进了文学，在《十日谈》和《巨人传》中充满了对肉欲的溢美之词；莎士比亚则把世俗的民间生活和语言融入戏剧中，这对于熟悉高雅的拉丁语的上帝来说无疑是一种粗鲁的亵渎；塞万提斯第一次把中世纪表现罗曼蒂克爱情的骑士小说变成了一种讽刺体裁，把眼光转向了真实的市民生活。特别是在文艺复兴时期的艺术作品中，更是体现了希腊式的世俗理想和感性原则。在拉斐尔、米开朗琪罗、达·芬奇等人的绘画雕塑中，中世纪艺术品中的那些形容枯槁、丑陋不堪的抽象人物再也看不到了，希腊式的发达的肌肉、娇美的容貌和强烈的力度再次呈现在人们眼前。在达·芬奇的不朽杰作《蒙娜丽莎》中，那永恒的微笑象征着一种胜利了的理性，这理性带着睥睨一切的傲慢越过了中世纪的断壁残垣，在17、18世纪的古典主义中达到了辉煌的顶峰。

古典主义浑身上下都透露出一股雍容华贵的气息，它推崇高雅，赞颂荣誉，在形式上类似于哥特式建筑的精雕细琢，在古典主义的祭坛上供奉的不再是被钉在十字架上的基督，而是衣冠楚楚的王公贵族。古典主义最完美的形式是悲剧，这些悲剧表现的全是充满了脂粉气息的华美优雅的东西，它回避一切粗俗的感性的东西，用荣誉和义务来窒息人类的真实情感。它讲究优美的仪表和矫饰的举止，剧中人物高傲而有礼貌，为了家族的名誉和国家的利益不惜牺牲个人的爱情和生命。古典主义不仅是一种艺术风格，也是一种生活方式，尤其典型地体现在凡尔赛的宫廷生活中。路易十四文质彬彬，举止优雅，见了宫廷女仆也要脱帽致敬；贵族们在性命攸关的决斗时也忘不了高尚的仪表风范，在临死之前还要说上一大段慷慨激昂的珠玑妙语。在形式方面，古典主义悲剧严格地遵循"三一律"，整个剧情限制在同一事件、同一时间（一天之内）和同一地点。它的原则就是理性，它的基调就是高雅，它的主题就是尊严和荣誉，它的语言就是慷慨激昂的独白。在高乃依和拉辛等古典主义悲剧家的剧作中，理性是不可动摇的绝对原则，它相当于中世纪文学作品中的上帝。为了这个原则，罗狄克宁愿放弃对施曼娜的爱而捍卫家族的尊严，用他自己的话来说："为了我的荣誉，我必须竭力抑制爱情。"① 古典主义的故乡是法兰西，

① 罗狄克是高乃依的悲剧《熙德》中的贵族青年，他为了维护家族的尊严而杀死了自己恋人施曼娜的父亲，以致与施曼娜反目成仇。最后君主出面，巧做安排，终使这一对情人成为眷属。

它和近代一切讲究优美形式的时髦事物一样，滥觞于17世纪的法兰西，然后再由法兰西传播到整个欧洲。诚如丹纳所言，近代的法国仿佛成为全欧洲的教师，它教会了欧洲一切开化和半开化的民族一套行礼、微笑和说话的艺术。[①]

18世纪的法国启蒙运动虽然猛烈地批判了古典主义的社会基础（君主专制和等级制度），但是它不敢触动古典主义的基本规范，甚至当法国人已经建立了一个共和国，推翻了国王和教会的统治后，他们仍然不敢对布瓦洛[②]的权威表示丝毫的怀疑。勃兰克斯写道："伏尔泰把传统打翻在地，用悲剧作武器向以传统为主要支柱的势力专制制度和教会发起进攻，却从来没有打破旧例，让剧情的发展持续二十四小时以上，或是让一个剧发生在两个地方。他对天上地下什么都不尊重，却严守诗歌的韵律。"[③]如果说18世纪的法国人变革了政治秩序，英国人变革了经济秩序，那么德国人则变革了文学秩序。歌德笔下的维特和浮士德打破了古典主义的陈规陋习，席勒笔下的斐迪南[④]则把真挚的爱情置于贵族的荣誉和家族的尊严之上。然而，尽管18世纪末叶的德国诗人们对古典主义的神圣原则表现出极大的不敬，最初动摇古典主义牢固堤岸的浪漫主义激情，却是来自卢梭的《新爱洛伊丝》。

---

① 丹纳:《艺术哲学》，安徽文艺出版社1991年版，第107页。

② 布瓦洛（1636—1711年）是法国著名的文学评论家，他的杰作《诗艺》为法国古典主义文学奠定了理论基础。

③ 勃兰克斯:《十九世纪文学主流》第一分册《流亡文学》，人民文学出版社1997年版，第2—3页。

④ 斐迪南是席勒的著名悲剧《阴谋与爱情》中的贵族青年，他为了与平民女子露伊斯相爱，不惜与父亲瓦尔特决裂，最后在父亲的秘书伍尔牧所设置的阴谋中，误杀了露伊斯，自己也殉情而死。斐迪南的形象与高乃依剧中的罗狄克形成了鲜明的对照。

在18世纪末、19世纪上半叶的欧洲各国浪漫主义者心中，卢梭的影响如同日月经天、江河行地，如果说《熙德》成为古典主义悲剧的圭臬，那么《新爱洛伊丝》则成为浪漫主义文学的典范。在《新爱洛伊丝》中，卢梭第一次把个人情感凌驾于荣誉和义务之上，把炽烈的、未经修饰的纯洁爱情提高到至高无上的地位。这本书中所发出的那种崇尚真实情感、贬抑虚伪理性的呼声，成为浪漫主义这个新世纪的天才呱呱落地的第一声啼哭。从《新爱洛伊丝》的子宫中，育化出夏多布里昂的忧郁多情的勒内、歌德的殉情而死的少年维特、华兹华斯的恬静幽美的抒情歌谣，以及拜伦的桀骜不驯的地中海海盗。

除了《新爱洛伊丝》，卢梭还以他在《忏悔录》和《漫步遐想录》等著作中所展示出来的忧郁情感、孤独心态、优美的自然景色和那种韵调悠扬、略带伤感的散文风格，深深打动了他那个时代以及后来时代中一切具有浪漫气质的心灵。那汹涌激越的情感巨澜、焕发着神魔般魅力的伤感忧思、恬美幽静的自然情结以及愤世嫉俗的"高傲的孤独"，在夏多布里昂、歌德、华兹华斯、拜伦等人身上以极端的形式再现出来。这些惊天地泣鬼神的文学巨匠在思想、志趣和性格方面是如此地大相径庭，然而他们的胚形在卢梭那里却已经奇妙地混合在一起。此外，在这位沉静腼腆而又偏激狂暴的"日内瓦公民"（卢梭常常这样自称）身上，既孕育着忧郁多情的雪莱和乔治·桑夫人，也孕育着神秘阴郁的施莱格尔兄弟和霍夫曼，甚至还孕育着暴风骤雨一般猛烈的维克多·雨果。

威尔·杜兰特在其皇皇巨著《世界文明史》中称卢梭为"浪漫运动之母"，他对19世纪风靡整个欧洲的浪漫主义运动的特点概括如下：

但浪漫运动是何意？乃感觉对理性之反叛；本能对理智之反叛；情感对判断之反叛；主体对客体之反叛；主观主义对客观性之反叛；个人对社会之反叛；想象对真实之反叛；传奇对历史之反叛；宗教对科学之反叛；神秘主义对仪式之反叛；诗与诗的散文对散文与散文的诗之反叛；新哥特对新古典艺术之反叛；女性对男性之反叛；浪漫的爱情对实利的婚姻之反叛；"自然"与"自然物"对文明与技巧之反叛；情绪表达对习俗限制之反叛；个人自由对社会秩序之反叛；青年对权威之反叛；民主政治对贵族政治之反叛；个人对抗国家——简言之，19世纪对18世纪之反叛，或更精确地说，乃是1760年至1859年对1648年至1760年之反叛。以上浪漫运动趋势的高潮阶段，于卢梭和达尔文期间横扫欧洲。

几乎所有这些要素皆从卢梭找到根据。[①]

概言之，浪漫主义的基本特点就是用自由和美来代替荣誉和功利，用情感的权威来代替理性的权威，用个人的立场来代替国家的立场。浪漫主义者大多是一些蔑视现实伦理规范和价值准则的思想叛逆者和行为反叛者，诚如罗素所言："他们喜欢奇异的东西：幽灵鬼怪、凋零的古堡、昔日盛大的家族最末一批哀愁的后裔、催眠术士和异术法师、没落的暴君和东地中海的海盗。"[②] 在这一切奇异诡怪的东西的背后，燃烧着在古典主义桎梏下备受蹂躏的炽烈情感。从某种意义上

---

① 威尔·杜兰特：《世界文明史》第10卷《卢梭与大革命》下册，东方出版社1999年版，第1403页。

② 罗素：《西方哲学史》下卷，商务印书馆1976年版，第217页。

来说，浪漫主义是久经压抑的个人情感对趾高气扬的理性权威的一种酷烈报复，这种报复虽然往往带有病态和疯狂的色彩，然而它却是最真挚的生命情感的充分宣泄。

我们可以把18、19世纪的浪漫主义分为三种形式，第一种是夏多布里昂和施莱格尔兄弟式的疯狂，它要在粗犷蛮荒的原始丛林和“中世纪月光朦胧的魔夜”中去体验那种神秘而恐怖的快感，抒发延绵无尽的忧思和浓郁的恋旧思乡情怀。夏多布里昂的浪漫主义是美化了的中世纪基督教梦幻与未开化民族的原始野性相杂交而产生出来的一个怪胎，是流亡文学和失落心态的一个产儿，滋养它的羊水是对法国大革命和拿破仑帝国的刻骨仇恨。这种浪漫主义由于染上了旖旎的异国情调和魔幻般的宗教色彩，所以显得既幽深恐怖又魅力无穷。正如同夏多布里昂在《阿达拉》中所描写的密西西比河畔的原始丛林，那瑰玮奇丽的莽苍景象既令人战栗，又引人入胜。在这远离文明社会的原始丛林中，在雷鸣电闪和狼嗥豹啸的可怕氛围中，那汹涌澎湃的野性的爱情显得格外动人：

> 天越来越黑，压低了的云脚窜入树荫。霎时，云层裂开，电光闪闪，一道火练划破长空。西风狂作，黑云翻卷，树林俯首屈膝，天幕时时拉开，透过罅隙，显出层层新宇和炽热的原野。这景象多可怕，多雄伟！霹雳一声，森林着火，林火像颗燃烧着的彗星在蔓延，火柱浓烟直冲云霄，而雷声闪电又向大火猛袭。天神将群山变成一团漆黑，昏乱混沌中，狂风在喧嚣，森林在呼啸，猛兽在嗥叫，野火在燃烧，阵阵迅雷尖叫着没入波涛。
>
> 天神知道！此时此刻，我眼里唯有阿达拉，我心中只念着她。在一棵歪斜的桦树干下，我护着她免受骤雨的拍打。我坐在

树下，将我的心上人抱上膝头，用双手暖和着她的光脚，我比那初次感到胎儿在自己肚里蠕动的新娘更欢快。①

在这里，我们可以看到卢梭式的激情在一种更为典型化的环境中表现出来，那狂怒的大自然衬托着炽烈的情感，更增添了几分神秘的色彩。这恐怖气氛中的热恋，这焕发着野性魅力的爱情，不由分说地撕开了文明人虚伪的面纱，激起了人们多少浪漫的遐想，以至于在1801年的巴黎街头，追逐时髦的法国人纷纷穿上了野人的服装，头上插着公鸡毛，高声叫喊着："阿！达！拉！"

夏多布里昂的这种交织着野性和乡愁的浪漫主义，很快就在虔诚而朴实的德国人那里转化为一种更加神秘阴郁的中世纪梦幻，并且染上了德国文化所特有的鬼影幢幢的阴森气氛和古堡幽灵的陈腐气息。海涅曾经把德国浪漫主义称为"一朵从基督的鲜血里萌生出来的苦难之花"。这是一朵稀奇古怪、色彩刺目的花儿，花萼上印着把基督钉上十字架的刑具，它那鬼气森森的外貌在人们的心灵深处引起了一阵恐怖的快感。除了这种阴森恐怖的快感，德国浪漫主义文学还打上了德国人素有的深刻晦涩的玄学烙印，德国浪漫主义诗歌不仅把人们拖下中世纪神秘的疯狂深渊，而且也把人们缠入天启哲学的烦琐蛛网。就此而言，德国浪漫主义是整个浪漫主义阵营中的一个畸形儿，它表现了一切怪诞神奇的东西，却唯独没有表现出浪漫主义的真正精髓——个人情感。在赫尔德、歌德和席勒等狂飙突进巨匠播下龙种的德国文坛中，却孵化出了施莱格尔兄弟之流的神秘诡异的浪漫主义跳蚤。

① 夏多布里昂：《阿达拉·勒内》，外国文学出版社1983年版，第41页。

浪漫主义的第二种形式是华兹华斯式的疯狂，这种疯狂表面上如同波澜不兴的湖面，呈现出一片娇羞的沉静，然而在平静的湖水下面却涌动着湍急的暗流。华兹华斯和湖畔诗人们（柯尔律治、骚塞等）开创了英国式的温文尔雅的浪漫主义，他们沉溺于大自然的优美风光中，表现出一种与浑浊的社会现实彻底决裂而远遁于宁静的湖光山色和幽深的内心感受的倾向。在他们的诗歌中，再现了卢梭式的孤独的沉静、甜蜜的忧伤、对大自然的热爱以及超逸洒脱的遁世风格，展示出一派幽婉清纯的田园牧歌般的迷人景象：

在十一月的日子里，
当薄霭沿山谷向低处缓缓流动，
使荒凉的景色更显得荒凉寂寞，
在中午的丛林；在宁静的夏夜；
在起伏颤动不已的湖泊边缘，
在阴暗的山麓，当我独自一人
走着回家的路，我曾有过
这样的交游：在旷野的白天黑夜，
在水涯，在整个漫长的夏季；
在霜降时节，已是日落以后，
穿越过幽暗的暮色，已看得见
多少里外射来灯光的茅舍窗口，
我不顾召唤：——那确实是
我们所有人欢快的时刻，是我
心旷神怡的时刻！
……

这时，东方的天宇，群星灿烂，

西边，橘红的夕照，早已褪去。①

这安谧宁静的田园风光，正是令卢梭激动不已的灵魂栖息所。在后来的雪莱的诗歌和乔治·桑的小说中，我们又不止一次地看到这令人心醉的自然美景，以及通过这优美的自然景象而散发出来的那种淡淡的忧思。所有这一切美好的体验和情感，我们都已经在卢梭的《漫步遐想录》中领略到了。

浪漫主义的第三种形式是拜伦式的疯狂，这种疯狂始终被一种破坏性的激情煽动。浪漫主义在拜伦那里达到了狂暴的顶峰，同时也显露出一种极其优美的高贵气质。狂暴与高贵，这两种成分在古典主义那里是格格不入的，然而在拜伦这个浪漫主义的巨魔身上却完美和谐地融为一体。这个面目俊秀、气宇轩昂的天才青年，以他狂放不羁的行为和灵感四溢的诗歌震撼着时代的心灵。在他那高贵孤傲的眉宇之间，始终翻滚着躁动不安的情感；在他那温柔多情的眼睛里，充满了令人战栗的威严和所向无敌的气概。他那张略带忧郁神情的淡月色的面容曾令英国上流社会的贵妇们痴迷若狂，但是在他的血管中却流淌着地中海海盗的疯狂的热血。拜伦的父系家族和母系家族都具有极为高贵的血统，同时也带有一种渴望冒险和狂暴不驯的遗传因子。这位在诞生时由于偶然事故而被弄残废了一只脚的拜伦勋爵，具有一副宁折不屈的刚强性格和才华横溢的天才诗情，他以自己传奇性的一生表

① 华兹华斯：《自然景象对于唤醒并增强童年和少年时期的想象力的影响》，转引自勃兰兑斯：《十九世纪文学主流》第四分册《英国的自然主义》，人民文学出版社 1984 年版，第 47—48 页。

现了一个“高傲而孤独”的魔鬼形象。他桀骜不驯地站在文明社会的对立面上，对一切现存的价值规范进行了无情的攻击。他像卢梭一样愤世嫉俗，公然向社会宣称要“独自反抗你们全体！”但是拜伦却比卢梭更加狂暴、更加刻薄和更加漫不经心。在他的那种无政府主义的批判激情里，无疑有着卢梭的深刻影响。激烈狂暴的拜伦与温柔腼腆的雪莱形成了鲜明的对照，然而这截然对立的两个极端恰恰就是卢梭的表里，如果说在雪莱（以及华兹华斯等人）身上我们看到了卢梭性情中沉静柔美的一面，那么在拜伦身上，我们则看到了卢梭性情中疯狂暴怒的一面。

拜伦也赞美神奇壮丽的大自然，但是他所赞赏的景象却与华兹华斯等湖畔诗人所讴歌的对象迥然而异（他甚至与柯尔律治、骚塞等人势同水火）。在这个“瘸脚魔鬼”（他常常这样刻薄地自嘲）的心中，美丽的自然景象并不是宁静的湖畔和幽深的丛林，而是那“美丽得可怕”的气势磅礴、波涛怒啸的狂暴大海。“在拜伦看来，咏海，就是咏唱狂风恶浪、覆舟沉船；写天空，就要写暴风骤雨、雷电交作。他与之交往的自然，他引为荣耀的自然，是灭绝生命的自然。”① 在他的不朽之作《恰尔德·哈洛尔德游记》中，他对那奔腾汹涌地涤荡着人类历史上一切丰功伟绩的“靛青色的海洋”赞美道：

你是辉煌的宝鉴；全能的上帝的威容，
赫然呈现于你的镜面，在狂风暴雨之际；
或在任何时候：不管你安静或者激动——

① 勃兰兑斯:《十九世纪文学主流》第四分册《英国的自然主义》，人民文学出版社 1984 年版，第 275 页。

被微风吹着，在烈风中，在暴风雨里；
在北极结成冰块；或者掀动黑黝黝的波，
在酷热的地方。你无穷无尽，无边无际，
而且庄严。你是“永恒”的肖像，神的宝座。
你的水底产生蛟龙，万国九洲服从你；
你永远令人敬畏，深不可测，而且孤独。[①]

在拜伦的天才杰作《恰尔德·哈洛尔德游记》和《唐璜》中，与这种喧腾狂暴的自然景象相呼应的，是闪电般耀眼的激情和霹雳般猛烈的批判。“绝对不要安闲！静默对于一颗激动着的心来说无疑是一座地狱。”这就是他时时勉励自己的警言。他那不安的灵魂就如同一团熊熊燃烧的火焰，不屈不挠地呼唤着卢梭式的自由理想。纵使整个人类都在文明的偏见和陋习中自甘沉沦地堕落，纵使法兰西（乃至全欧洲）“醉醺醺地喝着人血而呕吐着罪恶”……

但自由啊，你的旗帜虽破而仍飘扬天空，
招展着，就像雷雨似地迎接狂风；
你的号角虽已中断，余音渐渐低沉，
仍然是暴风雨后最嘹亮的声音。
你的树木失了花朵，树干遍体鳞伤
受了斧钺的摧残，似乎没有多大的希望，
但树浆保存着；而且种子已深深入土，

① 拜伦:《恰尔德·哈洛尔德游记》，新文艺出版社 1956 年版，第 270 页。

甚至已传播到那北国的土地上，
一个较好的春天会带来不那么苦的瓜果。[①]

拜伦的这种狂暴的激情和对自由的热爱，与其说是英格兰式的，不如说是法兰西式的。这源自卢梭的浪漫激情和自由理想，在欧洲绕了一大圈后，最终又回到了它的起源地法兰西，在维克多·雨果那里达到了它辉煌的终点。雨果在《欧那尼》、《巴黎圣母院》、《悲惨世界》、《笑面人》和《九三年》等一系列不朽之作中，以汹涌澎湃的激情彻底冲垮了古典主义的坚固堤防，并且以一种惊心动魄的方式将滑稽丑怪与崇高典雅紧紧地糅合在一起。雨果是高奏浪漫主义凯旋曲的号角手，他那充满浪漫激情的诗歌和小说成为给古典主义这具庞大的僵尸收棺入殓的最后丧钟。他的作品如同一道耀眼的闪电，终于划破了笼罩在法兰西文坛这个坚固的古典主义堡垒之上的万斛黑暗：

突然，在越来越浓厚、越来越弥漫的
一片阴郁的沉寂之中，
响起了一声拖长的可怕的咆哮，
啊，这是一头凶猛的狮子在吼叫！[②]

① 拜伦：《恰尔德·哈洛尔德游记》，新文艺出版社 1956 年版，第 226 页。

② 雨果：《商旅》，转引自勃兰兑斯：《十九世纪文学主流》第四分册《英国的自然主义》，人民文学出版社 1984 年版，第 330 页。

这一声“拖长的可怕的咆哮”最初是从卢梭的书中发出的，它持续了整整一个世纪，终于在《悲惨世界》中变成了震撼世界的怒吼。在这部人类精神里程碑式的杰作中，这怒吼以火一般的热情呼唤着自由平等的理想，呼唤着一个奉行美德和公义的美好社会。这呼声响彻了巴黎的街头巷尾，激荡在每一个平民百姓的心中。在1832年巴黎的激烈巷战中，天真烂漫的小伽弗洛什冒着枪林弹雨在街道上为起义的巴黎人民搜集弹药，他直挺挺地站立在当街，双手叉腰，头发迎风飘扬，眼睛盯着那些向他开枪射击的国民警卫军，高声唱道：

农泰尔人丑八怪，
这只能怨伏尔泰，
帕莱索人大脓包，
这也只能怨卢梭。

一连四颗子弹都未能射中这个身影矫健的小精灵，他一边解下路旁尸体身上的子弹带，一边继续唱道：

公证人我做不来，
这只能怨伏尔泰，
我只是只小雀儿，
这也只能怨卢梭。

第五颗子弹又未能射中他，这只挑逗猎人的小麻雀仍然蹦蹦跳跳地唱着：

欢乐是我的本态，
这只能怨伏尔泰，
贫穷是我的格调，
这也只能怨卢梭。

然而，终于有一颗罪恶的子弹，挟着歹毒的尖啸声，射中了这磷火一般跳跃的孩子。他歪歪斜斜地倒下了，街垒里的人齐声惊叫，但是在这小小的躯体中，似乎有着安泰（希腊神话中的巨人）一样坚强的质素：小伽弗洛什奇迹般地坐起来，他那充满稚气的脸上流淌着鲜血，他举起两只手臂，望着子弹射来的方向，又开始唱起来：

我是倒了下来，
这只能怨伏尔泰，
鼻子栽进了小溪，
这也只能怨……[①]

下一颗子弹又射过来，把他的歌声打断。他脸朝地倒了下去，再也没有起来。一个平凡而纯真的灵魂飞走了。这个巴黎街头的小流浪汉，他既没有受过什么文化教养，也不懂得深奥而高贵的自由理论，他却高唱着伏尔泰和卢梭的名字，平静地走向了另一个世界。

这就是自由的魅力！这就是伏尔泰和卢梭的魅力！

---

① 雨果:《悲惨世界》(五)，人民文学出版社 1984 年版，第 1507—1509 页。

浪漫主义无疑具有极大的破坏性，但是它在摧毁一切令人窒息的现实规范的同时，也涤荡了人们的心灵，陶冶了人们的情操。文明社会需要规范，人类心灵却需要自由，历史正是在文明规范与心灵自由的相互激荡中发展的。作为对古典主义囚笼的一种挑战，整个 19 世纪的西方文化都或多或少地受到了浪漫主义激情的感染，而且这种浪漫激情的影响一直延续到了今天。从波德莱尔的偏激狂暴的《恶之花》，陀思妥耶夫斯基的病态阴郁的《死屋手记》，一直到方兴未艾的后现代主义思潮，无一不打上了卢梭情结和浪漫主义的深深烙印，以至于我们可以这样说：如果没有发轫于卢梭的浪漫主义思潮，我们今天的精神生活将会贫乏、抑郁得多。

高扬人类真挚情感和自由神性的这顶桂冠，卢梭是当之无愧的！

跋

在眼下这个人欲横流的功利主义时代，当那些头脑清醒的现实主义者异口同声地谴责卢梭的孤独、偏激、疯狂和浪漫主义的时候，我却丝毫不想讳言自己对于这位伟大的思想巨擘的赞美之情。虽然我并不完全认同卢梭的所有观点，但是每当我面对他的那些洋溢着才华和激情的鸿篇巨制时，常常会不由自主地被他那傲然卓立的思想和真挚坦率的激情所感染。我还是一个弱冠少年时，就已经深深地喜爱上了这位沉静而又激烈的浪漫主义先驱。虽然在上中学时卢梭的名字对于我来说就已经是如雷贯耳，但是我第一次读他的著作，却是在大学的时候。那时可以弄到手的好书非常稀少，书店里陈列的都是一些时效性很强的书籍，显得冷清寥落，与今日书店中的那种汗牛充栋、琳琅满目的情形有着天壤之别。我记得有一次（好像是1981年初），打听到新华书店将在次日出售一批新出版的世界名著。第二天一大早，我就到书店门前去排队，当时排队的人数以百计，经过几个小时的耐心等待，我终于买到了一本刚刚翻译出版的《忏悔录》(第一部)。当时的激动心情，现在想起来还恍若昨日。我用了一个不眠之夜读完了这本书，那颗被卢梭的人生遭遇和思想激情感动的心久久不能安静下来。从那时候起，我的气质就决定了我与这个18世纪的心灵流浪者之间产生了一种无形的却非常牢固的精神联系。在日后的人生经历中，在思想发展的过程中，无论我如何地进行自我批判，我也从来没有动摇过对卢梭其人其论的偏爱，正如他的思想从来也不会令我失望一样。

早在上大学时，我就想写一部关于卢梭的书，我的学士论文就是对卢梭《社会契约论》的述评。但是由于种种原因，这个夙愿一直未能实现。近些年来，我的研究兴趣一直在西方哲学、西方宗教和西方文化方面，对于早年的计划，一时无力旁骛，以至于一晃就是十多年。我在攻读博士学位期间，研究方向是黑格尔哲学。这个德国最伟大的理性主义者虽然给了我不少有益的启示，但是在他那深奥渊博的哲学中，我却始终找不到活生生的人和炽热的情感，触目之处都是一片艰深晦涩的抽象概念和冷冰冰的逻辑。我崇拜黑格尔，但是我却喜爱卢梭。黑格尔代表着人类的理性，卢梭代表着人类的情感；黑格尔是绝对精神，卢梭则是活生生的人。

几年前，我在博士论文的基础上写成了《黑格尔的宗教哲学》一书，在写作过程中，黑格尔那博大精深的绝对唯心主义哲学曾一度折磨得我心力交瘁。然而当我开始写这本关于卢梭的小书时，我立刻感到了一种心旷神怡的轻松，整个写作过程就如同是在与一位阔别已久的老朋友进行亲切的对话。如果说在黑格尔那里我已经把自己忘到了九霄云外，那么在卢梭这里我又重新找回了自己。

关于卢梭，我在这本书中已经谈得够多了，但是在搁笔之际，似乎总觉得有些话尚未说尽。也许对于卢梭这样的人，有些感受是永远也说不尽的。同样，对于卢梭这样的人的认识，也绝不能仅限于文字之间。卢梭只属于那些与他一样具有浪漫情怀的人，只属于心灵相通者。正如上帝的国是绝不会向那些心存恶念的人敞开一样，卢梭的门也绝不会向那些丧失了灵魂的功利主义者敞开。一个人倘若能在读这本书时感受到自己的脉搏与卢梭的心是按照同一频率在跳动的，那么他就可以自信地宣称："卢梭就在我的血液里！"这样，他就会在平庸中发掘崇高，在消沉中体验激奋。当时光流逝、暮霭降临时，他就可以像恰尔德·哈洛尔德一样毫无愧色地对生活说：

> 然而我生活过来了，也并不算空虚：
> 为了征服痛苦，也许我的心灵会衰落，
> 我的热血会冷却，我的躯体会死去，
> 但是在我的身内确乎有着一种素质，
> 能战胜磨难和时光，我死而它犹存活。
> 这非人世的东西是他们所不知不觉，
> 像一张无声的琴留在人们记忆中的音调……[1]

赵　林

2001 年 12 月 31 日修改于武汉大学珞珈山麓

---

① 拜伦：《恰尔德·哈洛尔德游记》，新文艺出版社 1956 年版，第 246 页。

主要参考文献

卢梭:《论科学与艺术》，商务印书馆，1963 年版。

卢梭:《论人类不平等的起源和基础》，商务印书馆，1962 年版。

卢梭:《社会契约论》，商务印书馆，1980 年版。

卢梭:《爱弥儿》，商务印书馆，1978 年版。

卢梭:《新爱洛伊丝》，译林出版社，1993 年版。

卢梭:《忏悔录》第一、二部，人民文学出版社，1980、1982 年版。

卢梭:《漫步遐想录》，人民文学出版社，1986 年版。

卢梭:《论政治经济学》，商务印书馆，1962 年版。

卢梭:《论戏剧：致达朗贝尔信》，生活·读书·新知三联书店，1991 年版。

何祚康、曹丽隆:《走向澄明之境——卢梭随笔与书信集》，上海三联书店，1990 年版。

葛力:《十八世纪法国哲学》，商务印书馆，1963 年版。

雷蒙·特鲁松:《卢梭传》，商务印书馆，1998 年版。

罗曼·罗兰:《卢梭的生平和著作》，生活·读书·新知三联书店，1993 年版。

法兰西斯·韦渥:《卢梭》，新华出版社，1988 年版。

卡西尔:《卢梭·康德·歌德》，生活·读书·新知三联书店，1992

年版。

威尔 · 杜兰特:《世界文明史》第 10 卷《卢梭与大革命》，东方出版社，1999 年版。

于凤梧:《卢梭思想概论》，北京师范大学出版社，1986 年版。

罗素:《西方哲学史》下卷，商务印书馆，1976 年版。

勃兰兑斯:《十九世纪文学主流》第一至五分册，人民文学出版社，1980、1986 年版。

附 录

卢梭这个人
（牛津通识读本《卢梭》序）

卢梭这个人，应该算是西方文化园圃中最怪诞诡谲的一朵奇葩，他生前困顿窘迫、四面楚歌，死后却声名远扬、被世人景仰。在卢梭之前，法国虽然也产生了几位具有叛逆精神的人物，如拉伯雷、莫里哀等，但是他们的反叛充其量只是表现为一种典型法兰西式的机智谐谑，如同塞万提斯笔下的桑丘一般。而卢梭却是第一次公开地对传统社会的几乎所有主流价值都进行了全面彻底的颠覆，像唐·吉诃德一样单枪匹马地向整个法国上流社会和知识精英挑战。正是卢梭敏感浪漫的心灵和特立独行的人生，极大地激发了后世那些忧郁的寻梦者，从而引发了从浪漫主义运动直到后现代主义的各种反传统的文化浪潮。另一方面，卢梭那深厚的平民主义情结和追求社会平等的政治主张，也酝酿了从西方到东方一次又一次激烈的社会革命和以美德标榜的政治恐怖（尽管这是与卢梭本人的初衷相悖逆的）。

在卢梭晚年撰写的《忏悔录》和《漫步遐想录》中，我们可以看到一个充满了不平的怨愤和浪漫的忧伤的敏感心灵，这颗心灵由于遭受了太多的伤害和离弃，已经变得有些神经质，时常被受虐的妄想折磨。离群索居的孤独生活和愤世嫉俗的圣洁情怀使得身体日衰的卢梭越来越坚信，当末日审判的号角吹响时，所有站在上帝面前的人里面没有一个敢说“我比这个人好”！这种孤芳自赏的狂傲不久以后就得到了法国人民的认同——1794 年 10 月 11 日，这位一生潦倒的思想怪杰的遗骸被法国国民公会从埃默农维尔的杨树岛迁葬到神圣的先贤祠，成千上万热情的巴黎民众向这位“自由平等的使者”和“法兰西民族英雄”顶礼致敬。

卢梭忧郁柔美的浪漫气质既可以追溯到他从小失去母爱的孤寂心灵感受，更得益于他在华伦夫人那里所受到的情感滋润。一个情窦初开的少年与比自己年长 14 岁的风韵贵妇在风景秀丽的安纳西等地长达十多年的朝夕相伴，这种浪漫的教养是任何经典教科书的教化都无法企及的。与这种美好的情感启蒙相伴随，从未受过任何正规教育的卢梭也从华伦夫人那里接受了系统的哲学、科学尤其是音乐艺术方面的熏陶，从一个天真的流浪少年成长为儒雅的知识青年。在后来的五十年间，对于华伦夫人的优雅品性和恬美柔情的追忆，一直成为饱尝世态炎凉的卢梭的心灵甘泉。

离开华伦夫人之后的卢梭在一些新结识的朋友的介绍下，跻身于巴黎上流社会。在贵妇人的沙龙里，卢梭和狄德罗、达朗贝尔等有志青年一样，怀着宏大的理想开始了思想探索和社会批判。但是出身寒门、以“日内瓦公民”自称的卢梭很快就与虚饰矫揉的巴黎上流社会分道扬镳，也与他曾经的好友狄德罗、霍尔巴赫等人以及仰慕已久的法国启蒙运动精神领袖伏尔泰反目成仇。在以后的漫长生涯中，卢梭由于发表了那些离经叛道的著作而受到精英阶层的普遍抨击，还一度遭到了法国当局的通缉，颠沛流离，惶惶然若丧家之犬。就在卢梭与虚浮的上流社会渐行渐远时，一位缺乏教养却善良淳朴的女佣黛莱丝·勒·瓦瑟走进他的生活，并一直陪伴他度过了艰难的后半生。由于未曾正式结婚以及环境恶劣等方面的原因，卢梭把自己与瓦瑟所生的五个孩子全都送进了育婴堂，由此进一步招来了伏尔泰等人的激烈攻讦，指责卢梭连自己的孩子都不爱，岂能够爱人类？卢梭与伏尔泰以及“哲学家们”（狄德罗等百科全书派）之间的仇隙也日益加深，终至彻底决裂。

卢梭与法国上流社会以及知识精英的决裂固然有个性方面的原因，但是更重要的还是由于思想上存在分歧。在18世纪欧洲先进知识分子大力弘扬科学理性的时代，卢梭却逆水行舟地提出了科学技术进步必将导致人类道德堕落的观点（《论科学与艺术》）；当新兴的资产阶级理直气壮地为私有财产的合理性进行辩护时，卢梭却声称私有制造成了人类社会的各种不平等现象（《论人类不平等的起源和基础》）；当洛克、孟德斯鸠等享誉欧洲的大思想家为宪政理想而设计了三权分立、相互制衡的政治制度时，卢梭却明确强调人民主权不可分割（《社会契约论》）；当狄德罗、霍尔巴赫等启蒙思想家公开打出无神论大旗对基督教信仰进行猛烈批判时，卢梭却旗帜鲜明地宣称自己是信仰上帝的（《爱弥儿》，尽管他信仰的上帝绝非传统基督教的上帝）；当爱尔维修以及稍晚的边沁等人大力推行功利主义道德观时，卢梭却针锋相对地开创了道德动机主义（《忏悔录》）；当伏尔泰在为崇尚理性的古典主义大唱赞歌时，卢梭却激荡起了讴歌情感的浪漫主义思潮（《新爱洛伊丝》）……

如此一个与时代精神背道而驰的文化叛逆者，焉能不引起整个上流社会和知识精英群起而攻之？！

在法国启蒙运动的许多推动者和参与者看来，卢梭的思想无疑是与启蒙理想背道而驰的，但是这并不能动摇卢梭本人作为启蒙思想家的重要地位。与伏尔泰、霍尔巴赫等人在养尊处优的环境中所进行的理性启蒙不同，卢梭的启蒙是直指每一颗真挚淳朴的心灵的。“伏尔泰们”在进行雷霆万钧的社会批判，卢梭则在进行春风化雨的人性改造；“伏尔泰们”要改造法兰西的宗教和政治，卢梭则要净化人类的道德和情感；“伏尔泰们”在沙龙中优雅地谈论着自由，卢梭则在流亡中执着地呼唤着平等。质言之，“伏尔泰们”的启蒙是要颠覆专制和蒙昧的旧世界，卢梭的启蒙则是要重铸善良与美丽的新灵魂。无怪乎德国最伟大的思想家康德对卢梭情有独钟，这位在个人品性上无懈可击的道德圣贤在谈到饱受诟病的卢梭对自己的影响时，充满敬仰地说：“是卢梭纠正了我。盲目的偏见消失了，我学会了尊重人性。”[①] 而康德所提倡的启蒙恰恰就是要驱除遮蔽在人心之上的翳霾。

如同苏格拉底之于公元前5世纪的雅典一样，卢梭对于18世纪的法国来说也是一个来得太早的人。他之所以不合时宜，是因为他提出了一些超越自己时代的思想，然而这些思想在他死后很快就成为新的时代潮流——卢梭提出的“主权在民”和“公共意志”的政治理论在法国大革命中被罗伯斯庇尔等平民派领袖充分运用，并且在19—20世纪的德国思想（马克思主义）和俄国实践（苏维埃政权）中得到进一步的诠释和发挥，甚至深深地影响到当代中国的政治体制；发轫于卢梭的道德情感宗教通过康德、施莱尔马赫等人的理论重构，成为西方社会大多数受过理性启蒙的现代人的主要信仰形式，其基本特点就是在科学支撑的“头顶星空”与上帝维系的“心中道德”（以及情感）之间建立起一种协调互补关系；而卢梭在《新爱洛伊丝》《爱弥儿》等作品中赞美真挚情感、突破矫饰理性的美学倾向，通过夏多

---

① 卡西尔：《卢梭·康德·歌德》，生活·读书·新知三联书店1992年版，第2页。

布里昂、斯达尔夫人等人的发扬光大，最终引发了风靡19世纪欧洲的浪漫主义文艺运动，并且从中衍生出从波德莱尔一直到福柯的各种反叛传统和解构权威的后现代主义文化思潮。

从文艺复兴以来的欧洲，每一个世纪都有其文化上的代表人物，如果说16世纪的文化象征是路德和加尔文，17世纪的文化标志是洛克和牛顿，那么18世纪的文化偶像无疑应是伏尔泰和卢梭。伏尔泰活着的时候就是欧洲人人敬仰的启蒙领袖，卢梭则在死后不久爆发的法国大革命中声名大噪。丹麦著名文学史家勃兰兑斯在谈到二者对法国革命的影响时写道："毕竟伏尔泰在整个革命时期构成了破坏性的原则，正像卢梭是使人们聚集在一起、团结在一起的精神力量一样。因为伏尔泰为个人的思想自由辩护，从而破坏了权威原则，而卢梭则以普遍博爱、互相依靠的感情代替了它。……伏尔泰唤起了革命者的愤怒，卢梭则唤起了他们的热情。"[①] 在法国大文豪维克多·雨果的经典名著《悲惨世界》中，连目不识丁的小流浪汉伽弗洛什也是一口一声唱着"这只能怨伏尔泰""这也只能怨卢梭"的顺口溜而死于1832年的巴黎巷战。

伏尔泰作为法国启蒙运动的精神领袖，对他的表述可以用复数形式，即"伏尔泰们"，因为追随在他旗下的一大批知识精英在思想方面都与他大同小异；但是卢梭却只能是单数的，在活着的时候，他是一个人在对抗着整个法兰西文明社会。但是在死后，他的思想很快就发生了几何级数的裂变，从而在法国、欧洲乃至于全世界孵化出无数的忠实信徒，并演化出种种浪漫的甚至暴戾的历史后果。

① 勃兰兑斯:《十九世纪文学主流》第三分册《法国的反动》，人民文学出版社1986年版，第3—4页。

在今天的巴黎，随处都映现出这两位伟人的文化影响——在雍容华贵的凡尔赛宫和卢浮宫，人们可以充分吮吸到伏尔泰所代表的崇高典雅的气息；而在巴士底广场和蓬皮杜艺术中心，人们同样可以深切感受到卢梭所激起的躁动不安的脉搏。在法兰西人民心中最神圣的殿堂——巴黎先贤祠的地下墓室的入口处，卢梭的灵柩与伏尔泰的棺椁相对而立，这两位思想上的冤家对头，相映生辉地绽放出法兰西文化最耀眼的辉煌。

据说拿破仑在称帝之前有一次路过位于杨树岛的卢梭陵墓原址，他在墓前伫立良久，然后对身边的人说："后人将会说，为了天下太平起见，世上最好没有卢梭，也没有我。"但是卢梭（以及拿破仑）毕竟出现了，并且给这个一向循规蹈矩的世界带来了天翻地覆的大变化。从此以后，这种反叛的躁动不仅在充斥着各种不平等现象的现实社会中蛰伏并相机而动，也在一切不安现状的追梦者的血液里流淌奔涌，成为浪漫心灵的永恒感召。